Policy Guidelines for Tax,
Foreign Exchange and Accounting in Belt and Road Countries.

"一带一路"

税收外汇会计政策指南 Ⅶ

董付堂　姚焕然　辛修明　主编

中国经济出版社
CHINA ECONOMIC PUBLISHING HOUSE

图书在版编目（CIP）数据

"一带一路"税收外汇会计政策指南 . VII / 董付堂，姚焕然，辛修明主编 . -- 北京 : 中国经济出版社，2019.8
ISBN 978-7-5136-5730-3

Ⅰ . ①一⋯ Ⅱ . ①董⋯ ②姚⋯ ③辛⋯ Ⅲ . ① "一带一路" – 国际税收 – 会计政策 – 指南 Ⅳ . ① F810.42–62

中国版本图书馆 CIP 数据核字（2019）第 116772 号

责任编辑	杨 莹
文字编辑	郑潇伟 赵嘉敏
责任印制	巢新强
封面设计	晨罡文化

出版发行	中国经济出版社
印 刷 者	北京力信诚印刷有限公司
经 销 者	各地新华书店
开 本	710mm×1000mm 1/16
印 张	21.75
字 数	344 千字
版 次	2019 年 9 月第 1 版
印 次	2019 年 9 月第 1 次
定 价	98.00 元

广告经营许可证 京西工商广字第 8179 号

中国经济出版社 网址 www.economyph.com 社址 北京市东城区安定门外大街 58 号 邮编 100011
本版图书如存在印装质量问题，请与本社发行中心联系调换（联系电话:010-57512564）

主　编

董付堂　姚焕然　辛修明

编委名单

姚丹波　　冯会会　　张翠芬　　何牧林　　王　征　　莫永年

张泰宇　　刘　琛　　周陵彦　　杨天福　　董　青　　段超凤

李福龙　　尚　妍　　刘　芬　　翁　辉　　余科明　　刘旭光

王惠芳　　孙坚青　　张之亮　　石保俊　　李　兵　　张和忠

董文静　　杨晓彤　　王重娟　　何之蕾　　郭　颖　　杨　勇

马秀琴　　张丽霞　　林媛媛　　熊升全　　张红斌

本书特别顾问

（按拼音字母排序）

房秋晨

中国对外承包工程商会会长

傅俊元

中国保利集团有限公司总会计师

王秀明

中国铁建股份有限公司总会计师

张　克

信永中和集团董事长

赵　东

中国石油化工集团有限公司总会计师

序 一

随着我国对外开放特别是"一带一路"倡议的深入推进，企业走出国门、拓展海外业务的步伐加大，越来越多的中国企业"走出去"并在海外市场开展投资、并购等经济活动。据商务部数据显示，2018 年，我国对外投资规模持续扩大，共对全球 164 个国家和地区的 7961 家境外企业进行了非金融类直接投资，累计实现投资 1701.1 亿美元，同比增长 44.1%；与"一带一路"沿线国家进出口总额达到 6.3 万亿元人民币，对"一带一路"沿线 53 个国家的非金融类直接投资 145.3 亿美元。

但由于缺乏对境外投资目的地整体营商环境的研究，近年来，"走出去"企业在国际市场开拓和经营的过程中也面临着较大的困难和风险，特别是财税外汇政策方面的风险。

据不完全统计，我国"走出去"企业多达几十万家，其中除大型企业外，绝大部分是中小型企业，普遍反映对所在国的会计政策、税收政策和外汇政策难以进行系统性的了解和掌握，特别是中小型企业，更是心有余而力不足。因此，极大地制约了我国"走出去"企业的财务管理水平和合规能力的提升，严重影响了我国企业的国际声誉。

为了帮助企业更好地了解当地财税法规，本丛书主要围绕境外投资目的地整体营商环境、税收体系、外汇制度、会计政策等方面内容，进行了较为详细的介绍。鉴于主要发达国家的财税体系较为健全，有关政策法规比较透明，资料也容易获取，本丛书不再予以整理收集。本《指南》汇集的 80 个国家（地区），大部分是我国企业境外业务开展较多的欠发达或发展中国家，能够基本满足我国"走出去"企业的迫切需求，有助于"走出去"企业能够快速熟悉境外投资目的地国的基本财税政策，大幅降低企业对所在国财税法规信息收集的成本，既有利于提升企业的法规遵从意识，又有利于企业防控经营风险，增强企业"走出去"的信心和底气。

本丛书是集体智慧的结晶。中国对外工程承包商会发挥了重要的平台和引领作用，参与本丛书编写的是我国"走出去"的核心企业代表，分别为中国路桥、中国建筑、中国电建、中国有色、国机集团、葛洲坝国际、CMEC、中国铁建、中石油、中国港湾、中水对外、北京建工和江西国际等十多家企业。信永中和会计师事务所对本丛书进了全方位的指导和审核，使本丛书的专业性和实用性质量得到了实质性的提升。

本丛书定位为专业工具书，旨在为我国广大"走出去"企业的财务、投资、商务和法务等专业管理人员提供参考和指南，同时，也为"走出去"企业提供专业服务的中介机构提供了重要借鉴。

由于编写组学术水平和实践经验有限，本指南难免有不足和谬误之处，恳请专家和读者批评指正！

2019 年 9 月于北京

序 二

2013 年国家提出"一带一路"倡议,随着中国与沿线国家的扎实推进,现在"一带一路"已成为举世瞩目且被越来越多的国家认可和接受的概念。近年来,中国企业对沿线国家直接投资超过 900 亿美元,完成对外承包工程营业额超过 4000 亿美元,为推动沿线国家的经济发展做出了卓有成效的贡献。

越来越多的中国企业以多种多样的方式走出国门,参与这一宏大的划时代壮举,但过程和结果并非都能遂人所愿。如近些年部分企业相继爆出海外投资失败,或遇到重大障碍而致进退两难。虽然决定中国企业海外投资能不能成功的因素非常复杂,但"知己知彼、百战不殆",不知彼显然是其中一个重要因素。"走出去"的中国企业需要知悉目的国的经营规则和市场环境、税务财务制度和投资融资法规、政府的优惠及限制政策等。提高在国际环境下开展经营的意识和能力尤应引起足够重视,特别是在投资前期,要尽可能做到"谋定而后动",充分了解当地规则和信息,并借助专业机构的力量,对投资事项作出审慎判断,从而避免投资损失。

鉴于此,本套丛书集合众多财会咨询专家、海外投资经营实务机构高管的智慧,全面陈述了"一带一路"沿线相关 80 个国家(地区)的投资环境、市场基本情况、税收种类和征管情况、外汇管制、会计制度及核算等政策、规定和信息。可以说,本套丛书可以视作投资"一带一路"国家的财会实务宝典。此外,越来越多的中国专业机构和专业人士在服务中国企业"走出去"中也扮演着越来越重要的角色,通过此书掌握境外目标国的基本经济情况和财税政策无疑也会有效提升这些专业人士的服务能力和效率。

"一带一路"倡议的提出和运作为所有沿线国家提供了更大的发展空间

和福祉，也为中国企业提供了更多在世界舞台上驰骋的机会，若此书能在中国企业和中国专业服务机构走向世界的过程中发挥些许助力和护航的作用，则功莫大焉！

信永中和集团董事长

序 三

"一带一路"倡议提出六年来，中国对外承包工程行业保持良好发展势头，取得了可喜的成绩。但随着海外市场的不断拓展，企业面对的东道国政策法规环境也日趋复杂，企业中普遍存在着对所在国法规理解不透彻、经营管理中有"盲区"、正当权益遭侵害而维权不力等现象。特别是，很多企业对当地的财税政策了解较为肤浅和不系统，容易出现因无知和冒进的做法而触犯法律法规的问题，给企业经营带来损失，声誉造成影响，这其中的教训值得我们认真总结和反思。"走出去"企业迫切需要在了解和适应海外法律法规方面得到更多的指导和服务。

《"一带一路"税收外汇会计政策指南》丛书的出版，正是恰逢其时，为中国"走出去"企业提供了全面、及时、实用的海外政策信息指南，对企业开拓国际市场、提升合规经营和企业管理水平将发挥重要作用。

该《指南》由中国对外承包工程商会融资财税委员会组织行业内十多家骨干会员企业，联手信永中和会计师事务所共同整理研究的成果。《指南》对80个国家（地区）的投资经营环境、法律体系、外汇管理规定、税收会计政策等方面进行了详尽的解析，相信能对"走出去"企业准确了解所在国法规政策，快速融入当地营商环境，有效防范政策风险，促进企业可持续发展起到一定的引领和指导作用。

中国对外承包工程商会将进一步发挥各专门委员会的特色与专长，为广大企业提供更为专业和实用的服务，为中国企业全面参与"一带一路"建设，实现"共商、共建、共享"发展做出新的贡献！

中国对外承包工程商会会长

序 四

"一带一路"倡议提出以来，中国企业"走出去"的步伐不断加快，竞争实力日益提高，在国民经济中发挥着越来越重要的作用。但由于海外政治社会、法律财税、营商环境等方面存在较大差异，给企业国际化经营带来了较大挑战。

国际化经营涉及的内容繁多，企业需要从国际税法、国际税收协定、外汇和会计政策等角度作出系统全面的安排。企业在进行境外投资前有必要认真做好功课，对境外的税收、外汇和会计政策等重要内容进行充分了解、考察和分析，并针对企业自身情况制定出最优的投资架构、退出渠道等方案，以便有效规避境外投资风险，实现投资利益的最大化。

《"一带一路"税收外汇会计政策指南》丛书主要围绕境外投资目的地国整体营商环境、主体税种、征管制度、双边税收协定、外汇制度和会计政策等方面内容进行详细介绍，涉及"一带一路"沿线80个国家（地区），旨在使中国企业及时、准确、全面地了解和掌握境外投资的税务成本、纳税操作、税务风险规避、外汇和会计政策等重要信息，满足"走出去"企业的迫切需求，有助于"走出去"企业能够快速熟悉境外投资目的地国的基本财税政策，大幅降低企业对所在国财税法规信息收集的成本，既能够提升企业的法规遵从意识，又能够增强企业防控经营风险的信心和底气。

本丛书集合各类专家智慧结晶，具有很强的专业性、指导性和实用性，是不可多得的系列工具用书，对于助力中国企业"走出去"积极践行"一带一路"倡议将发挥重要作用。

中国石油化工集团有限公司总会计师

专家推荐语

　　随着"一带一路"倡议的深入推进，中国企业"走出去"的步伐不断加快，海外业务拓展迅猛，但由于海外政治经济人文等差异较大，各项政策制度复杂多变，给企业生产经营带来了很大的困难和挑战，也积聚了一系列的问题和风险，必须引起高度重视，积极做好各项应对之策。《"一带一路"税收外汇会计政策指南》丛书，围绕80个国家（地区）颁布的税收、外汇和会计政策等问题，进行全面系统收集整理，认真分析归纳研究，以应用指南的形式呈现给广大读者，值得"走出去"企业的相关人员借鉴和参考。该丛书覆盖范围广，涉及"一带一路"沿线80个国家（地区），涵盖中国企业"走出去"的重点区域；针对性强，选择了税收、外汇和会计政策等中国企业"走出去"过程中遇到的最迫切、最现实的问题，能够满足我国各类企业"走出去"的基本生产经营需要；操作性强，内容安排上既有基本制度和相关情况的介绍，又有重要制度政策解读以及具体操作应用指引；权威性高，集合中国对外工程承包商会及我国"走出去"的十多家核心企业代表的集体智慧，同时也得到信永中和会计师事务所的专业指导和审核。该丛书是广大"走出去"企业的财务、投资、商务和法务人员非常难得的操作应用指南。

中国铁建股份有限公司总会计师

这是一部中国企业"走出去"践行"一带一路"倡议的重要工具用书，对于实际工作具有十分重要的参考价值。

中国保利集团有限公司总会计师

"一带一路"倡议重在促进沿线国家之间的互联互通，加强相互间的经贸合作和人文往来。缺乏对相关国家会计、税收、外汇等体系的充分了解，不仅会提高经贸合作的成本，而且会加大经贸往来的风险。汇聚了我国在"一带一路"经贸合作领域耕耘多年的多家知名企业的实务界专家们巨大心血的这本政策指南，填补了空白，可以为我国"走出去"的企业提供极富价值的参考，对学术界开展国际比较研究，夯实会计基础设施，助推"一带一路"合作，也有很好的参考价值。

上海国家会计学院党委书记、院长

习近平总书记在推进"一带一路"建设工作5周年座谈会上发表重要讲话指出，过去几年，共建"一带一路"完成了总体布局，绘就了一幅"大写意"，今后要聚焦重点、精雕细琢，共同绘制好精谨细腻的"工笔画"。要坚持稳中求进的工作总基调，贯彻新发展理念，集中力量、整合资源，以基础设施等重大项目建设和产能合作为重点，在项目建设、市场开拓、金融支持、规范经营、风险防范等方面下功夫，推动共建"一带一路"向高质量发展转变。

"一带一路"沿线国家的发展水平、社会制度、宗教民族、文化习俗等方面千差万别，企业"走出去"面临诸多风险。"一带一路"建设中要行稳致远，持续发展，需要政府加强政策沟通，建立以规则为基础的法治合作体系，更需要企业遵守东道国的法律法规，建立健全风险防范机制，规范投资经营行为。这就要求企业加强对沿线国家法律法规的深入了解和科学应用，不断提高境外安全保障和应对风险能力。《"一带一路"税收外汇会计政策指南》丛书的出版，可谓应景适时。

本丛书有以下三个突出特点：一是选题聚焦"一带一路"沿线国家的税收、外汇与会计等财经政策，契合企业当前的迫切需求，可以帮助企业及时了解、识别和规避沿线国家的财税、外汇与会计风险，对企业提升相关业务的合规合法性、促进企业稳步发展具有重要的现实意义。二是编写团队来自我国参与"一带一路"建设的核心企业代表，他们不但熟悉沿线国家的财经政策，并且有扎实的理论功底和丰富的实践经验，确保了本书的专业性。三是内容翔实，重点介绍了 80 个国家（地区）最新的税收、外汇和会计政策，具有很强的针对性和时效性，为"走出去"企业提升财经风险意识、夯实财经管理基础和提高财经风险防范能力提供了基本遵循。

本丛书源于实践，是切合实际的专业性指导工具书。在此，由衷地希望"走出去"企业及相关从业者能够从本丛书汲取营养，共同助力"一带一路"建设，为推动共建"一带一路"走深、走实做出积极贡献。

厦门国家会计学院党委书记

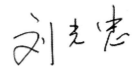

目录
CONTETS

第一章　中国香港税收外汇会计政策

第一节　投资环境基本情况

一、中国香港地区简介

中国香港特别行政区是我国的两个特别行政区之一，由香港岛、大屿山、九龙半岛以及新界（包括 262 个离岛）组成，岛屿总面积 1104 平方公里，截至 2017 年末，总人口约 740.98 万人，人口密度居全世界第三。香港位处中国南部沿岸，北靠广东省、西背珠江口及澳门、南向南中国海，介于北纬 22° 08′ ~22° 35′、东经 113° 49′ ~114° 31′，所处时区比协调世界时快 8 小时（UTC+8）。香港北部与深圳市以深圳河相隔，南部海域与珠海市万山群岛海域连接。香港一般会细分为香港岛、九龙及新界三大区域，有时候离岛会视作独立区域。

香港的法定语文是中文和英文，而政府的语文政策是书面上使用中文白话文和英文口语上使用粤语、普通话和英语。香港华裔人口主要使用广东话，而非华裔人口则多以英语作交际语。香港普遍使用的汉字书体是繁体中文。

香港的货币是港元（HK$），有三家发钞银行，分别是中国银行（香港）、汇丰银行和渣打银行。香港外汇储备为 4415 亿美元（2018 年 1 月）。

中国香港法律体系属于英美法系。

二、经济情况

1997 年，中国政府按照"一国两制"的原则对香港恢复行使主权。香港在回归后保持自己原有的社会制度，有独立的司法制度，根据《基本法》规定，香港目前的政治制度将会维持 50 年不变。截至 2017 年 8 月，全世界超过 170 个国家和地区的公民或居民可以免签证进入中国香港。

香港经济模式主要以自由贸易、低税率和最少政府干预见称，最主要的贸易伙伴是中国内地。在香港除了烟、烈酒等少数物品外，不对其他进口物品征收关税。

中国香港是国际金融中心、国际航运中心、国际贸易中心,也是世界第四大外汇交易市场和亚洲重要股票交易市场。在香港,资金可以自由流入和流出。香港交通、旅游发达,已与 186 个国家和地区的 472 个港口有航运往来,香港的货柜港口、香港国际机场均是世界最繁忙的口岸之一。香港是成衣、钟表、玩具、游戏、电子等产品的主要出口地,出口总值处于全球前列。香港是世界跨国公司的业务基地,超过 3800 家国际企业在香港设立亚洲区总部或办事处。

香港服务业十分发达,是全球第十大服务出口地,包括民航、航运、旅游、金融和银行服务等。不少服务项目的收费是全球最低廉的。

三、投资政策

(一)投资主管部门

香港特区政府投资推广署是香港吸引外来投资的主管部门,专门向包括内地在内的国家和地区推广中国香港作为亚洲投资及营商中心的各种优势。

(二)投资行业的规定

禁止外来投资者和本地投资者进入的行业:在所有香港现行法律允许经营的商业活动中,理论上无行业是完全禁止私人和外来投资者参与的。但赌博业是受政府管制最严格的行业。目前,根据《2000 年赌博(修订)条例草案》和《博彩税条例》,在香港可进行的经营性赌博活动包括由香港赛马会(非营利性机构)主办的赛马、六合彩和足球博彩,以及由香港特别行政区政府影视及娱乐事务管理处处长所批准的其他博彩活动,除此以外其他所有经营性赌博活动都是违法行为。

有条件进入的行业:香港并无统一立法规定各合法行业的进入条件,但包括电讯、广播、交通、能源、酒制品销售、餐厅、医药和金融等在内的多个行业,除商业登记外,都要向有关政府部门另外申请相关行业的牌照。例如电讯行业参与者应向电讯管理局申请电讯牌照,而设立银行要向香港金融管理局申请银行牌照。

除银行和保险等少数行业外,一般而言,政府并没有硬性规定这些要申领牌照行业的进入条件,尤其是对申请人的注册资本没有明文限制。要上交的申请材料并无与注册资本有关的证明文件，整个审批过程以申请人在技术方面具备的条件为主要考虑因素。

对于银行而言，要取得牌照，必须拥有数目相对庞大的资金。根据《银行业条例》，要申请开设可以接受公众任何数额和任何期限存款的持牌银行，申请人实收资本必须达到 1.5 亿港元，而总资产和公众存款必须分别达到 40 亿和 30 亿港元。对于类似银行的行业而言，资格的审查将看重申请人的资金能力，而不是技术。

重点鼓励投资者进入的行业：除赌博业外，香港特区政府鼓励外来投资者参与任何行业的投资。但为了香港的经济转型及可持续发展，香港特区政府非常欢迎商业和专业服务、金融服务、信息科技、媒体及多媒体、科技、电讯服务、旅游及娱乐、贸易服务业和运输 9 大行业的外来投资者来港投资。此外，特区政府投资发展 6 大优势产业，包括：创新及科技、医疗、教育、检测和认证、文化及创意、环保产业。

对执业者资格有限制的行业：香港有很多行业对执业者的资格都是有限制的。主要包括医生、律师、会计师、测量师和工程师等。

（三）投资方式的规定

在香港，法律允许海外投资企业可选择以不同的商业形式在香港从事营商活动，如私人有限公司（含股份有限公司）、分公司、代表处、合伙制、独资制或联营公司。

在香港从事经营活动，除自行登记设立公司外，快捷的方式是收购合并，获得现成香港公司，直接取得市场、资金、国际网络及有关经营人才。在香港进行收购合并可采取两种方式：即通过企业经纪或购买空壳公司。

四、商业登记

除了少数获豁免的业务及以一站式公司注册及商业登记服务登记的公司外，在香港经营业务的任何人士，不论业务运作形式，均须于开业后 1 个月内办理商业登记并缴纳有关登记费及征费。香港税务局不会接纳任何不存在或尚未开始经营的业务的商业登记申请。已登记的业务可选择每年或每三年换领商业登记证一次，并就每张登记证须缴付一定的金额。

依照香港《公司条例》注册成立或登记的公司，不管其是否在港经营，也须办理商业登记及缴交登记费。香港公司注册处会向申请人发出公司注册证书及商业登记证。

商业登记证并非营业执照。除办理商业登记外，经营某些行业或尚须申请其他种类的牌照或具有认可专业资格。就任何业务发出商业登记证或分行登记证，并不表示该等业务已符合其他有关法例的规定。

经营业务人士必须将有效的商业登记证展示于其营业处显眼的地方，以便税务督察随时查阅。

经营业务人士必须在业务资料有所变更后或结束业务后的 1 个月内以书面通知税务局辖下的商业登记署。有关本地有限公司或非香港公司根据《公司条例》办理更改公司或法团名称，公司注册处会在公司更改名称证书发出后通知商业登记署有关变更。业务名称变更，公司必须另行通知商业登记署。

根据《商业登记条例》的规定，除根据《公司条例》注册成立或登记的公司外，每月平均销售或收入总额不超过规定限额（主要凭提供服务以赚取利润的业务：10000 港元；其他业务：30000 港元）的小型业务可申请豁免缴付商业登记费及征费。

第二节　税收政策

一、税法体系

目前，中国香港的主要税收法律是《税务条例》及其附例《税务规则》。该《税务条例》制定于 1947 年，是一项英国殖民统治时代的遗产，《税务条例》实体上仿效英国 1803 年所得税立法。《税务条例》在过去历经了许多重大的政治和经济变化，作了多项修订，但仍保持其简单、低税率及源泉征税原则的征收管理特点，该特点被视为香港税制的一个重要的优势之一。

香港的税法条款，相对国内一般的税法较为简单，对重要的源泉征税原则并无详细、可直接援引的规定。与英国及其他英联邦地区通过的立法规定及其具体规则不同的是，中国香港主要依靠普通法和判例法的原则执行，以适用案例中法官的判决来明确日后在税收管理执行时适用的原则和范围。

香港《税务条例》规定征收 3 种直接税，即利得税、薪俸税、物业税。课税年度是一般由 4 月 1 日至次年 3 月 31 日。

二、税收征管

（一）征管情况介绍

香港税收征收管理是以法制要求和纳税人高度遵守的自律性为基础，基本上是自主申报纳税。香港对纳税申报和周期性的规定，与内地的税制相比较为简单。例如，香港纳税人（个人或企业）每年只需申报一次年度纳税申报，且全年需要纳税人填写的申报表一般也只有 3~4 页。

在管理税收环节方面，香港税务局对纳税人年度的评税是较为审慎的。如纳税人未能遵守《税务条例》的规定，香港税务局会根据违例行为的性质或犯错程度，向纳税人提出检控、以罚款代替检控，或评定补加税款等措施。在决定采取何种行动时，香港税务局局长会考虑证据是否充足、已经或会少征收税款的数额、违例行为是否经精心策划，以及有关违规行为历时多久等因素。

（二）税务查账追溯期

香港税务调查涵盖的期间通常是由展开调查时的课税年度起推前六个课税年度。若属有欺诈成分或蓄意逃税的个案，调查涵盖的期间则会扩展至推前十个课税年度。

对于纳税人不履行《税务条例》所规定的义务，及在纳税人没有欺诈或蓄意逃税动机的情况下，香港税务局会视情况对纳税人征收罚款，施以惩罚代替检控。香港税务局可在发生违规情况的应纳税年度终结后的六年内追究和处理上述惩罚。

表1-2-1　税务罚款表

单位：港元

等级	适用罚款额	违规举例
1	2000	漏报或不提供报税表、提供雇员资料、有关物业拥有权变更等。
2	5000	
3	10000	

续表

等级	适用罚款额	违规举例
4	25000	任何人士再次未能在指定期限内提供资料或补文进行税务申报等
5	50000	任何人没有按规定保存会计和经营记录、不遵守法院命令等
6	100000	

数据来源：香港特区税务局。

另外根据《税务条例》有关规定"到期须缴付的税款，可作为欠政府的民事债务予以追讨"。因此，在纳税人反对或上诉期间，获缓缴的直至反对或上诉个案终结的税款，在有关个案被撤回、或获最终裁定成为须缴付税款时，纳税人应缴付相关税款的同时，还需要缴纳相关税款的利息（2009年4月1日起按照年利率8%执行）。

（三）税务争议解决机制

香港税务局采取事先裁定方式解决纳税争议。任何人士可根据税务条例所列出的规定，向税务局局长提出申请，就条例的各项条文如何适用于申请人或申请所述的安排做出裁定，争议解决申请需要缴付费用，申请人须提供详尽的资料，税务局方可做出事先裁定。

《税务条例释义及执行指引第31号——事先裁定》提供了此项服务的进一步详情。经选取为与公众利益相关的裁定在刊物及新闻公报网页内公布。所公布的裁定只供一般参考之用。

三、主要税种介绍

（一）利得税

利得税（Profits Tax）是香港税务局对在香港经营任何行业、专业或业务的个人和企业（包括法团、合伙业务、受托人或团体），获得于香港产生或取得来源于香港的所得（售卖资产的资本所得的利润除外）所征收的一种税。香港采用的利得税征税模式为属地原则并非纳税居民原则，即只有源自香港的利润所得才会视为"应税所得"，非来源于香港的利得并不需要在香港缴纳利得税。

1. 征税原则

在香港满足以下条件的企业为居民企业：在香港注册成立的公司；虽

不在香港注册成立，但实质管理和控制机构在香港的公司。考虑到香港利得税征税原则采用"地域来源地"原则，企业是否属于香港居民企业不作为是否征收香港利得税的一个判断标准。

凡在本港经营任何行业、专业或业务而从该行业、专业或业务获得于香港产生或得自香港的所有利润（由出售资本资产所得的利润除外）的人士，包括法团、合伙商号、信托人或团体，均须缴税。征税对象并无本港居民或非本港居民的分别。业务是否在本港经营及利润是否得自本港的问题，主要是根据事实而定，但所采用的原则可参考香港及其他奉行普通法的法院所判决的税务案例。

2. 税率

（1）一般税率（适用于 2008—2009 年课税年度及其后的课税年度）：法团的税率为 16.5%；法团以外的人士税率为 15%。

两级制税率（适用于 2018—2019 年课税年度及其后的课税年度）。其中法团：不超过 2000000 港元的应评税利润按照 8.25% 计征；及应评税利润中超过 2000000 港元的部分按照 16.5% 计征；法团以外的人士：不超过 2000000 港元的应评税利润按照 7.5% 计征；应评税利润中超过 2000000 港元的部分按照 15% 计征。

（2）特惠税率，以下项目的税率为一般税率的一半：从符合资格的债务票据所获得的利润及利息收入；以专业再保险人身份，或以获授权专属自保保险人身份（适用于 2013—2014 年课税年度及其后的课税年度）的离岸业务所得；合资格企业财资中心的合资格利润（适用于 2016—2017 年课税年度及其后的课税年度）；以及合资格飞机出租商或合资格飞机租赁管理商的合资格利润（适用于 2017—2018 年课税年度及其后的课税年度）。

3. 税收优惠

应纳税所得额不包括以下项目的款项：已缴付香港利得税的法团所分派的股息；从其他应征利得税人士所收取的已课税利润；储税券利息；根据《借款条例》（第 61 章）或《借款（政府债券）条例》（第 64 章）发行的债券所派发的利息及所获得的利润；或从外汇基金债务票据或多边代理机构港币债务票据所获得的利息或利润；从长期债务票据所得利息收入及

利润；及由 2009—2010 年课税年度起，人民币国债利息和利润等。

除上述优惠政策外，税务优惠还包括以下情况：

（1）购置指明与制造业有关的工业装置及机械，以及电脑硬件软件所做的开支均可全部即时注销。

（2）翻修商用楼宇工程所做出的资本开支可分五个课税年度注销。

（3）符合资格的债务票据所获取的收益，可获税务宽减。

（4）再保险公司及授权专属自保保险公司的离岸业务所得，可获优惠税率征税（后者由 2013—2014 年课税年度起）。

（5）在香港存放于认可机构的存款所赚取的利息（不适用于财务机构所收取的利息或累算归属于财务机构的利息）。

（6）根据《证券及期货条例》（第 571 章）获发牌或获注册的法团和认可财务机构，在香港所进行的证券、期货合约、外汇合约等交易而获得的利润，若属离岸基金（非居港个别人士、合伙、信托产业的受托人或法团），均可获税项豁免。

（7）购置指明用途为环保设施的资本开支可获加快的扣除。机械或工业设备指明用途为环保设施的，资本开支可获 100% 扣除。而属建筑物或构筑物一部分的环保装置，则按每年 20% 连续五年内扣除。

自 2010—2011 年课税年度起，指明环保车辆的资本开支，在购买首年即可享 100% 扣除。

（8）自合资格企业财资中心在 2016 年 4 月 1 日或之后得自合资格贷款交易，或得自合资格企业财资服务或交易的合资格利润，可获优惠税率征税。

（9）在符合指明条件的情况下，在香港经营集团内部融资业务的法团，在该业务的通常运作过程中，向非香港的相联法团借款而须于 2016 年 4 月 1 日或之后支付利息，该利息可获扣除。

4. 所得额的确定

应评税利润（或经调整的亏损）指任何人士在评税基期内依照《税务条例》第 IV 部的规定所计算于香港产生或得自香港的利润（或蒙受的亏损）。

利得税是根据课税年度内的应评税利润而征收的。对于按年结算账项的业务，应评税利润是按照在有关课税年度内结束的会计年度所赚得的利润计算。在有关课税年度内，经营者须根据上一年度评定的利润缴纳一项暂缴税。当有关年度的利润在下一年度评定后，首先会将已缴纳的暂缴税用以抵销该有关年度应缴纳的利得税，如有剩余，则用以抵销下一年度的暂缴税。

对于停止经营的业务，除了若干情况须特别处理外，一般来说，应评税利润是根据上一课税年度基期结束以后至停止营业日期为止所赚得的利润计算。

5. 反避税规则

（1）关联交易。关联关系判定标准：当一方企业直接或者间接参与另一方企业的管理、控制或资本，或者同一人直接或者间接参与一方企业和另一方企业的管理、控制或资本。关联交易的主要类型为关联购销、关联劳务和无形资产（例如特许权使用费）。企业应当在纳税申报时披露与其发生关联交易的关联企业所在国家。

（2）转让定价。税务指引采用了 OECD 指南规定的传统以交易为基础的转让定价方法（可比非受控价格法、再销售价格法、成本加成法）以及以利润为基础的方法（交易净利润法以及利润分割法）。第 46 号税务指引并未将交易净利润法以及利润分割法视为最后被选用的方法。但却规定转让定价方法的选取旨在为每一个案例选用最合适的方法，且应考虑可比性分析以及数据获取。然而，指引亦提及，当以交易为基础的方法以及以利润为基础的方法均适用时，应优先选用以交易为基础的方法。如果传统的转让定价方法不适合实际情况，企业可以采用 OECD 指南上面没有描述的方法（"其他方法"）来确定公平交易价格。然而，如果采用了其他方法，那么该方法的选取必须有资料加以支持，这些资料应解释为什么传统的方法没有较所采用的其他方法适当。

2018 年 7 月 4 日，香港立法会通过了打击税基侵蚀与利润转移（以下简称：BEPS）及转让定价条例草案。

转让定价机制：《BEPS 及转让定价条例》将独立交易原则纳入香港《税务条例》，并且赋予香港税务局对于关联人士间不符合独立交易原则，且向一名当事人赋予了在香港税项方面的潜在利益的关联交易所产生的收入或费用进行转让定价调整的权利（转让定价规则 1）。而对于不会导致实际香港税务差异的特定本地交易，在满足规定条件 3 时，转让定价规则将不适用。此外，转让定价规则 2 要求运用独立企业原则将非香港居民人士的收入分配至其设于香港的常设机构。基于该规则，认可的经合组织方法（Authorised OECD Approach，AOA）将被运用以确定归属于常设机构的利润。该规定对于通常在香港设立分支机构的银行及保险企业将产生较大影响。

转让定价规则 1 适用于 2018—2019 年评税年度及之后的评税年度，而转让定价规则 2 将适用于 2019—2020 年评税年度及之后的评税年度。由于常设机构利润归属问题较为复杂，香港政府推迟了转让定价规则 2 的生效时间，以赋予纳税人更充足的准备时间。此外，对于《BEPS 及转让定价条例》生效日期前已订立或实施的关联交易虽无须运用转让定价规则，但仍需要保证相关交易定价的合理性，以应对香港税务局根据现行的香港《税务条例》对纳税人的关联交易安排可能提出的质询。

转让定价文档要求：《BEPS 及转让定价条例》将确定三层架构的转让定价文档要求，包括：总体档案、分部档案、国别报告。

对利得税宽减的实质性活动要求：为践行经合组织在 BEPS 行动计划 5 中提出的享受税收优惠政策必须满足实质性活动要求以打击有害税收实践，《BEPS 及转让定价条例》规定对于合资格企业财资中心、再保险业务、专属自保业务、船舶运输业务、飞机租赁业务等，仅当满足确定利润创造活动是否在香港发生的特定门槛要求时，才能享受利得税的宽免。

特定门槛要求将由香港税务局另行刊宪发布，包括多项衡量因素如位于香港的符合特定资格的全职员工数量、发生于香港的管理费用金额等。特定门槛要求将适用于 2018—2019 年评税年度及之后的评税年度。

无形资产价值创造相关规定：条款 15F 规定任何人在香港执行无形资产的开发、改良、维持、保护或利用（DEMPE）等活动，就无形资产作出价值创造的贡献，须视为该人在香港经营的行业、专业或业务。相关价值创造贡献部分在香港产生的（或源自香港的）收入，须在香港缴纳利得税。

（3）资本弱化。香港暂无相关规定。

6. 征管与合规性要求

（1）香港企业所得税纳税申报：年结日在 3 月 31 日的企业应于不迟于 11 月 15 日前向香港税务局提交评税申报表，经税务局评定后下发缴款通知书。税款可分2期缴纳，第一期缴纳所属课税年度税金100%和预交下一课税年度评定税金的75%，第二期预交下一课税年度税金的25%，以前年度有预交税金的，当年抵免后按差额缴纳。具体缴纳时间按照税务局信件时间要求为准，各公司因年结时间不同、规模不同等原因有一定差异。

（2）不按照相关规定申报：漏报、虚假陈述、虚假答复、编制虚假账簿、骗逃税等情况，香港税务局根据《税务条例》有关内容进行惩罚。

企业违反有关法律可被惩罚50000港元、少征收税款3倍的罚款以及监禁三年。如经简易程序审讯的，可被罚10000港元、少征收税款3倍的罚款以及监禁6个月。《税务条例》规定"到期须缴付的税款，可作为欠政府的民事债务予以追讨"。因此，在纳税人反对或上诉期间，获缓缴的直至反对或上诉个案终结的税款，在有关个案被撤回、或获最终裁定成为须缴付税款时，纳税人应缴付相关税款的同时，还需要缴纳相关税款的利息。

（二）增值税

香港不存在增值税类型税种。

（三）薪俸税

1. 征税原则

薪俸税是针对个人，按照其从事任何职位或受雇任何工作，在香港境内所得的实际收入所征收的税款。如果受雇工作是在香港以外的地方，则只就在香港提供服务所取得的酬金缴纳薪俸税，即只要不是从香港境内取得的收入，就不需要征税。来自香港的收入的认定标准：必须同时满足以下条件才可认定为并非与香港有关的收入：①雇佣合同的洽谈、订立地点不在香港；②雇主不是香港的纳税居民；③薪水不在香港支付。

2. 申报主体

薪俸税以个人为单位进行申报，申报的时候如实填写家庭情况，婚姻状况和子女数量，赡养长辈以及年度接受教育等情况。已婚人士须负责他/她本身有关薪俸税的一切事宜，包括填交报税表及缴纳评定的税项。倘若一对已婚夫妇的税务负担在分开评税下相较在合并评税方式下所计算的为多，他俩可选择合并评税。

3. 应纳税所得额

个人在香港产生或得自香港的职位、受雇工作及退休金入息均须课缴薪俸税。"在香港产生或得自香港的入息"包括所有纳税人因在香港提供服务而获得的收入。香港《税务条例》对那些在本港作短暂停留的海员及飞机服务员，以及那些曾在香港境外缴纳类似香港薪俸税的税项的人士均有特别规定。

"入息"一词包括各种得自雇主或他人的入息和额外赏赐。度假旅程利益、股份奖赏及股份认购权收益，均属应课税入息。而股份认购权收益在行使、转让或放弃股份认购时，才须纳税。即使雇员在行使认购权当日已离职，该收益仍须课税。

就雇主或相联法团免费供给寓所（包括由雇员自赁寓所，而由雇主退还全部租金）在评税时所计算出来的"租值"亦是应课税入息。如果提供的居所为一楼宇单位或服务式住宅，则"租值"是雇主和相联法团给予该雇员的薪酬总数的10%；如获提供的居所是酒店、宿舍或公寓，"租值"则按得自雇主和相联法团的全部入息减去适当扣除额后以 8%（占用不超过两个房间）或 4%（占用不超过一间房间）计算。若雇主提供一楼宇单位并指定给超过一名雇员共用，计算"租值"的方法与酒店、宿舍或公寓相同。

4. 扣除与减免

由 2018—2019 年课税年度起提高下列免税额，并设立伤残人士免税额。

表1-2-2　薪俸税免税抵扣简表

课税年度	2017—2018年	2018—2019年
子女免税额（每名计算）		
第一名至第九名子女	100000	120000
在子女出生课税年度的额外免税额	100000	120000
供养父母/祖父母/外祖父母免税额（每名计算）		
年龄60岁或以上，或有资格根据政府伤残津贴计划申索津贴的父母/祖父母/外祖父母	46000	50000
年龄55至59岁的父母/祖父母/外祖父母	23000	25000
供养父母/祖父母/外祖父母额外免税额（每名计算，须连续全年与纳税人同住）		

课税年度	2017—2018年	2018—2019年
年龄 60 岁或以上，或有资格根据政府伤残津贴计划申索津贴的父母 / 祖父母 / 外祖父母	46000	50000
年龄 55 至 59 岁的父母 / 祖父母 / 外祖父母	23000	25000
伤残人士免税额	不适用	75000

数据来源：香港特区税务局。

其他可减免的收入：并非在香港服务所得的退休金、从认可职业退休计划提取的款项、从强积金计划提取的款项、房屋补贴、慈善捐款。

5. 税率实行累进税率

每年香港政府会根据去年经济情况和财政收入，在财政预算案中适量地调整下年度各项税率，免税及扣除额，甚至退税上限等。

（1）累进税率（一般累进税率适用于中等和低收入个人）。2016—2017年应税年度的税率应税收入实额（已扣减免税总额）累进税率。

表1-2-3　薪俸税累进税率表

项目	税阶区间	税率
第一税阶	最初的 40000 港元	2%
第二税阶	其次的 40000 港元	7%
第三税阶	其次的 40000 港元	12%
余额		17%

数据来源：香港特区税务局。

（2）标准税率（一般来说，标准税率适用于高收入个人）。目前薪俸税标准税率为15%。香港政府根据年度财政情况，可能会对税率进行调整。

6. 非居民纳税人

根据香港薪俸税规定，薪俸税是以应税收益所有人为纳税人。纳税人的居住地点、住所或其公民身份，与其薪俸税责任无关。非居民纳税人只需就其在香港提供服务所取得的酬金缴纳薪俸税，即只要不是从香港境内取得的收入，就不需要征税。薪俸税的征税范围、税率及计税方法等与居民纳税人一致。

7. 征管与合规性要求

个人应税年度是指每年的 4 月 1 日至次年的 3 月 31 日。香港税务局每年于 5 月 1 日邮寄出报税表给个人，由个人根据年度收入情况自行申报，并于 5 月 31 日前邮寄回税务局。税务局评定后会发出缴款通知书给个人，通知书上有个人专用缴款账户，可以通过柜员机存储、网银汇款等形式缴纳。税款可以分 2 期缴纳，第一期缴纳课税年度税款余额（扣除预缴部分）和下一年度暂缴纳税款的 75% 的合计数，第二期缴纳下一纳税年度暂缴税款的 25%。

（四）关税

1. 关税体系和构成

香港海关对普通进出境货物实行零关税，目前仅负责保障和征收四类应课税品的税款，包括酒类、烟草、碳氢油类及甲醇。酒税是按酒精浓度广泛界定的三种不同类别为基准计算的价值的不同百分比评估。至于烟草、碳氢油类及甲醇的税款则是按每单位数量的特定税率征税。

香港并没有成文法对进出口货物征收关税，也没有成文的关税条例，本节介绍的内容属于《应课税品条例》。

2. 税率

（1）酒类。

表1-2-4　酒类税率明细表

项目	酒类	税率
1	在 20℃ 的温度下量度所得酒精浓度以量计多于 30% 的酒类	100%
2	在 20℃ 的温度下量度所得酒精浓度以量计不多于 30% 的酒类，葡萄酒除外	0%
3	葡萄酒	0%

数据来源：香港海关。

如无可用资料或资料不足，以致海关关长（或关长为评定须缴税款而授权的任何人员）无法厘定在任何时间以一批托运的形式进口而分量少于 12 升的酒类的价值，则他可按每升 160 港元的税率评定该批酒类的须缴税款。

（2）烟草。烟草须按以下税率缴税：

表1-2-5　烟草税率表

单位：港元

项目	税率
每1000支香烟	1906
雪茄	每公斤2455
中国熟烟	每公斤468
所有其他制成烟草，拟用作制造香烟者外	每公斤2309

数据来源：香港海关

任何长逾90毫米（不包括任何滤嘴或烟嘴口）的香烟，每增加90毫米或不足90毫米即视作另一支香烟计算。

（3）碳氢油类。碳氢油类须按下列每升税率缴税。

表1-2-6　碳氢油类税率表

单位：港元

序号	碳氢油类	税率
1	飞机燃油	6.51
2	汽油（含铅汽油）	6.82
3	汽油（无铅汽油）	6.06
4	轻质柴油	2.89
5	超低含硫量柴油	2.89
6	欧盟 V 期柴油	0.00

数据来源：香港海关。

（4）甲醇。甲醇及任何含甲醇的混合物均须按每百升（在20℃的温度下量度）840港元的税率缴税。此外，酒精浓度以量计超逾30%的每1%，须按每百升28.10港元的税率缴税。

（五）企业须缴纳的其他税种

物业税。纳税人为在香港拥有政府直接批出的土地或建筑物或土地连建筑物的拥有人。任何坐落于香港的土地或建筑物的拥有人，需按照土地或建筑物的应评税净值，以15%的标准税率缴纳物业税。

物业的应评税值是根据为换取物业的使用权而付出给业主的代价而厘

定。代价包括已收或应收的租金总额、为楼宇使用权而支付的许可证费用、整笔顶手费、支付给业主的服务费和管理费，以及由住客支付的业主开支（例如：修理费）。物业的应评税净值，是以应评税值（扣除业主同意缴付及支付的差饷和不能追回的租金后）减去20%作为法定的修葺及支出方面的免税额后所得出的数目，其他费用如地租及管理费都是不能扣除的。曾作不能追回租金扣除而其后收回的款额，须在收回的年度视作代价计算。

法团在香港出租物业，会被视为在本港经营业务，须就其物业收入缴纳利得税。不过，如来自应征物业税的收入已包括在纳税人所得的利润内评定利得税，或物业由业主自用，以赚取利润，则已缴付的物业税会用作抵销应缴付的利得税。多缴的物业税将获退回。除上述安排外，在本港经营行业、专业或业务的法团，则可以书面向税务局局长申请豁免缴付可从利得税内抵销的物业税。

印花税。印花税是就文书征收的税种，纳税人为签立应税文书的双方或多方，而双方或多方需共同及个别地负责缴纳印花税。无论是个人或是公司处于香港境内或是境外，根据《印花税条例》下列所示的四个类别，即：转让或租赁坐落香港的不动产；转让香港证券；发行香港不记名文书；文书的复本及对应本，需就书立的应税文书缴纳印花税。

印花税条例规定按类别征收定额或从价印花税。定额印花税由3~100港元不等，而从价印花税则由0.1%~8.5%不等。

其中香港不动产的转让印花税，则须按售价或物业市值（以较高者为准）按以下第1标准税率或第2标准税率征收从价印花税。

较高的从价印花税税率（第1标准）：售价不超过2000000港元，征税1.5%；售价超过2000000港元而不多于3000000港元，征税3%；售价超过3000000港元而不多于4000000港元，征税4.5%；售价超过4000000港元而不多于6000000港元，征税6%；售价超过6000000港元而不多于20000000港元，征税7.5%；售价超过20000000港元，征税8.5%。

较低的从价印花税税率（第2标准）：售价不超过2000000港元，征收100港元；售价超过2000000港元而不多于3000000港元，征税1.5%；售价超过3000000港元而不多于4000000港元，征税2.25%；售价超过4000000港元而不多于6000000港元，征税3%；售价超过6000000港元而不多于 20000000 港元，征税 3.75%；超过 20000000 港元，征税 4.25%。

证券印花税：公司或个人以主事人或代理人身份购买或售卖香港证券的人士必须签立成交单据（买单或卖单），按代价或证券价值的 0.1% 缴付印花税。由于购买人和售卖人必须各自签立成交单据，因此交易的印花税合计为 0.2%。如果成交单据是在香港签立，便须在签立后两天内缴纳印花税。如在香港境外签立，则须在签立后 30 天内缴纳。如果证券转让文书是在香港签立，便须在签立前缴纳印花税。如在香港境外签立，则须在签立后 30 天内缴纳。

印花税优惠：根据《印花税条例》记载有关于豁免或宽免可予征收印花税交易的条文，可获豁免缴交额外印花税的情况如下：①提名父母、配偶、子女或兄弟姐妹接受物业权益（就额外印花税而言，税务局会接受有血缘关系者、有半血缘关系者、被领养者、或继父母、继子女及继父母的子女属上述关系）；②增加/删除原有买家的父母、配偶、子女或兄弟姐妹的名字；③由法院判令或命令作出或依据法院判令或命令作出的物业出售，转让或归属，包括所有按《土地（为重新发展而强制售卖）条例》发出的强制售卖令，以及不论是否属《税务条例》第 2 条所指的财务机构的承按人取得的止赎令，以及卖家出售其自法院判令或命令出售/转让予或归属予卖家的物业；④出售物业仅关乎破产人的产业或因无能力偿付其债项由法院清盘的公司的财产；⑤属《税务条例》第 2 条所指的财务机构的承按人，或该承按人委任的接管人，透过不同方式把已承按的物业出售；⑥相联法人团体之间进行物业买卖或转让；⑦把物业出售或转让予政府；⑧出售或转让与离世者的遗产有关的物业，以及出售或转让一个从离世者遗产中继承或根据生存者取得权取得的住宅物业。另外，未经发展的土地上兴建的住宅单位和一手住宅物业的销售无须征收额外印花税。

综上所述，较为重要的豁免及宽免如下：与政府的交易和领事馆处所租约终止、以婚姻为代价的馈赠、向慈善机构作出的馈赠、法人团体内的转让、实益权益不变等。

博彩税。本地赛事的本地投注的赛马博彩税按净投注金收入，以72.5%~75% 的累进税率予以征税。该净投注金收入即投注总额减去派彩及回扣（适用于投注人士的落败投注额达 10000 港元或以上）。本地赛事的境外投注不会被征收博彩税。至于境外赛事的本地投注，赛马博彩税则按净投注金收入，以72.5%的税率征税。该净投注金收入等于投注总额减去派彩及投注回扣以及额外款额的总额。额外款额所指的是赛马投注举办商在举办获批准投注的情况下，就境外赛马中每一投注种类支付给境外人士超逾该种类的投注额1.5%的份额。此外，经批准出售的现金彩票收益须征收博彩税，税率为30%；而由获批准的公司所发行的奖券（六合彩）收益，博彩税税率则为25%。至于足球博彩方面，获批准的公司从举办足球比赛投注所取得的净投注金收入须征收博彩税，税率为50%。

（六）强制性公积金

1. 征收原则

强制性公积金，简称强积金或MPF，是香港政府在2000年12月1日正式实行的一项政策，除了少数人士获豁免外，强制18~65岁在香港就业的人口（含在香港就业的大陆户籍人士），都必须参加强积金计划。

2. 缴纳和领取相关规定

香港从业的雇员和雇主须按最低及最高入息水平，每个月分别向强积金受托人缴纳有关雇员收入的5%或以上作为供款，自雇人士亦须以个人收入最小5%作为强制性供款。强积金供款的最低有关收入水平为每月7100港元。每月赚取超过30000港元的雇员，雇主和雇员的强制性供款上限均为1500港元，自雇人士供款上限为每年300000港元。

一般而言，累算权益须保存至计划成员年届65岁退休年龄方可提取。另外，基于计划成员死亡、丧失行为能力、永久离开香港及提早退休的原因，可在退休年龄之前支付取得。

第三节　外汇政策

一、基本情况

香港金融管理机构为香港金融管理局（金管局）。金管局于1993年4

月1日成立，由外汇基金管理局与银行业监理处合并而成。金管局的主要职能由《外汇基金条例》和《银行业条例》规定，并向财政司司长负责。金管局是香港政府架构中负责维持货币及银行体系稳定的机构，其主要职能为：在联系汇率制度的架构内维持货币稳定、促进金融体系健全发展，包括银行体系的稳定与健全、协助巩固香港的国际金融中心地位，包括维持与发展香港的金融基建，以及管理外汇基金。

金管局透过自动利率调节机制及履行兑换保证的坚决承诺来维持港元汇率的稳定。香港外汇管理宽松，除了个别涉及制裁的国别和地区以外，香港外汇进出自由。

香港的纸币由3家发钞银行负责发行。发钞银行在发行纸币时须按7.80港元兑1美元的汇率向金管局交出美元。港元由外汇基金所持的美元提供十足支持。至于由政府经金管局发行的纸币及硬币，则由代理银行负责存放和向公众分发。金管局承诺在7.75港元兑1美元的水平向持牌银行买入美元，以及在7.85港元兑1美元的水平向持牌银行出售美元。金管局在香港及纽约的办事处共同提供24小时的双向兑换保证予香港所有持牌银行，包括其在香港以外的海外办事处。在7.75~7.85港元的兑换范围内，金管局可选择进行符合货币发行局制度运作原则的市场操作。这些市场操作的目的是为确保货币及外汇市场顺畅运作。

二、居民及非居民企业经常项目外汇管理规定

中国香港是世界上知名自由贸易通商港口，对货币买卖和国际资金流动，包括外国投资者将股息或资金调回本国，都没有限制。资金可自由进出香港。

（一）货物贸易外汇管理

香港目前无有关政策方面的限制。

（二）服务贸易外汇管理

香港目前无有关政策方面的限制。

（三）跨境债权债务外汇规定

香港目前无有关政策方面的限制。

（四）外币现钞相关管理规定

香港目前无有关政策方面的限制。

三、居民企业和非居民企业资本项目外汇管理

香港目前无有关政策方面的限制。

四、个人外汇管理规定

目前香港海关规定，任何人若入境香港时身上携带总价值逾 12 万元港元（或等值外币）（约合 10.1 万人民币）的现金或不记名可转让的票据，如支票、债券等，均需向海关主动申报，否则将触犯法律，最高可罚款 50 万港元（约合 42.2 万人民币）及监禁两年。

第四节　会计政策

一、会计管理体制

（一）财税监管机构情况

凡是在香港公司注册处注册领取香港商业登记证的企业均需要按照《香港会计报告准则》或《中小企业会计准则》建立会计制度进行会计核算。香港税务局为税收的管理机构。

（二）事务所审计

香港法律规定，所有有限责任公司每年度的会计报表必须经执业会计师核数，企业在每年纳税申报时须附上核数师的核数报告。

（三）对外报送内容及要求

会计报告中主要包含以下内容：①企业基本信息，行业分类、经营范围、股东情况、董事名单、公司地址、银行账户信息、商业登记证号码等；②企业经营情况表，资产负债表、利润表；③披露信息，费用类、资产类、上年营业额、权益变动。

上报时间要求：香港对企业会计年度没有统一规定，大多数企业都将会计年度定在 4 月 1 日至下一年的 3 月 31 日，即与香港的财政（税收）年度一致。会计报告须以选择的会计年度内经营情况为基础编制，于次年的 4 月 30 日前完成。

二、财务会计准则基本情况

（一）适用的当地准则名称与财务报告编制基础

香港采用 HKFRS 的会计准则，该体系和 IFRS 逐渐趋同；HKFRS 中规定了会计处理的具体核算方法，包括会计科目分类规则及其核算具体内容，同时也规定了借贷记账规则。

（二）会计准则使用范围

所有在香港注册企业均需要按照 HKFRS 会计准则进行会计核算并编制报表。

三、会计制度基本规范

（一）会计年度

会计年度一般为截至有关课税年度 3 月 31 日的一年；如年结并非于 3 月 31 日截止，则为在有关课税年度 3 月 31 日止一年内终结的会计年度；如账目以农历结算，则为在有关课税年度终结的农历年；如开始或停止业务，或更改结账日期，则为根据《税务条例》第 18C 条、18D 条或 18E 条规定的特别期间；如属新开业务，如果有关期间的账目尚未制备，则可依照该期间账目的分摊利润来计算出应评税利润；或如属停止业务／转让业务，则在下述情况下会采用特别规则来处理：若业务并未停止，但全部或部分已转让或交予别人经营；若业务在 1974 年 4 月 1 日以前开业而在 1979 年 4 月 1 日或以后停业。

（二）记账本位币

香港的注册企业大多使用港币作为记账本位币。

（三）记账基础和计量属性

香港企业会计准则规定财务报表以企业持续经营为假设前提，以权责发生制为基础编制。财务信息应具有相关性、完整性、可验证性、及时性和可理解性等特点，使得财务报告实用性将得到增强。财务以复式记账为记账方法进行记账，企业以历史成本为基础计量属性，个别科目可采用公允价值计量。

四、主要会计要素核算要求及重点关注的会计核算

（一）现金及现金等价物

现金流量表的现金及现金等价物包括所持现金与活期存款，以及可随时转换成已知金额现金、价值变动风险不大且购买时一般具有不超过 3 个月短暂有效期的短期高流通投资，再扣除须于要求时偿还且为本集团现金管理所包含的银行透支。

就财务状况表而言，现金及现金等价物包括所持不限用途的手头现金及银行现金（包括定期存款及现金等价物）。

（二）应收款项

应收款项为回收金额固定或可确定、在活跃市场没有报价的非衍生金融资产。初步计量后，该等资产其后以实际利率法按摊余成本计量。在确定实际利率时需考虑属于实际利率组成部分的各项收费、交易费用、溢价或折价等。按照实际利率计算各期财务费用—利息收入或利息支出。因应收账款减值产生的亏损在损益表的资产减值损失中核算。

（三）存货

存货包括原材料、在制品、开发中的供出售的在建物业、已完成的持做出售物业及产成品。存货按成本与可变现净值两者的较低者入账。资产负债表日，存货按成本与可变现净值两者的较低者计量。产成品及在制品的成本包括直接材料、直接人工以及按照适当比例分摊的间接制造费用。可变现净值按估计售价减去截至竣工及出售所涉任何估计成本计算。

物业的开发成本包括建筑期间产生的土地使用权成本、建筑成本及符合资本化条件的借贷成本。竣工后，有关物业转为已完成的持做出售物业。可变现净值是最终预期可变现的价格，减去至完工时预计将要发生的成本、估计的销售费用及相关税费。除有关物业开发项目的建筑期完成日预计将超越一般营运周期外，开发中的持做出售物业分类为流动资产。

（四）长期股权投资

长期股权投资包括对子公司、合营安排和联营企业的权益性投资。长期股权投资在取得时以初始投资成本进行初始计量。

公司能够对被投资单位实施控制的长期股权投资，在本公司财务报表中采用成本法核算。实施控制是指拥有对被投资方的权力，通过参与被投资方的相关活动而享有可变回报，并且有能力运用对被投资方的权力影响回报金额。对被投资单位具有共同控制或重大影响的长期股权投资，采用权益法核算。采用权益法时，长期股权投资的初始投资成本大于投资时应享有被投资单位可辨认净资产公允价值份额的，不要求对长期股权投资的成本进行调整；长期股权投资的初始投资成本小于投资时应享有被投资单位可辨认净资产公允价值份额的，其差额计入当期损益，同时调整长期股权投资的成本。

处置长期股权投资，其账面价值与实际取得价款的差额，计入当期损益。采用权益法核算的长期股权投资，终止采用权益法的，原权益法核算的相关其他综合收益采用与被投资单位直接处置相关资产或负债相同的基础进行会计处理，因被投资方除净损益、其他综合收益和利润分配以外的其他股东权益变动而确认的股东权益，全部转入当期损益；仍采用权益法的，原权益法核算的相关其他综合收益采用与被投资单位直接处置相关资产或负债相同的基础进行会计处理并按比例转入当期损益，因被投资方除净损益、其他综合收益和利润分配以外的其他股东权益变动而确认的股东权益按相应的比例转入当期损益。

（五）物业、厂房及设备以及折旧

物业、厂房及设备（不包括在建工程）按成本减去累计折旧及减去任何值亏损入账。物业、厂房及设备项目的成本包括其购买价及任何使资产达至可使用状态及现存地点作原定用途所产生的直接应占成本。物业、厂房及设备项目投入运作后所产生的支出，如维修、保养费等，一般均会于支出该费用期间在损益表扣除。倘若能达成确认支出的条件，重大检查支出确认为资产账面金额。若物业、厂房及设备重要部分须于中期进行重置，公司可将该等部分确认为具有特定使用年限及随之计提折旧的独立资产。

物业、厂房及设备各项目的折旧可按其估计可使用年限以直线法摊销其成本至剩余价值。就此所采用的主要估计可使用年限如下：

分类为融资租赁的租赁土地可使用年限或剩余租赁期（以较短者为准）；

楼宇：20~40年；

机器：5~20年；

船舶：10~25年；

汽车：5年；

其他设备2~5年。

倘若一项物业、厂房及设备各部分的可使用年限并不相同，该项目各部分的成本将按合理基础分配，而每部分将作个别折旧。剩余价值、可使用年限及折旧方法至少于各财政年度末予以复议，在适当时作出调整。

物业、厂房及设备项目，出售时或预期通过使用或处置不能产生经济利益时终止确认。相关资产的出售所得款项净额与账面价值的差额计入终止确认年度的损益表。

在建工程指正在建设或待安装的楼宇、船舶及机器设备，按成本减累计减值损失入账，无须计提折旧。成本包括建设的直接成本，以及建设期间有关借贷资金的资本化借贷成本。当在建工程建成并可使用时，重新分类至物业、厂房及设备的适当类别。

（六）无形资产

单独收购的无形资产于首次确认时按成本计量。企业合并中收购的无形资产的成本为其收购日的公允价值。无形资产的可使用年限可评估为有限期或无限期。具有有限使用年限的无形资产在使用经济期限内摊销，并且如果有迹象表明该无形资产可能减值，则评估减值。

具有有限使用年限的无形资产的摊销期及摊销方法最少于各财政年末进行复核。

特许经营资产：涉及若干服务特许经营安排，据此按照授权当局所订默认条件开展建筑工程（如收费高速公路及桥梁、港口），以换取有关资产的经营权。如果经营者取得权利（特许权）向公共服务使用者收费，则将资产列作无形资产，如果经营者拥有无条件从授权当局就建造服务收取现金或其他金融资产的合同权利，则列作金融资产。如采用无形资产模式，则将该等特许经营安排下长期投资相关的非流动资产于财务状况表内列作无形资产类别中的"特许经营资产"。该等特许经营资产指就其所提供的建造服务而收取的对价。特许经营安排的相关基建设施落成后，特许经营资产根据无形资产模式以车流量法或直线法按特许经营期摊销。

商标、专利及专有技术：单独购买的商标、专利及专有技术按历史成本计量。业务合并所取得的商标、专利及专有技术按收购日期的公允价值计量。商标、专利及专有技术均有限定的可使用年限，并按成本减累计摊销计量。摊销以直线法计算，按其估计可使用年限（3~17 年）分摊其成本。

计算器软件：已确认为资产的已收购计算器软件特许权成本按其估计可使用年限一至十年摊销。

研究及开发成本：新产品开发阶段有关支出资本化的条件包括：完成该无形资产以使其能够使用或出售在技术上具有可行性；具有完成该无形资产并使用或出售的意图；无形资产能够产生经济利益；有足够的技术、财务资源和其他资源支持，以完成该无形资产的开发，并有能力使用或出售该无形资产；归属于该无形资产开发阶段的支出能够可靠地计量。不符合上述条件的产品开发支出于发生时计入当期损益。资本化的开发成本在其后使用期间内以成本减去累计摊销额和累计减值损失后的余额计量，自其可供使用时起使用直线法在使用年限内进行摊销。

（七）职工薪酬

会计科目核算职工薪酬，核算所有支付给职工的各类报酬。包括以下人员的薪酬费用：行政管理人员，普通员工，临时性雇佣员工，职工代表，提供服务的企业合伙人。确认和计量方法与中国《企业会计准则第 9 号——职工薪酬》类似。

（八）收入

收入是指企业在一定的期间内，由正常经营活动所产生的经济利益流入的总额。该经济利益流入仅指引起权益增加的部分，而不包括企业投资者出资引起的部分。具体包括：

出售的商品取得收入，在重大风险和报酬已转移给买方、卖方已丧失实际控制权、且成本能够可靠地计量时确认；

提供的服务取得收入，完工百分比法确认；

对于利息、特许使用费和股利性收入：①利息实际利率法，②特许使用费在权责发生制的基础上根据协议的实质确认；③股利在股东的收款权利已被确立时确认。

2018 年起，国际财务报告准则的新收入准则开始实施。在履行了合同中的履约义务，即在客户取得相关商品或服务的控制权时确认收入。对于在某一时段内履行的履约义务，在该段时间内按照履约进度确认收入，并按照一定方法确定履约进度。履约进度不能合理确定时，已经发生的成本预计能够得到补偿的，按照已经发生的成本金额确认收入，直到履约进度能够合理确定为止。

（九）政府补助

若能合理确定将可收取政府补贴并符合所有附带条件，则按公允价值确认政府补贴。倘若补贴与开支项目有关，则会系统地在拟补贴成本的相应期间确认补贴为收益。倘若补贴与资产有关，则公允价值计入递延收益账户，并于有关资产估计可使用年限内按等额年度分摊至损益表。

（十）借款费用

收购、建设或生产未完成资产（需要一段较长时间方可达到拟定用途或出售的资产）直接应占的借贷成本，可作为该资产的部分初始成本。当资产已大致可作拟定用途或出售时，不能再将该等借贷成本计入固定资产，而计入当期损益。在特定借贷用作未完成资产支出前暂作投资所赚取的投资收益须自拨充资本的借贷成本扣除，所有其他借贷成本于产生期间费用化。借贷成本包括实体借款时产生的利息及其他成本。

（十一）外币业务

公司进行的外币交易初次按交易日的汇率以彼等各自功能货币列账。以外币计值的货币资产及负债按功能货币于呈报期末的汇率换算。货币项目结算或换算产生的差额于损益表确认。以外币按历史成本计算的非货币项目以首次交易日的汇率换算，以外币按公允价值计量的非货币项目以计量公允价值当日的汇率换算。换算按公允价值计量的非货币项目产生的收入或亏损与该项目公允价值变动产生的收入或亏损确认方式一致。产生的汇兑差额确认其他综合收益，并于汇兑波动储备累计。出售海外业务时，有关该项海外业务的其他综合收益组成部分会在损益表中确认。因收购外国业务而产生的任何商誉及对资产与负债账面值的公允价值调整作为外国业务资产及负债处理，并按期末汇率换算。

（十二）所得税

所得税包括即期及递延税项。即期税项资产及负债根据期末已颁布或实际已颁布的税率（及税法），并考虑到本公司经营所在国家现行的诠释及惯例，按预计可自税务部门收回或应付税务部门的金额计算。编制财务报告时，递延税项以负债法就报告期末资产及负债的税基与其账面值之间的所有暂时差额作拨备。

递延税项资产就所有可扣税暂时差额、结转的未动用税项抵免及未动用税项亏损确认。如果有可用以抵销可扣税暂时差额的应课税利润且可动用结转的未动用税项抵免及未动用税项亏损，则会确认递延税项资产。

递延税项资产的账面值在各报告期末评估，如果不再可能有足够应课税利润可以运用全部或部分递延税项资产，则相应调减。未确认的递延税项资产于各报告期末重新评估，如可能有足够应课税利润以收回全部或部分递延税项资产，则确认相关的金额。递延税项资产及负债根据报告期末已颁布或实际已颁布的税率（及税法），按预期适用于变现资产或偿还负债期间的税率计算。

本章资料来源：

◎《税务局所课征的税项指南 2017—2018 年》

◎《会员手册》

◎《香港的联系汇率制度》

◎《中国内地居民赴香港特别行政区投资税收指南》

第二章　新加坡税收外汇会计政策

第一节　投资环境基本情况

一、国家简介

新加坡共和国（英语：Republic of Singapore ； 马来语：Republik Singapura ； 泰米尔语：சிங்கப்பூர் குடியரச），通称新加坡，别称狮城，为第四大国际金融中心，20 世纪 60 年代被誉为"亚洲四小龙"之一。该国位于马来半岛南端，扼守马六甲海峡最南端出口，其北隔柔佛海峡与马来西亚为邻，南隔新加坡海峡与印度尼西亚相望。国土除了新加坡本岛外，还包括周围 63 个小岛，全国土地面积是 719.1 平方公里，海岸线总长 200 余公里。常住人口 553.5 万（2015 年），其中 337.5 万为新加坡公民。新加坡主要由 4 大族群组成：华人（74.2%）、马来族（13.3%）、印度裔（9.1%）和欧亚裔 / 混血（3.4%），其官方语言包括：英语、华语、马来语和泰米尔语。法定货币为新加坡元（SGD），货币符号为 S$.

二、经济情况

新加坡属于外贸驱动型经济，以金融业、制造业、炼油业为主要产业。新加坡为世界第三大外汇交易中心及亚洲第一大外汇交易中心。2017 年 GDP 约为 3058 亿美元，世界排名第 40 位。[①] 同比 2016 年增长 2.98%，主要原因是对电子产品需求的持续增长，以及美国税制改革促进其出口和投资支出的增加。2018 年新加坡经济预计将保持稳定增长，在未来几年预期政府对经济、社会服务和基础设施的投资将增加。

三、外国投资相关法律

新加坡拥有较为健全的法律制度。新加坡法律是基于英格兰普通法

---

① 数据来源：世界经济信息网：http://m.8pu.com/。

法系。贸易相关法规主要有《新加坡海关法》《新加坡进出口商品管理法》《进出口贸易规则法令》《自由贸易区法令》《新加坡商业注册法》《新加坡商业物资控制法》等。

新加坡是东南亚国家联盟（ASEAN）成员国之一，也是世界贸易组织（WTO）成员，英联邦（The Commonwealth）以及亚太经合组织（APEC）成员经济体之一。

（一）其境内相关法律（适用于居民及非居民企业）

1. 金融法

新加坡对外汇无严格管制，资金可自由流通，但政府为保护新元，1983 年以来实行新币非国际化政策，主要限制非居民持有新元的规模。

2. 竞争法

《新加坡竞争法》主要从三个方面禁止反竞争行为：

竞争法禁止新加坡境内任何以妨碍、限制或扰乱竞争为目的或产生此类后果的协议，除非该协议不受竞争法的限制或得到豁免；

禁止任何经营者滥用市场支配地位的行为；

禁止存在实质上有为了减少竞争的合并行为。

3. 合同法

新加坡的合同法大部分以英国合同普通法为基础。

4. 税法

新加坡根据属地原则征税。新加坡现行税种主要有：企业所得税、个人所得税、货物和服务税、不动产税、印花税、碳排放税等，此外还有对引进外国劳工的新加坡公司征收劳工税。

5. 劳动法

新加坡的劳动法主要包括了《就业法》《劳资关系法》《劳资纠纷法》《工人赔偿法》和《外籍劳工法》等，涵盖了雇员的基本劳工标准，劳资关系的处理原则以及工会的权利和原则等。

6. 知识产权法

新加坡知识产权局是法律部辖下的法定机构，管理该国的知识产权制度。其知识产权法的内容包含了对专利、商标、注册设计、版权、商业秘密等的保护。

（二）投资方式限制

新加坡对外资进入新加坡的方式无限制。除银行、金融、保险、证券等特殊领域需向主管部门报备外，绝大多数产业领域对外资的股权比例等无限制性措施。

（三）设立企业形式

在新加坡投资设立企业的形式主要有：公司代表处或办事处、分公司、私人有限公司、股份有限公司、个体经营和合伙经营。

（四）受理机构

新加坡公司注册局（ACRA）负责新加坡商业机构的注册及监管。

（五）承包当地工程准入规定

新加坡建设局（BCA）是新加坡国家发展部下属的法定机构，也是新加坡对建筑业的管理机构。新加坡建设局按资产规模、技术资质、人员情况、历史业绩、企业信誉将承包商资质分成 A1—C3（建筑工程类）、L1—L6（其他工程类）共十三个等级。对承包商的资质评定分为两部分：一是所从事的工程行业；二是承包商从事该工程行业的资质等级。外国承包商在新加坡承包工程需首先在新加坡注册为商业机构，并向新加坡建设局申请相应的建筑资质。

（六）新加坡签证种类

1. 签证类型

（1）短期签证：旅游签证，探亲访友签证和商务签证等，在新停留时间一般不多于 30 天（可申请延期，最长 3 个月）。

（2）长期签证：长期旅游签证，学生准证和就业准证，创业准证等，在新停留时间 3 个月至几年不等。

2. 就业准证类型

（1）就业准证（Employment Pass）。①EP 准证：适用于持有认可的学位、专业资格或专业技能并且正在寻找专业、行政管理、执行人员或经理工作的外国人。名校毕业的应届毕业生每月基本工资至少 3600 新元。对于有工作经验，年长的申请者，对其每月基本工资要求会相应提高。②SP 准证：适用于技术型人员。每月基本工资至少 2300 新元的外国人。同理，经验丰富及年长者需要达到更高的薪水要求；申请者需持有本科或专科学历

（文凭需至少 1 年全日制教育）；相关的工作年限也将会影响 SP 准证的申请。SP 准证持有人数顶限为该公司总人数的 15%（服务业），其他行业公司的比例为 20%。

（2）工作准证（Work Permit）。WP 准证：建筑行业的工作准证是签发给 18 周岁以上，50 周岁（非马来西亚国籍）以下和 58 周岁（马来西亚国籍）以下的外籍劳工。非马来西亚国籍劳工申请 WP 准证时不允许逗留在新加坡境内。

（3）创业准证（Entre Pass）。准备在新加坡开办企业者申请创业准证。创业准证的首次有效期最长可达两年，并且可在企业存续期间进行延期。

第二节　税收政策

一、税法体系

新加坡以属地原则征税。总体来说，任何人（包括公司和个人）在新加坡发生或来源于新加坡的收入，或在新加坡收到或视为在新加坡收到的收入，都属于新加坡的应税收入，需要在新加坡纳税。反之，如果收入来源于新加坡境外，并且不是在新加坡境内收到或视为收到，则不需要在新加坡纳税。

新加坡现行税种主要有：企业所得税、个人所得税、货物和服务税，不动产税、印花税、碳排放税等，此外还有对引进外国劳工的新加坡公司征收劳工税。

新加坡税法体系主要包括《所得税法》《不动产税法》《印花税法》《货物和服务税法》等。新加坡是世界上税率最低的发达国家之一，其税收制度由新加坡税务局（IRAS）进行管理。

新加坡与超过 70 个国家签订双边税收协定。根据新加坡的法规，境外税收抵免额为境外实际纳税额和该所得在新加坡的应纳税额中的较低者。

新加坡避免双重征税协定（DTAs）的主要目的是使两个缔约国之间的贸易、投资、技术流通的税收壁垒最小化。通过 DTAs 条款，参加跨境的纳税人可以享受到两国税收权的确定性，享受双重征税豁免大大帮助新加坡拓展经济空间，增强其商业中心的地位。新加坡现行有效的 DTAs 中包括 71 个综合性 DTAs 和 7 个有限 DTAs。

《中华人民共和国政府和新加坡共和国政府关于对所得避免双重征税和防止偷漏税的协定》于 2007 年 7 月 11 日正式签署，并自 2007 年 9 月 18 日起生效，适用于 2008 年 1 月 1 日起发生的所得。

二、税收征管

（一）征管部门

新加坡国内税务局（IRAS）是征收及收取该国所有税收的主要政府机构。IRAS 还代表该国进行国际税收协定谈判，并帮助政府起草税收立法。

（二）税务查账追溯期

若发现公司存在欺诈行为，《所得税法》第 74（1）条和《货物和服务税法》第 45（5）条规定的法定限制不适用。税务评估可在超出以下法定时效期限的任何时间进行。

所得税欺诈：1.6 年，如果评估年为 2007 年及之前；2.4 年，如果评估年为 2008 年及之后。

货物和服务税欺诈：1.7 年，如果会计期间结束于 2007 年 1 月 1 日之前；2.5 年，如果会计期间结束于 2007 年 1 月 1 日及之后。

IRAS 推行自愿披露计划（Voluntary Disclosure Programme，VDP）即鼓励少缴，未缴等纳税人自发改正错误，对于符合条件的自愿披露纳税人，IRAS 会相应减少对他们的罚款。

自愿披露计划适用于企业所得税，个人所得税，GST（货物和服务税），预提所得税和印花税。

2013 年 1 月 1 日起，法定上报截止日一年内披露错误，不征收罚款；一年及以上披露错误，则罚款额为未缴税款的 5%。

（三）税务争议解决机制

如果收到税务局发送的评估通知（Notice of Assessment），需要在通知日期的一个月内完成付款，如果对其内容持有反对意见，可以在通知日期的两个月内可通过 IRAS 网站电子服务或写信提交反对评估（Objection of Assessment）写明反对原因。如果与税务局无法达成一致，可向税务审查委员会上诉，如果依然无法达成一致则可上诉至高等法庭／上诉庭。

三、主要税种介绍

（一）企业所得税

1. 征税原则

新加坡对内外资企业实行统一的企业所得税政策。新加坡税法规定，企业所得税的纳税义务人包括按照新加坡法律在新加坡注册成立的企业、在新加坡注册的外国公司（如外国公司在新加坡的分公司），以及不在新加坡成立但按照新加坡属地原则有来源于新加坡应税收入的外国公司（合伙企业和个人独资企业除外）。新加坡根据公司的控制和管理职能是否在新加坡，对纳税人分为居民公司和非居民公司两类。居民公司是指公司的控制和管理职能在新加坡的公司。也就是说，只要公司的控制和管理职能在新加坡，无论公司是否按照新加坡的法律在新加坡注册，其即为新加坡居民公司。反之，若公司的控制和管理职能不在新加坡，即使是按照新加坡法律在新加坡注册的公司，在税务上也为非居民公司。

（1）股息：应纳税项目。根据新加坡所得税法第 10（1）（d）条规定，股息收入为应纳税所得。但是购买股票存在特惠条款：①从购买股票日起，股票不产生收入，因此产生的费用不可抵扣收入；②股票产生免税收入，费用可抵扣；③持有海外公司的股票，并把股息汇入新加坡，应缴纳税款 15%，费用可抵扣；④持有海外公司的股票，未汇股息进新加坡，费用不可抵扣，由于在新加坡境内没有应税收入产生，但是可连带。

（2）利息。收取当地银行或当地公司发放的利息为免税收入；收取海外银行或海外公司发放的利息为零税率收入；收取发放贷款等利息应交预提所得税 15%。

（3）资本利得：不征税。

（4）特许权使用费：应交预提所得税 10%。

2. 税率

2018 年，企业所得税的税率标准为 17%。

表2-2-1 新兴公司优惠政策

单位：新加坡元

应纳税所得额	税收减免
≤10000	75%
10001~300000	50%

预估 2020 年起实施。

数据来源：新加坡税务局官网：https://www.iras.gov.sg/irashome/Businesses/Companies/
Learning-the-basics-of-Corporate-Income-Tax/Overview-of-Corporate-Income-Tax/。

大于 30 万新加坡元的部分就其全额应纳税所得按 17% 的税率缴纳企业
所得税。

3. 税收优惠及税收减免

新加坡主要提供以下税收优惠及减免：

为鼓励企业积极从事促进新加坡经济和科技发展的经营活动，符合规
定的先锋企业可享受至多 15 年的免征企业所得税待遇。

发展和扩张优惠（DEI）：企业可就其符合规定的经营活动获得的增值
部分享受一定的税收减免，优惠期限最多不得超过 40 年。

投资免税：符合规定的企业可获得投资生产设备发生的投资额乘以特
定比例的免税额，经核准的特许权使用费，技术研发费用等可免征预提所
得税。

研发优惠：放宽的研发优惠自 2009 年纳税年度至 2025 年纳税年度内
有效。从事任意领域的研发费用均可获得税收扣除，即获得扣除不再要求
该研发项目与企业从事的贸易或经营活动相关，且符合特定条件的研发费
用还可获得额外的 50% 的税收减免。若企业将其研发项目外包给新加坡境
内的研发机构，则可获得至少相当于其研发费用的 130% 的税收扣除额。

总部计划：总部计划包括国际总部计划（IHQ）和区域总部计划
（RHQ）。总部计划适用于所有在新加坡境内建立或注册的、为其区域性的
或全球性的公司网络提供总部服务的企业。依据 IHQ 和 RHQ，企业符合条
件的所得在特定时期内可享受 0%~15% 的优惠税率，取决于新加坡在其中

的重要性，而重要性根据多重因素决定，包括职工数、企业的开支和雇员的质量。

对金融和财政中心（FTC）的税收优惠：该项优惠旨在鼓励企业将新加坡作为其为地区内的关联企业进行财务管理活动的基地。向核准的公司网提供符合规定的服务获得的所得及自身进行的符合规定的服务获得的所得在最长不超过十年的期限内可享受 10% 或其他优惠税率，且可延期，一次延期不得超过十年。核准的公司网指该获得优惠的公司的办事处或经相关当局认定的联营公司。针对 2016 年 3 月 31 日的夕阳条款同样适用于 FTC 计划。

金融部门激励计划（FSI）：该项计划旨在鼓励新加坡境内高增长和高附加值的金融业务的发展。经核准的新加坡境内的 FSI 企业从事符合条件的经营活动获得的所得可享受 5% 或 12% 的优惠税率。

海事部门激励计划（MSI）：船舶运营者、海上出租人和配套运输服务的提供者可依据 MSI 享受相应税收优惠。

全球贸易商计划（Global Trading Programme，GTP）：新加坡企业发展局于 2001 年 6 月推出此计划，为鼓励在当地注册的公司以新加坡为基地进行全球贸易的一项公司税收优惠政策。对所有合同的贸易收入提供 10% 的优惠税率。在现有的计划下，获准的全球贸易企业也将能获得 5% 的优惠税率和 10% 的合同案外贸易收入税率。

4. 所得税额的确认

新加坡本地或外资企业在新加坡取得的收入都需纳税。

资本津贴、捐款或因从事贸易、个体经营、专业服务等活动而产生的亏损在满足规定的条件下可用于抵扣调整后的利润。在每个财政年度中，亏损、资本津贴与捐款中任何未能完全用于抵扣当年计税收入的部分在满足规定的条件下可结转至以后的财政年度。

从 2006 年课税年度起，允许将本年度的未使用亏损及资本津贴最高至 10 万新元，用于抵扣上一个课税年度的计税收入。

如果在扣除允许的费用与毛利之后发生的贸易 / 商业损失，则可以使用贸易损失和任何资本减免来抵消其他收入，例如就业，利息，租金收入和其他业务中的同年收入。

当其他收入不足以抵消贸易损失时，可以将未使用 / 未被吸收的贸易损失和资本免税额结转到以后年度，以抵消这些年度的收入，直至贸易损失完全抵消。

如果您的业务停止，可以继续抵消剩余的贸易损失，但不能将未抵消资本补贴延续到下一年度。

从 2006 年预估年度起，本年度未使用的贸易损失和资本免税额可以在评估年度之前的一个年度结转。

最高损失金额和资本补贴的上限为 100000 美元。

所有业务均可使用亏损回收功能，包括独资经营者和合伙企业的合伙人（包括有限责任合伙企业）。

5. 反避税规则

（1）新加坡反避税规则三部曲：①判断交易是否落在规则第 33（1）条使纳税人获得缴税优惠；②纳税人是否可以利用第 33（3）（b）法定例外条款；③纳税人是否能够说服法院他的纳税额是存在合理性的。

（2）交易的双方，如果满足以下条件则视为关联方：任何一方，直接或间接控制另一方；双方直接或间接被同一第三方控制。构成控制需同时满足以下条件：①享有对被投资方的权利。例如：投资者享有现时权利赋予其指导相关活动权限（这些活动会显著影响被投资企业的回报）；②参与被投资方活动而享有可变回报的权利及风险；③能够运用其对被投资方的权利以影响其回报金额。

（3）关联交易定价（Related Party Transaction）。关联方交易定价必须符合公平交易原则，如果关联方交易定价不符合公平交易原则，新加坡税务局（IRAS）将依据公平原则下的定价相应调整新加坡应计税收入及相应税务计算。关联方需将以下信息提供给新加坡税务局：销售和购买商品价值；服务收入与支出；特许权使用费和许可费收入和支出；利息收入和支出；其他收入和支出；贷款和非贸易金额的年末余额。

（4）关联交易申报。根据 RPT 报告要求，在相关的预估年公司必须在表格 C 中说明是否在财务报表中披露关联交易价值超过 1500 万新元。如果 RPT 的价值超过 1500 万新元，那么公司必须填写关联交易表格并与表格 C 一起提交。财务报表中披露的关联方交易价值是以下各项的总和：损益表中报告的所有关联交易金额，但不包括主要管理人员报酬和股息；所有相关的贷款和非贸易金额的年末余额。

第33（1）条规则：此条规赋予所得税审计员权利做些必要调整，如若满足以下三个条件之一：①改变应付税额的发生率；②减少应付税款或者以此收取回报；③利用此条规减少或避免应付税款。

第33（3）（b）条规则：使用此例外条款必须满足以下两个条件：①以商业为目的的交易必须真实存在；②交易不是以避税或减税为主要目的。

（5）资本弱化。在公平交易原则下的资本弱化不受限制。

（6）转让定价方法。新加坡税务局没有特别说明倾向于哪一种方法，也没有对这些方法进行比较排列。纳税人可以选择5个方法中的任一种方法（可比非受控价格法、再销售价格法、成本加成法、交易利润分割法、交易净利润法），纳税人甚至可以修改任一方法，只要纳税人可以维护并准备足够的文档说明其转让定价符合正常交易原则。

（7）相互协商程序。相互协商程序通常由纳税人提出，但是由政府与政府进行协商，纳税人不出席两个税务当局的谈判过程。相互协商程序并不强制缔约国政府之间达成协议，解决税务争端。管辖权政府只有义务争取达成协议。纳税人也不被强制接受管辖税务当局的结论。纳税人可以撤回申请，终止程序，或拒绝接受协商结果。当纳税人不能通过相互协商程序获得满意结果时，纳税人可以选择其他替代方案不承担双重征税结果。

（8）预约定价协议。预约定价协议给纳税人提供了一个机制，可以在固定的时间范围内，依据一定的条件，获得内部交易应纳税额的确定性。预约定价协议包括纳税人所有的交易，或者某些特定的交易。通知提供了4个关键概念，有预约定价协议指南原则和程序指南等。新加坡管理当局经所得税法和新加坡税收协定的相互协商条款授权，接受申请和签署预约定价协议。

虽然预约定价协议是预先发生的协议，实际上，通常是为了解决以前年度未决定的转让定价问题。所以，预约定价协议既提供了解决以前年度转让定价问题的方法，也可以用于解决以后的转让定价问题。

（9）成本分摊协议的减值优惠与正常交易原则。成本分摊协议是真实的成本分摊计划，纳税人的成本分摊情况应与纳税人可能从研发活动中获得的收益相配比。纳税人进行的转让定价研究有利于经济发展委员会批准其成本分摊计划。

6. 征管与合规性要求

一个纳税年度为当年的 1 月 1 日至 12 月 31 日，纳税的基年为利润被确定为课税对象的年度。新加坡境内的企业若采用非日历年的其他会计年度，则其应税利润为在该纳税年度前截止的——时长为 12 个月的会计年度内发生的利润。

企业必须在其会计年度结束后的 3 个月内提交其关于应税所得税的估计表（ECI），并在收到税务局发送的评估通知（Notice of Assessment）1 个月内缴清所得税。

若未在规定时间内缴清所有所得税款，对于未支付税款部分税务局将收取 5% 作为罚款，60 天后依然未支付部分每月另收 2% 罚款额（不超过未付税款的 50%）。

当税款依然未缴清时，新加坡税务局可能采取以下措施：

指示你的代理人（如银行，客户，律师等）扣押你的财务资金用来偿还欠款给税务局；

发出旅行限制令（travel restriction order）防止独资经营者或合伙人离开新加坡；

诉诸其他法律程序来向你追讨欠款。

在采取以上行动的同时依然会每月征收余额 2% 的税款。

所得税纳税申报表的法定提交截止日期为每年的 11 月 30 日（纸质申报），电子申报为每年 12 月 15 日，且不允许延期申报。企业所得税的申报资料为申报表 C、审计报告，以及税款计算表和相关支持文件。此外，纳税人需按照要求保存经营及账目记录、税务发票，以及进出口等相关文件以备税务机关检查。

7. 报税渠道

新加坡的个人所得税和企业所得税可通过网络进行电子申报（e-filing）或通过纸质申报（paper-filing）。

8. 报税手续

新加坡的企业所得税申报手续为：纳税人在财年结束后 3 个月内向税

务机关报送预估应税收入表（ECI），即便纳税人没有应税收入，也要进行零申报，此为预申报（符合条件的企业可以获得豁免申报）；税务机关在每年3月份会向纳税人寄送有编号的申报表C，纳税人收到申报表后，按照要求填好，通过电子申报或邮寄等方式报送给税务机关；税务机关会对纳税人报送的申报资料进行审核，并向纳税人寄出预估税通知（Notice of Assessment），纳税人应在收到预估税通知后1个月内，通过银行转账等方式缴纳税款，否则税务机关会对欠缴的税款征收罚款。企业可向税务局申请分期支付企业所得税。个人或企业如果发现预估税通知有不准确之处，应在发出通知之日起30天内向税务局提出异议。

（二）货物和服务税（Goods and Services Tax，简称GST，类似国内增值税）

1. 征税原则

征税对象为在新加坡境内，纳税人在从事的经营活动中所产生的应纳税商品和服务；进口至新加坡的商品。

货物和服务税指货物和服务税纳税人才可以就其供应的货品和服务代征货物和服务税。若所经营的或将要经营的活动常年应税供应（taxable supply）超过1000000新币，则必须注册为货物和服务税商家；如果常年应课税供应少于1000000新币，则可以选择自愿向货物和服务税署长申请注册成为货物和服务税商家。

商家提供服务或者销售货物（标准税率）给货物和服务税纳税人，商家必须向买家开具有效发票。销售含税价值小于1000新币可开简易发票。

简易发票应包括：商家名字，地址，货物和服务税注册号；开具发票日期；发票号；提供的产品或服务描述；含税应付款；包含类似"含税应付款"的字眼。

普通发票应包含：商家名字，地址，货物和服务税注册号；开具发票日期；发票号；提供的产品或服务描述；含税应付款及税前款项；包含"GST 7%"字眼。

2. 计税方式

货物和服务税注册商家需要对其提供的货品和服务开具符合规定的货物和服务税发票，连同货款一起向客户收取。

货物和服务税是一种自我申报税（self-assessed tax）。注册成为货物和服务税商家后，需根据货物和服务税结算周期按季或按月呈交货物和服务税表格（GST F5/F8），并如期缴纳税款，缴纳税款的期限是在所属的周期之后的 1 个月内。同时也必须确保申报资料正确无误。逾期申报、逾期缴纳税款和不正确的申报，将会受到处罚与罚款。商家必须在收到新加坡税务局逾期缴纳税款信时补交 5% 的罚款，具体付款期限将在信中标明。如果60 天内还未缴清 5% 的罚款将在每个完整月额外增加 2% 的罚款（不超过50% 的应付税款）。

3. 税率

应税商品或服务包括适用标准税率的商品或服务和适用零税率的商品或服务。

GST 的标准税率为 7%，适用于所有商品和服务，除了获得零税率减免或免税的商品和服务。

零税率包括出口商品和跨境服务。

免税商品包括住宅的出售或租赁，金融服务。

4. 豁免供应（货物和服务税不适用）

5. 销项税额

一旦为 GST 注册商家，必须根据货物价值向供应方收取销项税，并上缴新加坡税务局（IRAS）。

6. 进项税额抵扣

冲抵进项税需满足以下条件：GST 注册商家；收到货物或者享受到服务，或者作为进口商收到进口商品；货物或服务正用于或即将用于商业目的；本地采购必须有有效的税务发票证明或者简易发票；须有进口许可证证明你是商品的进口商；仅应税供应可申请进项税；不在不允许申请进项税条款里。（GST（一般）条例里的第 26~27 条）

不允许冲抵的进项税主要包括：提供给家庭成员及员工亲属的福利；轿车的购置成本、运行维护与租赁费用；俱乐部会员申请费、年费及转会费；员工的医疗费用及医疗和意外保险费，除非符合《工伤赔偿法》及其他相关规定；任何可能具有赌博性质的交易，如投注、抽奖、彩票等。

7. 征收方式

纳税人符合相关规定的进项税可以用于冲抵应缴纳的销项税。GST 注册商家必须在规定会计期间的一个月内提交货物和服务税表（GST Return）给税务局（IRAS），通常是以季度为单位；货物和服务税表应包括销项税和进项税，货物和服务税按进销项相抵后的余额缴纳给新加坡税务局或者收到新加坡税务局的退税。

8. 征管与合规性要求

新加坡货物和服务税按季度申报，季度结束后的 1 个月内要完成申报并付清全部税款。货物和服务税的报税资料为货物和服务税申报表。所有货物和服务税注册商家都必须填写电子的货物和服务税纳税申报表。纳税义务人也可向税务机关申请每 1 个月或每 6 个月申报一次。无论是每 1 个月申报还是每 6 个月申报，申报时间均为相关期间结束后的 1 个月内。

若未在规定时间内缴清所有所得税款，对于未支付税款部分税务局将收取 5% 作为罚款，60 天后依然未支付部分每月另收 2% 罚款额（不超过未付税款的 50%）。

（三）个人所得税

1. 征收原则

个人应就其在新加坡境内提供服务获得的所得纳税，无论酬金是新加坡境内还是境外支付。居民个人获得境外来源的受雇所得不必纳税，但如果国外来源所得是通过境内合伙企业获取的，则不适用此豁免。新加坡居民个人通过合伙企业取得的外国来源股息、外国分支机构利润和外国来源服务报酬，若符合某些规定条件，将免征新加坡税收。在新加坡进行贸易、个体经营、专业服务或职业活动的个人将就其获得的利润征税，至于个人是否从事贸易性质的活动，视案例的具体情况而定。非居民在新加坡境内取得的外国来源的收入则明确免税。

以税收为目的定义的居民个人是指，居住在新加坡的个人，包括纳税年度的前一年在新加坡实际居住或就业（公司董事除外）183 天或以上的个人。对于就业时期横跨两个日历年的外国雇员，设有一项特许（通常称两年行政特许），该特许规定：如果外国雇员在新加坡停留或工作至少连续的 183 天（跨年度），将同时被认定为两个纳税年度的居民，即使每一年度在新加坡的时间都少于 183 天。

2. 申报主体

以个人为单位进行申报，个人所得税的申报是每年的 4 月 15 日之前申报上一年度的个人所得税，新加坡个人所得税的申报为年度申报。

3. 应纳税所得额

受雇所得：包括薪水，工资，现金报酬，佣金，奖金等。

个体经营所得：包括个体经营所得和其他类型所得的合计，以确定应纳税所得额。

投资所得：单一公司税制下，有新加坡税收居民企业支付的股息，股东在取得时不再征收所得税。如果直接来源于个人的特定金融工具，如存款，免征税收。

在新加坡，资本利得不纳税。

4. 扣除与减免

根据个人情况允许不同的扣除项目，个人年度可扣除项目总额上限为 8 万新元，常用扣除项目如下：

表2-2-2　个人所得可扣除项目

扣除类型	扣除额（新元）	备注
配偶	2000	配偶免征额是对传统妻子免征额的扩充，目的是对男性和女性纳税人扶养配偶的行为给予褒奖。供养前任配偶的个人不再享受配偶免征额和残障配偶免征额
残疾配偶	5500	自 2015 年纳税年度起生效
残疾子女	7500/ 人	自 2015 年纳税年度起生效
劳动所得		
55 岁以下	1000	如若残疾：4000 新元
55~59 岁	6000	如若残疾：10000 新元
60 岁以上	8000	如若残疾：12000 新元
子女	4000/ 人	
赡养父母（至多 2 人）		

续表

扣除类型	扣除额（新元）	备注
与父母同住	9000	
不与父母同住	5500	
赡养残障父母		
与父母同住	额外 5000	
不与父母同住	额外 4500	
祖父母照顾小孩（职业母亲）	3000	

数据来源：新加坡税务局官网：https://www.iras.gov.sg/irashome/Individuals/Locals/Working–Out–Your–Taxes/Deductions–for–Individuals––Reliefs––Expenses––Donations–/。

5. 累进税率

2017 年纳税年度后居民个人所得税采用累进税率，其结构如下：

表2-2-3　新加坡居民个人所得税应纳税额计算

单位：新加坡元

年应纳所得额	税率	应纳税额
首 20000 后 10000	0% 2%	0 200
首 30000 后 10000	— 3.5%	200 350
首 40000 后 40000	— 7%	550 2800
首 80000 后 40000	— 11.5%	3350 4600
首 120000 后 40000	— 15%	7950 6000
首 160000 后 40000	— 18%	13950 7200
首 200000 后 40000	— 19%	21150 7600

续表

年应纳所得额	税率	应纳税额
首 240000 后 40000	— 19.5%	28750 7800
首 280000 后 40000	— 20%	36550 8000
首 320000 320000 以上	— 22%	44550 —

数据来源：新加坡税务局官网：https：//www.iras.gov.sg/irashome/Individuals/Locals/Working-Out-Your-Taxes/Income-Tax-Rates/。

非居民个人适用的所得税税率，根据收入性质采取不同的税率，主要包括：

表2-2-4 新加坡非居民个人所得税税目及税率

所得类别	税率
受雇所得 （董事费除外）	15% 与居民应纳税额两者中的较大者（一个日历年度中在新加坡受雇不超过 60 天的非居民个人取得的受雇所得免税）
董事费	22%

数据来源：新加坡税务局官网：https：//www.iras.gov.sg/irashome/Individuals/Locals/Working-Out-Your-Taxes/Income-Tax-Rates/。

6. 征管与合规性要求

新加坡个人所得税申报手续为：纳税人在规定时间内进行纳税申报后，税务机关会向纳税人出具评税通知（Notice of Assessment），纳税人须在接到评税通知后 1 个月内缴纳税款，否则税务机关会征收罚款。纳税人也可向税务局申请分期付款支付个人所得税，最多分 12 期。雇主无需从个人的月薪预扣个人所得税。因公出境 90 天以上的非通常居民（NOR）纳税人可以按"在境内时间、在境外时间"申报应税所得，要受某些条件限制。

7. 报税资料要求

个人所得税申报资料为个人所得税纳税申报表（表 B 或 B1），若税务机关对个人申报的数据有疑问，会要求纳税人提交相关支持材料。

（四）关税

1. 关税体系和构成

1910 年被殖民时期，英国殖民当局设立了英国政府垄断部门以此控制鸦片和烈酒的收入，1938 年正式更名为海关及货物和服务税部门。新加坡海关隶属财政部，是税收执法和贸易便利化的牵头机构。

新加坡海关于 2003 年重新组建，将征税与税收执行、贸易文档、贸易促进与安全等职能集中为一体。作为新加坡海关与管制事务的唯一权威，新加坡海关支持海关与贸易法规，以建立对新加坡外部贸易系统的信任，促进贸易并保护税收。

新加坡海关是贸易和税收执法事务的政府部门，隶属于财政部。新加坡海关负责实施海关和贸易执法措施，包括自贸协定和战略货物的有关政策措施。

应纳税进口额包括：成本支出，保险，运费（CIF），应纳关税（如果适用），佣金及其他附带费用。应纳税进口额必须以新币为单位，外币转换为新币的汇率以海关提供的实时汇率为准。进口申报时，应提交填写完整的进口申报表，并且需在过海关时上缴关税。

2. 税率

大多进口新加坡的商品需上缴 7% 货物和服务税（GST），不管是否为货物和服务税注册商家。除个别得到免税的商品。

2020 年 1 月 1 日开始，将对进口服务进行征税。

3. 应税商品

应税商品包括汽油、柴油产品；香烟及烟草制品；从马来西亚携带酒类产品，或者为他人携带价值超过免税条款部分。

4. 关税免税

当进口商品存储在指定的新加坡自由贸易区内则在过海关时无需缴税，如果之后销售商品给当地消费者，则需在售卖时上交关税；如果海外进口商品从自由贸易区直接运往出口，则无需征收海关税。

2012 年 10 月 1 日起，以下商品进口不征税：

投资性贵金属；

物品（除含酒精液体，烟草）价值低于 400 新元；

物品（除含酒精液体，烟草）在新加坡停留不超过 3 个月，如：展品，维修，拍卖，舞台表演等，加征关税如果出售，报废，转移物品；

在规定时间内物品出口再进口。

5. 设备出售、报废或再出口的规定

进口设备出售给新加坡本地客商，需要按货物和服务税规定向本地客商出具货物和服务税发票并缴纳货物和服务税；报废与货物和服务税及关税无关；再出口到设备进口国或第三国则需要向客商出具税率为 0% 的货物和服务税发票，货物和服务税缴纳金额为 0，但需要在季度货物和服务税呈报中体现。

（五）企业须缴纳的其他税种

1. 房地产税

新加坡对境内所有不动产征收房地产税，不动产所有人应在每年年初纳税。不动产包括建屋发展局公寓，住房，办公室，厂房，商铺和土地。每年的房地产税是以相关房地产税务部门核定的不动产当年价值总额的百分比作为计算基础。累进税率由 0%~16% 适用于业主自住型不动产（自 2015 年 1 月 1 日起实施），非自住型不动产适用税率为 10%~20%，非居住型不动产的适用税率为 10%。

专门用于以下目的建筑项目予以免税：公共的宗教礼拜场所；获得政府财政补助的公共学校；慈善目的；其他有利于新加坡社会发展的目的。

表2-2-5　自住型不动产应交税额

单位：新加坡元

年价值	2015年1月1日起	不动产应交税额
首 8000 后 47000	0% 4%	0 1880
首 55000 后 15000	— 6%	1880 900
首 70000 后 15000	— 8%	2780 1200
首 85000 后 15000	— 10%	3980 1500

续表

年价值	2015年1月1日起	不动产应交税额
首 100000 后 15000	— 12%	5480 1800
首 115000 后 15000	— 14%	7280 2100
首 130000 130000 以上	— 16%	9380 —

数据来源：新加坡税务局官网：https：//www.iras.gov.sg/irashome/Property/Property-owners/Working-out-your-taxes/Property-Tax-Rates-and-Sample-Calculations/。

表2-2-6　非自住型不动产应交税额

单位：新加坡元

年价值	2015年1月1日起	不动产应交税额
首 30000 后 15000	10% 12%	3000 1800
首 45000 后 15000	— 14%	4800 2100
首 60000 后 15000	— 16%	6900 2400
首 75000 后 15000	— 18%	9300 2700
首 90000 90000 以上	— 20%	12000 —

数据来源：新加坡税务局官网：https：//www.iras.gov.sg/irashome/Property/Property-owners/Working-out-your-taxes/Property-Tax-Rates-and-Sample-Calculations/。

2. 印花税

（1）税收适用范围。印花税是对与不动产和股份有关的书面文件征收的一种税。与不动产有关的文件包括不动产的买卖、交换、抵押、信托、出租等；与股份有关的文件包括股份的派发、转让、赠予、信托、抵押等。在新加坡境内签署的文件，应在文件签署之日起 14 日内缴纳印花税；在新加坡境外签署的文件，应在新加坡收到文件的 30 日内缴纳印花税。不同类型的文件适用的税率不同。

（2）印花税税率——股票、股份。出售股份和股票时，按代价款额或代价所值的 0.2% 的税率纳税。纳税通常由买方承担，除非相关当事人另有约定。

在新加坡外注册的公司的股票交易不用缴纳印花税，除非其股东名册保存在新加坡。

（3）印花税税率——不动产。根据凭证的类型和交易的价值有所不同。基础印花税边际税率为 3%，自 2018 年 2 月 20 日起对于价值高于 100 万新元的住宅基础印花税边际税率提高至 4%。

新加坡政府为进一步抑制房价的过快增长，于 2018 年 7 月 6 日调高额外卖家印花税，具体税率如表 2-2-7：

表2-2-7　额外印花税税率表

类型	额外印花税税率
新加坡公民购买首套房	0%
新加坡公民购买第二套房	12%
新加坡公民购买第三套房及以上	15%
新加坡永久居民购买第一套房	5%
新加坡永久居民购买第二套房及以上	15%
外国人购买住房	20%

数据来源：新加坡税务局官网：https：//www.iras.gov.sg/irashome/Other-Taxes/Stamp-Duty-for-Property/Working-out-your-Stamp-Duty/Buying-or-Acquiring-Property/What-is-the-Duty-that-I-Need-to-Pay-as-a-Buyer-or-Transferee-of-Residential-Property/Additional-Buyer-s-Stamp-Duty--ABSD-/。

对于年租金超过 1000 新元的不动产出租，可以对租约或租契征收从价印花税，而年租金低于 1000 新元的出租可予免税。

3. 外国劳工税

企业在聘请持有 S 准证和工作准证（WP）的外籍员工时，必须遵循配额限制（或外劳比率顶限），并须支付劳工税。

其中建筑业外籍劳工最低工作年龄为 18 岁，最高工作年龄为 50 岁，但马来西亚国籍劳工可工作至 58 岁。

企业应根据劳工的熟练程度，及是否有外劳配额上缴不同的劳工税，具体如表 2-2-8：

表2-2-8　劳工应纳税额表

单位：新加坡元

类型	劳工税额/每月
马来西亚，NAS—熟练工	300
马来西亚，NAS—非熟练工	700
中国，NTS—熟练工，有劳工配额	300
中国，NTS—非熟练工，有劳工配额	700
中国，NTS—熟练工，无劳工配额	600
中国，NTS—非熟练工，无劳工配额	950

数据来源：由 RSM 会计师事务所 2015 年出版《新加坡：经商指南》。

NAS（North Asian Sources）：北亚区。包括：中国香港，中国澳门，韩国，中国台湾。

NTS（Non-Traditional Sources）：印度，斯里兰卡，泰国，缅甸，菲律宾和孟加拉国。

劳工配额（MYE）：劳工配额针对来自非传统来源区（印度、斯里兰卡、泰国、孟加拉国、缅甸与菲律宾）以及中国劳工的工作准证分配制度。

4. 社会保障金（中央公积金 CPF）

（1）缴纳原则。中央公积金（CPF），是一个强制性的与全面的社会保障储蓄计划，由雇主和雇员双方（公民和永久居民）共同缴纳。公积金的目的是为工薪阶层的退休生活提供财务保障。此外，公积金局为会员推出各项计划，以迎合自置居所、保险、住院、投资以及在经批准的当地学府受教育的需要。雇主，新加坡公民以及具有新加坡永久居民身份的雇员必须向中央公积金（CPF）缴费，每位雇主必须在中央公积金局注册登记，并且每个月代表自身及其雇员向中央公积金缴费。雇员所缴纳的公积金部分可从其工资中直接扣除。公积金应按照雇员在本月所赚取的实际工资缴纳。

2016 年 1 月 1 日起实施，最低薪资为 750 新元。

表2-2-9　中央公积金缴纳分配表

雇员年龄	雇主应缴 （工资的）	雇员应缴 （工资的）	合计应缴 （工资的）
55 岁及以下	17%	20%	37%
56~60 岁	13%	13%	26%
61~65 岁	9%	7.5%	16.5%
66 岁及以上	7.5%	5%	12.5%

数据来源：新加坡中央公积金官网：https://www.cpf.gov.sg/Employers/EmployerGuides/
employer-guides/paying-cpf-contributions/cpf-contribution-and-allocation-rates/
otherstab#Others。

当中央公积金成员符合以下条件时，可以提取中央公积金：年龄到 55
岁，达到公积金最低存款额及保健储蓄户口所需金额后；永久伤残；永久
离开新加坡及马来西亚西部。

（2）外国人缴纳社保规定。不适用，非新加坡公民及永久居民的外国
人无需缴纳社保。

5. 碳排放税

从 2019—2023 年，新加坡政府将对温室气体排放征收 5 新元 / 吨碳税，
税率将在 2023 年重新进行调整，并计划到 2030 年将其每吨排放量价格增
加到 10~15 美元之间。

碳税金额将征收货物和服务税。

碳税计算公式如下：

Electricity Consumed(kWh) × GEF(kg CO_2/kWh) × Carbon Tax Rate($/ton CO_2)

因此，碳税 / kWh = GEF(kg CO_2/kWh) × Carbon Tax Rate($/ton CO_2)

$$=0.4192 kg CO_2/kWh × S\$5/ton\ CO_2$$

$$=S\$2.096/MWh(S\$0.002096/kWh)$$

第三节 外汇政策

一、基本情况

新加坡本国的外汇管理机构为新加坡金融管理局（Monetary Authority of Singapore，简称 MAS），其主要职能包括：充当新加坡中央银行的角色，主要包括货币政策的实施和货币的发行等；综合监督管理金融服务业；新加坡的外汇储备的管理；促进新加坡发展成为国际金融中心。

MAS 授权、允许提供外汇交易账户的受监管外汇经纪商目前有 32 家。

汇款回中国一般有两种渠道，一种是通过银行的预结汇方式；另一种是通过新加坡的汇款公司。在新加坡汇款公司是归新加坡金融管理局管理的合法机构。

银行是根据单日的固定汇率，而汇款公司则会根据实时汇率。

新加坡无外汇管制，资本和金融账户高度开放，允许居民和非居民在境内外开立本币账户和外币账户，账户资金可自由兑换、划转。资金可自由流入流出。企业利润汇出无限制也无特殊税费。但为保护新元，1983 年以后实行新元非国际化政策，主要限制非居民持有新元的规模。包括：银行向非居民提供 500 万新元以上融资，用于新加坡境内的股票、债券、存款、商业投资等，银行需向金管局申请；非居民通过发行股票筹集的新元资金，如用于金管局许可范围外的境内经济活动，必须兑换为外汇并事前通知金管局；如金融机构有理由相信非居民获得新元后可能用于投机新元，银行不应向其提供贷款；对非居民超过 500 万的新元贷款或发行的新元股票及债券，如所融资金不在新加坡境内使用，汇出时必须转换成所需外币或外币掉期等。

二、居民及非居民企业经常项目外汇管理规定

货物贸易：没有国际收支限制，进出口不设押金、预付资金等资金限制，

进口购汇不要求提供信用证等证明文件，出口收汇也没有强制结汇要求。

三、居民及非居民企业资本项目外汇管理规定

直接投资：非居民投资银行业须符合审慎性监管要求并经过批准。

证券投资：非居民通过发行股票筹集的新加坡元资金，如用于金融管理局许可范围外的境内经济活动，须兑换为外汇并事前通知金融管理局。

房地产投资：资本项目基本上没有汇兑限制，但按照土地管理有关规定，非居民购买土地须获得新加坡土地管理局批准，有关部门还对境内房地产交易按照购买套数、购买人的国籍以及房产出售时持有年限收取不同比例的额外交易印花税。

四、个人外汇管理规定

新加坡对个人外汇交易、账户资金划转等没有任何外汇管制措施。但出于反洗钱、反恐怖融资的目的，要求任何人携带超过等值 2 万新加坡元的现钞或无记名票据出入境须向有关部门提交报告；从境外收到超过 2 万新加坡元无记名票据还须在 5 个工作日内提交报告，旨在监控无记名票据的跨境流动。

1. 人民币预结汇汇款

人民币预结汇汇款是指客户在新加坡分行支付新元或美元，通过银行提供的当日固定汇率，在中国直接接收人民币的汇款方式。这种汇款方式支持中国境内各大银行的账号作收款账户（农村信用社和邮政储蓄除外）。使用人民币预结汇汇款可在 2~3 个工作日内到账。

2. 全球多币种汇款

新加坡分行提供新元、美元、欧元、英镑、港币、加币、澳元和人民币等币种的直接汇款（注：人民币汇款至中国仅限于部分地区可以接收），收款人收到的币种与汇款人汇出的币种相同，无需进行货币转换。

3. 申请条件

汇款人需持有新加坡有效居留证件（不支持旅游签证或短期社交准证）、本人身份证（新加坡公民或永久居民）、相关工作准证（如 EP、SP、WP 等）、其他证件（需要同时携带本人护照），例如长期居留准证、家属准证、学生准证等。

第四节　会计政策

一、财税监管机构情况

（一）会计管理制度

新加坡公司注册局（ACRA）负责实施《公司法》。监管董事是否遵守《公司法》的规定，在编制与报备财务报表时采用当局批准的会计标准与要求。新加坡公司注册局也确保执行法定审计的会计师在审计财务报表时遵守相关审计与质量控制标准。新加坡公司注册局辖下的公共会计师注册处为愿意从事公共会计师工作的会计师颁发执照并注册。新加坡公司注册局也处理执业监管和纪律事宜，以及规范公共会计师的专业操守。

（二）事务所审计

新加坡国内税务局（IRAS）负责为政府管理税务、估定税款、征收税款并执行税款的支付。此外，IRAS还就税收事务向政府做出各种建议并在国际上代表新加坡。可通过网站或其他渠道申报个人所得税及企业所得税，而货物和服务税必须通过税务局网站申报。

1. 企业审计豁免

符合《公司法》特定规定的公司可豁免财务报表审计。然而，他们仍然需要编制符合《公司法》与财务报告准则的财务报表。

2. 小型豁免私人公司

豁免私人公司是指公司的股东数目少于 20 位且没有法人股东。其财政年度收入不超过 500 万新元（EPC）可豁免委任审计师及审计要求。营业收入按法定会计准则，即财务报告准则确定。

3. 休眠公司

如果公司自成立之时起或自上个财政年度结束之时起一直处于休眠状态的休眠公司可豁免委任审计师及审计要求。没有会计事项发生的期间即被视为休眠，有会计事项发生时公司即终止休眠状态。

因下列情况所产生的会计事项忽略不计：备忘录签署人取得公司的股份；委任公司秘书；委任审计师；注册办事处的维护；保存登记册和账簿；向新加坡会计与企业管制局支付的费用、罚款或违约处罚金。

（三）对外报送内容及要求

《公司法》规定，每届年度股东大会（AGM）举行之前的 6 个月内，必须把业经审计的公司财务报表分发给所有股东，并在会议上提呈。一般来说，如果一个在新加坡注册成立的公司有一个或多个子公司，就必须编制合并财务报表，除非它符合财务报告准则第 110 号综合财务报表中规定的特定标准。

一套完整的财务报表包括：资产负债表；损益及其他综合收益表；权益变动表；现金流量表；附注；财务报告准则第 1 号财务报表的列报要求的其他信息。

财务报表必须附有董事及审计师报告。董事还必须声明财务报表真实、公允地反映了公司的财务状况，有合理理由相信公司有能力合理偿还到期债务。

外国公司的分公司必须在外国公司的年度股东大会之日起两个月内以电子形式向新加坡公司注册局报备经审计的财务报表以及外国公司经审计的财务报表。

二、财务会计准则基本情况

（一）适用的当地准则名称与财务报告编制基础

新加坡财务报告准则（FRS）由会计准则理事会（ASC）规定和颁布，会计准则理事会也颁布同时适用于企业和非企业部门的会计准则。同时，会计准则理事会紧密跟进并引入可能在新加坡适用的新的国际财务报告准则（IFRS），它也将考虑当地的经济和商业环境和背景，以及有可能适用会计准则的实体。会计准则理事会颁布的财务报告准则仿照国际财务报告准则制定，除了对财务报告准则的解释、生效日期及过渡性条文的某些修改外，在很大程度上与之一致。

（二）会计准则适用范围

遵守财务报告准则是一项法定要求，任何不遵守行为无异于董事违反

《公司法》。公开上市的公司都受新加坡交易所（SGX）规定的财务报表与披露要求的制约。会计准则理事会在 2010 年 11 月采用中小企业国际财务报告准则作为新加坡小型企业财务报告准则（小型企业 SFRS）。这是为了给小型企业提供一个替代的财务报告框架。针对小型企业的新加坡小型企业财务报告准则自 2011 年 1 月 1 日或之后开始的财务报告期间生效。

三、会计制度基本规范

（一）会计年度

新加坡的每家公司都必须确定自己的财政年度结束日（FYE）。公司的财政年度结束日不一定需要在 12 月 31 日结束。

公司法令没有规定财政年度开始或结束的日期，这完全由公司自行决定，包括财政年度的任何变动。但是任何更改必须通知新加坡公司注册局（ACRA）。

（二）记账本位币

FRS1：51（d），（e）规定：企业记账本位币为其经营活动的功能货币。大部分以新元为记账本位币（$）。若记账本位币不同于企业功能货币，需披露公司的功能货币及不统一的原因。

（三）记账基础和计量属性

新加坡财务报表准则 FRS1：117（a）和 16 规定：新加坡公司财务报表的编制依据为 Singapore Financial Reporting Standards（FRS）。企业以历史成本基础计量属性，除非在会计政策中披露。企业以权责发生制为记账基础。

新加坡财务报表准则规定：会计计量假设条件，其一般原则有：会计政策的披露（FRS1：119）与选择（FRS1：18）；持续经营（FRS1：25）；关联性和合理真实性（IAS2.5）；可比性、可核查性、及时和易懂（IAS2.23）。

（四）会计记录

根据新加坡《公司法》，注册成立的所有公司必须保留充分说明公司交易和财务状况的账簿。这些记录还必须能够为编制真实、公允的财务报表做好准备。企业可以自由选择其财政年度结束日。账簿可以保存在公司的注册办事处或董事认为适当的其他地方。如果账簿保存在新加坡以外，必须在新加坡保存充分的记录，以方便准确反映公司财务状况的财务报表的编制和审计。会计记录必须自相关交易或操作完成的财务年度结束起保存至少五年。

四、主要会计要素核算要求及重点关注的会计核算

（一）现金及现金等价物

根据SB-FRS7，现金包含在手现金和活期存款；现金等价物指短期，高流动性，易变现且低风险的投资。

（二）应收账款

应收账款是指企业直接向债务人提供资金、商品或劳务所形成的金融资产。应收款项科目记录应收账款的初始计量，按初始价值计量确认，年末应收款项需要按公允价值计量确认。

（三）存货（FRS2）

存货初始计量以历史成本计量确认，存货历史成本包括所有购买价格及使存货达到目前场所和状态所发生的其他成本构成（如：进口税，交通费用等）。存货期末计量采用初始成本与可变现净值孰低法，若成本高于可变现净值时，应根据存货的可变现净值与账面价值的差额计提存货跌价准备，可变现净值为预估正常售价减去销售所需成本费用的净值。

存货出库可以采用先进先出法和平均法。企业应根据存货的性质和使用特点选择适合的方法进行存货的出库核算。

存货的期末库存可以通过永续盘点和实地盘点两种方式进行。

（四）长期股权投资

长期股权投资遵循IAS28对联营公司使用权益法进行计量。初始计量按投资成本计量确认，期末计量按照在联营公司的权益比例和联营公司的净资产的变化来调整。

（五）固定资产

固定资产初始计量以历史成本计量确认，企业应在其预计使用期限内对固定资产计提折旧。（FRS16：15，16）

固定资产成本包括：购买价格及其他把固定资产送到使用地或调试至

可使用状态所产生的直接费用。（FRS16：30）

固定资产计提折旧一般采用直线折旧法。

表2-4-1　固定资产折旧年限表

类别	折旧年限
土地租赁	80~99 年
建筑租赁	25~40 年
固定资产改良租赁	3~7 年
工具及设备	3~5 年
机动车	5 年
办公设备	3 年

年末对固定资产的可使用寿命，可回收价值，若发生减值，应计提减值准备。当固定资产未来无法为企业带来任何经济利益时应终止确认。

（六）无形资产（FRS38）

无形资产遵循 FRS38 对其进行计量。外购的无形资产应按实际支付的价款作为入账价值；通过非货币性交易换入的无形资产，其入账价值应按非货币性交易准则的规定确定入账。

（七）职工薪酬

新加坡人力部定义的薪金包括所有报酬，其中包含雇员履行服务合同规定的工作之后，雇主应支付的津贴。不包括住宿费、养老金、差旅津贴、退职金以及退休金和裁员补助。

新加坡未设最低薪资标准。薪资将由雇主与雇员共同商定。

薪金扣除。雇主只可以按法案所规定的原因或法院指令为由扣除雇员薪金。允准的扣薪原因包括：缺勤、委托于雇员的财物受损或遗失、收回贷款（每笔分期支付的款额不得超过薪金期应支付薪金的 25%）薪金扣除的最大金额不得超过雇员一次薪金期内总薪金的 50%。

休假。在新加坡，雇员每年可享受 11 天的公共假日，雇员最低可享有为期 7 天的年假，之后每连续工作满一年，即可多享受一天的年假，直到达到 14 天为止。另外，雇员有权享受休假。休假类型包括：年假、病假、产假、育儿假、陪产假、共享产假、领养假及育婴假。雇员有权享有 60 天的住院病假和 14 天的门诊病假。如果雇员工作满 3 个月，则雇主有义务承担该雇员的医疗咨询费用。对于住院费和医药费等费用，雇主必须按照雇员服务合同所规定的医疗福利或公司与工会达成的集体协议承担此类费用。

（八）收入（FRS18）

收入确认的定义为：当期经营活动中形成的、能基本确定金额且很可能流入企业的经济利益，企业必须确认为当期收入。

对于建筑企业来说（IAS11），有两种确认收入的方式：完工百分比法；工程账单法。

（九）政府补助（FRS20）

政府补助，是指政府以向一个企业转移资源的方式，来换取企业在过去或未来按照某项条件进行有关经营活动的那种援助。这种补助不包括那些无法合理作价的政府援助以及不能与正常交易分清的与政府之间的交易。

政府补助，包括以公允价值计价的非货币性政府补助，只有在以下两条得到合理的肯定时，才能予以确认。企业将符合补助所附的条件；补助即将收到。

除非具有合理的保证企业能符合补助所附的条件，并且即将收到补助，否则，政府补助不能予以确认。收到一笔补助本身并不能提供结论性的证据，证明补助所附的条件已经或即将满足。

（十）借款费用（FRS23）

借款费用，是指企业发生的与借入资金有关的利息和其他费用。

借款费用可以包括：银行透支、短期借款和长期借款的利息；与借款有关的折价或溢价的摊销；安排借款所发生的附加费用的摊销；按照《国际会计准则第 17 号——租赁会计》确认的与融资租赁有关的财务费用；作为利息费用调整的外币借款产生的汇兑差额部分。

（十一）外币业务

外币交易应当在初始确认时，采用交易发生日的即期汇率将外币金额折算为记账本位币金额；也可以采用按照系统合理的方法确定的、与交易发生日即期汇率近似的汇率折算。

企业在资产负债表日，应当按照下列规定对外币货币性项目和外币非货币性项目进行处理：外币货币性项目，采用资产负债表日即期汇率折算。因资产负债表日即期汇率与初始确认时或者前一资产负债表日即期汇率不同而产生的汇兑差额，计入当期损益。以历史成本计量的外币非货币性项目，仍采用交易发生日的即期汇率折算，不改变其记账本位币金额。

（十二）所得税

所得税采用递延所得税法，区分时间性差异和永久性差异，并根据性质确认递延所得税资产和负债，当期所得税费用等于当期应交所得税加递延所得税资产和负债的变动额。

本章资料来源：

◎ 新加坡税务局官网：https：//www.iras.gov.sg/irashome/default.aspx

◎ 新加坡会计与企业管制局（ACRA）官网：https：//www.acra.gov.sg/home/

◎ RSM 官网（新加坡第五大会计事务所）：http：//www.rsmsingapore.sg/

◎ 德勤官网（Deloitte）：https：//www2.deloitte.com/sg/en.html

◎ 新加坡财务准则（FRS-ISCA）：https：//isca.org.sg/tkc/fr/financial-reporting-standards/singapore/

◎ 新加坡人力资源部（MOM）：https：//www.mom.gov.sg/passes-and-permits/work-permit-for-foreign-worker/sector-specific-rules/construction-sector-requirements

◎ 新加坡海关官网（Singapore Custom）：https：//www.customs.gov.sg/about-us/organisation-overview

第三章 牙买加税收外汇会计政策

第一节　投资环境基本情况

一、国家简介

牙买加（英文名称：Jamaica）是一个岛国，位于北美洲、加勒比海地区的北部，与古巴和海地等国隔海相望。牙买加国土面积109.91平方公里，全国划分为3个郡，下设14个区，其中金斯顿为该国的首都。2017年，牙买加共有人口约284万，其中黑人和黑白混血种人占90%以上，其余为印度人、白人和华人。多数居民信奉基督教，少数人信奉印度教和犹太教。官方语言为英语，官方货币是牙买加元。牙买加是君主立宪代议制，现行宪法于1962年8月6日生效，司法体制以英国司法体制为蓝本，有上诉法院、最高法院、初审法院和各专门法院，英国枢密院为终审司法机构。

中国公民可以在牙买加使馆申请商务访问签证。如需在牙买加工作可在入境时办理单次落地签，后需在当地注册税务登记证号（TRN），并向劳工部提供申请人的护照复印件、相片、在中国无犯罪记录等材料。牙买加劳工部批准后，向申请人回复批准信，申请人接到批准信后再向牙买加移民局申请工作签证。外籍劳工在牙买加工作的注册费为一年4万牙买加元。

二、经济情况

牙买加在国际和多边事务领域表现活跃，曾分别当选联合国安理会非常任理事国和七十七国集团主席。牙买加同美国关系密切，美国是牙买加最大贸易伙伴。牙买加重视加勒比地区的团结与合作，是加勒比共同体创始国之一。

牙买加农业、工业水平落后，旅游业是当地的国民经济支柱产业。2017年牙买加共接待游客达430万人，同比增长12.1%；新到达游客首次单年超过50万人。营业额流水实现约30亿美元（2016年为25亿美元）。旅游业增长连续两年超过目标年均增速。其他主要经济数据如下：2017年牙买加国内生产总值为 142 亿美元；人均国内生产总值 4900 美元；国内生产总值增长率为 1.70%；通货膨胀率是 3.50%。[①]

牙买加元主要出口铝矾土、氧化铝、蔗糖和香蕉等，进口石油、食品、机械产品等。主要贸易伙伴为美国、英国、加拿大等。2017 年，牙买加进出口总额为 65.06 亿美元，其中出口 6.86 亿美元，进口 58.20 亿美元。[②]

三、外国投资相关法律

在牙买加开展相关业务需要在当地注册公司或商业实体，根据当地政府颁布的公司法，国际公司可以在牙买加注册分公司，子公司或合伙制企业。在当地注册的公司或商业实体，需要遵从当地的公司法、税法、劳动法等法律体系。在当地工作需办理工作签证，在当地缴纳个税等。

四、其他

牙买加奉行独立、不结盟的外交政策，主张国家主权平等、互不干涉内政原则，吸引外资和游客，开拓国际市场，促进国际合作。积极发展同加勒比国家团结与合作，优先发展与美国等西方主要发达国家关系，努力发展与拉美、亚洲、非洲等发展中国家的友好合作。在国际和多边事务领域表现活跃。牙买加重视加勒比地区的团结与合作，努力促进地区一体化进程，是加勒比共同体创始国之一。

1972 年中华人民共和国与牙买加正式建立外交关系，建交以来，两国在政治、经济、文化等各个领域的友好合作关系不断巩固和发展。牙买加与中国的贸易额在 2011—2015 年持续上升，2016—2017 年略微下降。自 2015—2017 年，中国一直是牙买加第三大进口来源国。

---

① 数据来源：中华人民共和国商务部.驻牙买加经商参处.《牙买加经济简况》（2018–07–21）. http://jm.mofcom.gov.cn/article/ddgk/zwjingji/201807/20180702768429.shtml。

② 数据来源：中华人民共和国商务部.驻牙买加经商参处.《牙买加经济简况》（2018–07–21）. http://jm.mofcom.gov.cn/article/ddgk/zwjingji/201807/20180702768429.shtml。

第二节　税收政策

一、税法体系

牙买加税法一般由财政部，司法部等部门起草，经总部办公室审议后颁布执行。牙买加居民企业需要就全球的收入缴纳所得税。现行的税法有：《所得税法》《最低营业税法》《预提所得税法》等。

牙买加与中国已签订《双边税收协定》，所有适用税收协定的税务事项，按照税收协定的条款处理。目前已加入 BEPS 行动计划，对 BEPS 进行监查。除与各国的双边税收协定外，还加入了加勒比共同体所得税税收协定。

二、税收征管

（一）征管情况介绍

1999 年，牙买加对《税收管理法》（Revenue Administration Act）进行了修订，以引入由总局执行办公室（Director General's Executive Office，简称DGEO）和五个新税务部门组成的税务管理局。

总局执行办公室（DGEO）由对税务管理业务广泛熟知的专家组成，由税务总局直接领导。

税务部（Inland Revenue Department，简称 IRD）承担所有有关税收（关税、印花税和转让税除外）征收、合规管理和纳税人服务的职责。目前牙买加共有 29 个税务部服务站点。

纳税人审计和评估部（Taxpayer Audit and Assessment Department，简称TAAD）在全岛范围内进行税务审计和评估，并在全岛范围内追查税务欺诈相关问题。该部门负责检查、核验和调查（包括刑事调查）纳税申报、退税申请表等，核定所得税、一般消费税及特别消费税、印花税及转让税、教育税及资产税的具体金额。该部门还负责处理注册和注销一般消费税纳税人、批准慈善机构和免税组织以及员工持股参与计划等。

税务管理服务部（Tax Administration Services Department，简称TASD）的职责是为所有税务部门提供公共服务和协调职能，其中包括：法律服务、纳税人支持服务（纳税人教育；表格、手册制作；纳税人登记等）、税务培训。

海关（Customs Department，简称CD）负责评估和征收进口到牙买加的物品的税收。这些税种包括：进口税/关税、印花税、附加印花税、一般消费税、特殊消费税。

纳税人上诉部（Taxpayer Appeals Department，简称TAD）负责处理对税务专员作出的决定的上诉，以及处理除关税以外的所有税种的豁免申请。

2009年牙买加启动了税务管理改革项目，改革建议将纳税人审计和评估部（TAAD）、税务部（IRD）和税务管理服务部（TASD）的业务合并，形成统一的牙买加税务管理局（Tax Administration Jamaica，简称TAJ）。海关（CD）将成为一个独立的行政机构，纳税人上诉部（TAD）将成为财政计划部的一个下属部门。

2011年4月1日通过了《税收管理（修正）法》（The Revenue Administration（Amendment）Act），上述改革得以推行。2011年5月1日为变更生效的"指定日期"。

关于在牙买加的纳税人，需要登记并取得税务登记证号（Tax Registration Number，即TRN），同时申请纳税人合规证明（Taxpayer Compliance Certificate），该证明在企业进口物品、为员工申请工作准证以及和相关政府部门处理事项时均需要提交。

关于税款缴纳方式，所有的税费均可以通过银行转账的方式转到税务局指定账户，也可以在现场或税务局合作政府单位，通过现金或刷卡的方式支付。

（二）税务查账追溯期

经查询牙买加相关法律和咨询事务所，反馈的结果并没有关于税务查账追溯期的相关规定。

（三）税务争议解决机制

牙买加税务局无分级设置，集中统一管理。并设有专门的税务争议部门。

如跟税务局有税务争议，可以先跟主管税局进行沟通。

无法解决的争议，应以公司名义，出具官方信函，并附上相应材料，投递给该部门，他们会根据反馈情况与当事人联系处理。

三、主要税种介绍

（一）企业所得税

1. 征税原则

牙买加税收居民企业需要就其全球收入在牙买加缴纳企业所得税。非居民企业需要就来源于牙买加的所得在牙买加缴纳企业所得税。如果适用税收协定的，应按相关税收协定处理。

2. 税率

一般情况下，牙买加居民企业适用的税率为 25%。

从事特定行业的企业（如银行、金融服务行业等）适用 33.33% 的所得税率。

3. 预提所得税

牙买加居民企业支付给非居民企业的以下费用，需要扣缴预提所得税：利息；特许权使用费；股息或者类似权益性利润分配（如分公司利润分配）；年金或者类似费用；就位于牙买加的不动产支付的租金；工业或商业信息或者咨询服务、管理服务或者技术服务等支付的费用；机器或者设备租金；保险费用等。

牙买加税法规定，牙买加企业支付给非居民个人的费用，按 25% 扣缴预提所得税，支付给非居民企业的费用，按百分之三十三又三分之一扣缴预提所得税。不过，从 2014 年 4 月 30 日起，牙买加税收居民（保险公司除外）支付给境外的保险费可按 15% 扣缴预提所得税。如果收款人来自和牙买加签订了税收协定的国家（包括加拿大、中国、丹麦、法国、德国、以色列、挪威、西班牙、瑞典、瑞士、英国、美国还有加勒比共同体成员国），则需要按相关税收协定的规定扣缴预提所得税。

2015 年 6 月 15 日起，牙买加出台了新的预提所得税法规，法规要求就"特定规定的服务项目"支付给牙买加当地的超过 5 万牙买加元的服务费用，支付方应作为"扣缴义务人"预扣3%的预提所得税。上述"特定服务"包括会计、咨询、信息技术、管理、设计（例如建筑、电力、机械设计等）服务、租金以及设备租赁。

当地服务提供商可以在计算其企业所得税时扣除上述被扣缴的预提所得税。因此，付款人在支付服务费用时，需要按照税法规定出具"特定服务预提所得税扣缴表"。如果本地服务商适用于其他法规下的预提所得税扣除（例如承包商税）时，不适用上述规定。

4. 所得额的确定

根据牙买加税法的规定，纳税人在每个估税年度取得的收入在仅扣除为取得该收入发生的全部费用之后的差额，作为应纳税所得额，缴纳企业所得税。自2002年起，牙买加公司法规定企业应按照国际财务报告准则（IFRS）准备财务报表。通常情况下，收入和费用应按照权责发生制确认。税务的费用扣除一般情况下和会计处理一致，但是，值得注意的是：

（1）利息费用的扣除应该在实际支付利息时确认费用并进行所得税扣除（实际操作中利息收入也是在收到时确认为应税所得）；如果利息是支付给非居民企业（如境外股东或者境外银行），则应按照税法规定履行代扣预提所得税义务之后才能扣除。

（2）汇兑损益。由于经营活动产生的汇兑损益在实际发生时才能确认。在计算应纳税所得额时不考虑由资本性交易产生的汇兑损益（例如采用外币结算的借款用于采购公司的固定资产等）。

自2014年1月1日起，企业（作为雇主）可以从当年应缴纳的所得税额中扣除就业相关的税项，按以下两项从低扣除：

（1）当年已经按时缴纳且符合规定的就业相关税项（包括雇主和雇员分别缴纳的国家公积金、保险、教育税、人力资源培训费等）。

（2）企业当年从事经营活动取得利润应缴纳的企业所得税的30%。即ETC扣除最高可以降低企业当年7.5%的企业所得税。不过，从事非经营性活动取得的利润不适用ETC扣除，应全额缴纳企业所得税。

需要注意的是，如果企业向股东派发股息而该股东就其受到的股息适用的企业所得税低于10%的情况下，牙买加税务机关会追回企业已经享受的ETC扣除追回的ETC扣除以不超过企业累计享受的ETC为限。

企业应按照税法的规定（而非会计处理）计算税务折旧。

土地：用于土地的支出不能计算税务折旧。

建筑物：一般来说，用于采购或者建设用于生产经营的建筑物以及非住宅类的房屋发生的支出可以计算税务折旧。采用直线法计算，根据建筑物不同材料的构成，适用不同的折旧率（4%、10% 或者 12.5%）。

机器设备：企业采购或者改进用于生产经营的机器设备发生的支出可以计算税务折旧。用于个人使用或者与企业生产经营无关的车辆不得计提税务折旧。

5. 税务亏损的结转

从 2014 年 1 月 1 日起，企业以前年度结转的税务亏损（需要符合一定的条件）只能在不超过当年应税所得 50% 的限额内抵扣，未抵扣完的税务亏损可以结转至以后年度继续抵扣。因此，即使企业存在以前年度结转的税务亏损，企业抵扣完以前年度税务亏损后仍需要就其应税所得的 50% 缴纳企业所得税。

不过上述税务亏损结转的限额不适用于以下情况：企业成立的前五年；企业取得的全部收入不超过一般消费税（GCT）的起征点（目前为年营业额 300 万牙买加元）。

6. 征管与合规性要求

纳税人需要在每年 3 月 15 日之前申报当年的预提企业所得税申报表，该年度预估的税款应该分四期（3 月 15 日、6 月 15 日、9 月 15 日以及 12 月 15 日）缴纳。当年纳税年度（通常为公历年度）终了后，应在次年的 3 月 15 日以前提交企业上一年度的所得税申报表，超出上述年度预提企业所得税金额的部分，应在提交年度申报表时补齐。

（二）个人所得税

通常由雇员个人承担。自 2016 年 7 月 1 日起，牙买加税收居民的个人所得税起征点为年度应税所得 1000272 牙买加元；2017 年 1 月 1 日起，起征点为年度应税所得 1500096 牙买加元。

超过上述起征点但不超过 600 万牙买加元的，适用 25% 的个人所得税率；超过 600 万牙买加元的部分，适用 30% 的个人所得税率。

（三）关税及附加

关税应根据进口商品的 HS 编码适用的关税税率以及进口商品的到岸价（CIF）价值计算缴纳。

为了鼓励本地生产的发展，自 2014 年 1 月 1 日起，进口用于生产的原材料、半成品、包装材料、机器设备等可免于征收进口关税。

进口商品时，需要根据进口商品的尺寸、包装类别等缴纳海关检查费（examination CAF），同时还需要根据进口文件的类别缴纳海关操作费（processing CAF）。收费标准依据商品尺寸、包装以及文件类别确定。

作为进口人，企业需要向标准局登记，申明其进口的商品符合牙买加进口相关的规定。标准局会按进口商品到岸价（CIF）金额的 0.3% 征收标准合规费（SCF）。标准合规费（SCF）在进口商品时由海关代征。

对于特定商品（如机动车、酒精或者汽油等产品），需要按照进口商品的到岸价（CIF）金额加上关税、附加印花税（ASD）、固定金额的特殊消费税 SCT（如适用）等总金额的一定比例缴纳特殊消费税。

进口商品需要按商品到岸价（CIF）金额加进口关税、特殊消费税（SCT）、附加印花税（ASD）以及其他税项总额的 16.5% 缴纳进口环节的一般消费税（GCT）。

关税法案规定，临时进口至牙买加的物品，符合一定条件且 6 个月（适用于样品）或者 3 个月（非样品）内复出口的，可以按临时进口免征关税。不过临时进口机制下，进口人需要向海关申请并预存等值关税金额的押金。适用临时进口机制的物品不需要缴纳进口环节的一般消费税（GCT）及特殊消费税（SCT）。

（四）企业需缴纳的其他税种

1. 社会保险金

（1）国家保险金。按雇员个人总薪水（包括基本工资及各种其他补贴）的 5% 缴纳，由雇主和雇员各承担 2.5%。不过年度汇缴上限为 1500000 牙买加元。

（2）国家住房基金。按雇员个人总薪水的 5% 缴纳，其中企业缴纳 3%，个人缴纳 2%。

（3）教育税。以雇员个人总薪水扣除国家保险金和养老金之后余额为基数，企业缴纳 3.5%，个人缴纳 2.25%。

（4）就业和人力资源培训基金。按雇员总薪水的 3%，由企业缴纳。

2. 承包商税

承包商税法案规定，向承包商（或者分包商）支付建筑服务费或者耕种服务费的，应按支付总额的 2% 扣缴承包商税。

某些专业服务（如建筑设计、咨询、测量等）不属于建筑服务，不适用承包商税。

承包商税需要在支付应税款项次月的 14 天内缴纳至税务机关。同时，扣缴义务人需要向承包商出具扣缴凭证。承包商缴纳的税款可以在计算其自身的应纳税所得额时进行抵扣。

3. 最低营业税

自 2014 年 4 月 1 日起，在牙买加登记注册的企业和其他实体均需要缴纳每年 60000 牙买加元的最低营业税。按公司法成立的企业或者其他实体在设立的 24 个月内免征最低营业税。

最低营业税应于每年的 6 月 15 日和 9 月 15 日分两期缴纳，可以从企业当期应缴纳的企业所得税中扣除。但是，如果当年最低营业税额超过年度企业所得税的，超过部分不予退还。

4. 一般消费税

在牙买加境内从事应税业务的一般消费税（GCT）纳税人销售的商品或者提供的服务，以及进口至牙买加的货物或者服务，需要缴纳 GCT。从事应税业务取得的收入超过 300 万牙买加元的纳税人，需要自其从事业务开始的 21 天内登记为 GCT 纳税人。

GCT 标准税率为 16.5%。部分商品或者服务适用其他税率，如 0%（适用于出口货物或服务），10%（适用于旅游服务）以及 25%（适用于通信服务）。部分建筑业务免征 GCT，如建筑房屋，开发土地等业务。

GCT 应每月计算，并于次月最后一个工作日之前缴纳。

GCT 应按当月发生的销项税额，扣减就进口货物或服务以及本地购入的货物以及服务发生的进项税额之后的余额，为当月应缴纳的消费税额。进项税抵扣需要取得相应的发票（tax invoice）或者海关出具的进口文件。

企业就免税项目购入的商品或者服务发生的进项税，不得抵扣。不过通常情况下，对于同时从事应税业务和免税业务的纳税人，其可以扣除的进项税额为：就应税项目发生的所有进项税额，取得合理凭证的情况下可以全额抵扣；就免税项目发生的进项税额，如果免税项目的收入不超过总收入5%的，其发生的进项税额可以全额抵扣。

如果牙买加企业进口服务（向境外支付服务费用的），则服务接收方（牙买加企业）视同 GCT 纳税人，应就进口服务进行自行申报（self-accounting mechanism），同时其进口服务发生的进项税可以按自行申报机制做进项税抵扣。

如果牙买加企业向境外关联方进口服务的，支付的服务费不应超过市场交易价格且应证实该境外关联方确实有能力提供相关服务，否则牙买加企业就进口服务发生的进项税不予扣除。

5. 转让税

以下交易需要按交易价格（或者资产的市场价值）在牙买加缴纳转让税（现行税率为5%）：转让位于牙买加的土地；租赁位于牙买加的土地；转让牙买加注册的公司的股权；转让上述财产的权益。

根据转让税法案规定，转让方应缴纳转让税，不过实际操作中通常由受让方承担或者扣缴。

牙买加政府发生的上述交易免征转让税。

6. 印花税

销售、转让、转让不动产权益相关的合同或者文件，需要缴纳印花税。印花税的税率根据具体执行的文件类型或者涉及的资产类型确定。

有些文书需要缴纳固定金额的印花税，例如航空运单需要缴纳 10 牙买加元，销售单和租约变更单需要缴纳 500 牙买加元。具体种类对应的印花税金额均可在牙买加税务局官网上查询。

有的印花税需要按照比例缴纳，影响较大，其中，转让土地涉及需要按照土地交易价格的 4% 缴纳印花税，转让牙买加公司的股权或者发行新的股份（或者增资）需要缴纳 1% 的印花税。在操作中印花税通常由交易双方共同承担（各付 50%）。目前印花税法案并未就政府发生的交易免征印花税。具体交易种类对应的印花税比例，均可在牙买加税务局官网上查询。

据印花税法案附件一的规定，用于家用的特定商品的进口凭证需要缴纳附加印花税（ASD）。不过适用进口生产性商品优惠（PIR）机制的商品可以免征附加印花税（ASD）。

印花税与转让税相伴产生、同时缴纳，针对不同的交易事项其纳税时限也不尽相同，从交易发生起 7 天内到 30 天内不等。

7. 房产税

不动产所有人应每年按照土地或者房屋的价值缴纳房产税。从 2013 年 4 月 1 日起，房产税根据相关不动产的价值适用累进税率。

表3-2-1 不动产累进税率表

不动产价值	税费或税率
小于等于 40 万牙买加元	1000 美元
大于 40 万牙买加元、小于等于 80 万牙买加元部分	税率：0.8%
大于 80 万牙买加元、小于等于 150 万牙买加元部分	税率：0.85%
大于 150 万牙买加元、小于等于 300 万牙买加元部分	税率：0.90%
大于 300 万牙买加元、小于等于 450 万牙买加元部分	税率：1.05%
大于 450 万牙买加元、小于等于 700 万牙买加元部分	税率：1.10%
大于 700 万牙买加元、小于等于 1200 万牙买加元部分	税率：1.15%
大于 1200 万牙买加元、小于等于 3000 万牙买加元部分	税率：1.25%
大于 3000 万牙买加元部分	税率：1.30%

数据来源：https://www.jamaicatax.gov.jm/web/guest/property-tax2?inheritRedirect=true。

8. 资产税

企业应根据其上一年度财务报表中的累积资产价值，于次年 3 月 15 日之前缴纳资产税。

表3-2-2 动产累进税率表

动产价值	每年固定税额
小于 5 万牙买加元	5000 牙买加元
5 万 ~50 万牙买加元	25000 牙买加元
50 万 ~500 万牙买加元	10 万牙买加元
500 万 ~5000 万牙买加元	15 万牙买加元
大于等于 5000 万牙买加元	20 万牙买加元

9. 环境保护税

从国外进口的商品需要按照到岸价（CIF）金额的 0.5% 缴纳环境保护税（EPL）。自 2015 年 6 月 1 日起，牙买加本地制造商生产的商品也需要缴纳环境保护税（Environmental Protection Levy, EPL），其计税基础为销售价格的 75%（不含一般消费税 GCT 及特殊消费税 SCT），税率为 0.5%。

第三节　外汇政策

一、基本情况

牙买加中央银行是本国的货币和外汇政策管理机构。当地通用货币为牙买加元，美元也可以正常流通。部分企业可以接受欧元、英镑和加元等。

在牙买加，企业和个人可以在金融机构自由兑换不同货币，但需要提供相应的文件，如身份证明，资金来源等。要求比较宽松。如将资金汇出牙买加，个人需提供有效身份证明（外籍人士需要护照和工签 / 介绍信）、资金来源、转款目的等，公司需要相应信函和转款目的等。资金的汇入汇出不需要缴纳任何税费。

美元兑换牙币的汇率，2010—2016 年一直处于上升的状态，牙币持续贬值，汇率从 85 升至 128 左右；近两年汇率震荡，但一直保持在 120~130。下图为 2017 年至今的汇率走势图：

二、美元银行账户管理规定

牙买加居民在提供身份证明后都可以开设美元账户，公司开设美元账户需要提供注册文件，税务登记号码，资金来源及规模和财务数据等相关信息。

外籍人士在牙买加开设美元账户，需要提供 TRN 收入报表，护照，工签等信息。

可以通过银行账户进行取现和存款，但大额的需要说明资金来源。

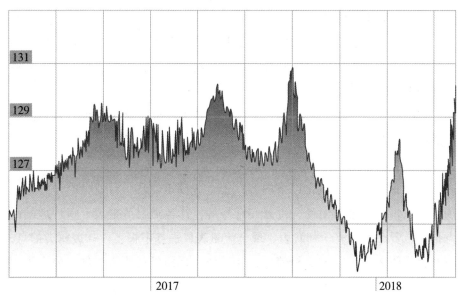

图3-3-1 2017年至今汇率趋势图

三、个人外汇管理规定

个人出入境最高可携带 10000 美元现金或等值外币，超过金额需要申报资金，提供资金来源说明并经过政府部门的审批。

通过银行账户的转入转出一般没有限制。

第四节 会计政策

一、会计管理体制

（一）财税监管机构情况

牙买加税务局直接负责财税的征收和管理，由中央政府设立，并直接对中央政府汇报。同时接受财政部的监督。

税务局下设几个部门，如：大型企业管理局，小额纳税人管理局，税务许可管理局，TRN 管理局等。

（二）事务所审计

一般情况下所有公司的财务报表都需要进行审计，一些公司可以申请跳过审计过程，但也必须由在牙买加注册经税务局认可的会计师事务所或审计师事务所进行检查。

根据公司修正法，所有公司（非营利性的除外）必须将审计报告附在利润申报表之后交给税务局。

（三）对外报送内容及要求

会计报告中主要包含以下内容：①企业基本信息，行业分类、经营范围、股东情况、公司地址、税务登记号等；②各类财务报表，审计后的财务报告、资产负债表、利润表、现金流量表、税务申报表；③披露类信息，资产负债附表、关联方交易信息；④其他，公司更新注册文件，公司组织架构。

上报时间要求：会计报告可以按照公历年度编制，于次年的 5 月 31 日前完成。

二、财务会计准则基本情况

（一）适用的当地准则名称与财务报告编制基础

牙买加使用国际会计准则及国际财务报告准则。

（二）会计准则适用范围

所有在牙买加注册的公司和实体，都需要按照会计准则进行核算和编制报表。

三、会计制度基本规范

（一）会计年度

当年 1 月 1 日—12 月 31 日。

（二）记账本位币

一般为牙买加法定货币，牙买加元。跨国公司等可以选用美元作为记账本位币。

（三）记账基础和计量属性

牙买加绝大部分公司以权责发生制为记账基础，采用复式记账法。小型公司可以特别申请采用收付实现制。

牙买加企业基本采用历史成本法进行计量，一些科目如存货在特定条件下可采用可变现净值进行计量，收并购及估值可以采用重置成本和未来现金流净值计量。

会计假设与国际会计准则相同：会计主体假设；持续经营假设；会计分期假设；货币计量假设；权责发生制假设。

四、主要会计要素核算要求及重点关注的会计核算

（一）现金及现金等价物

现金，包括库存现金和活期存款。

现金等价物是指为了满足支付短期现金的需要，必须可以随时转变为已知金额的现金，并且价值变动的风险较小。

（二）应收账款

应收账款是指企业在正常的经营过程中因销售商品、产品、提供劳务等业务，应向购买单位收取的款项，包括应由购买单位或接受劳务单位负担的税金、代购买方垫付的各种运杂费等。

应收账款通常按实际发生额计价入账。计价时还需要考虑商业折扣和现金折扣等因素。确定坏账损失时，应遵循财务报告的目标和会计核算的基本原则，具体分析各项应收账款的特性，金额的大小、信用期限、债务人的信誉和当时的经营情况等。

（三）存货

存货，是指：在正常经营过程为销售而持有的资产；为这种销售而处在生产过程中的资产；在生产或提供劳务过程中需要消耗的以材料和物料形式存在的资产。

可变现净值，是指在正常经营过程中估计销售价格减去完工和销售估计所需费用后的净额。

存货包括为再售目的而购入和持有的货物，例如包括由零售商购入并且为了再售而持有的商品，以及为了再售而持有的土地和其他不动产等。此外，存货还包括企业已经生产完毕的制成品、正在生产的在制品和在生产过程中等待使用的材料和物料等。在提供劳务的情况下，存货包括了劳

务费用，对此费用企业尚未确认有关的收入。

存货应按成本与可变现净值中的低者来加以计量。成本应由使存货达到目前场所和状态所发生的采购成本、加工成本和其他成本所组成。

（四）固定资产

固定资产是指符合下列条件的有形资产：企业为了在生产或供应商品或劳务时使用、出租给其他人，或为了管理的目的而持有；预期能在不止一个的期间内使用。

固定资产的成本，由购买价格、相关税费，以及任何使资产达到预期工作状态的直接可归属成本所组成。

固定资产期末计量按历史成本计量，如果发生减值，计入减值准备。

直线法和加速折旧法是牙买加可以使用的折旧方式，其中直线法是使用最多的方式。实际业务中均使用直线法进行折旧。

相关法律规定常见固定资产的折旧年限如下：

建筑物：工业建筑 5 年，非工业建筑根据材料 8~25 年不等；

机械：根据用途 5~8 年；

办公设备：根据品种 3~5 年；

交通设备：5~8 年；

无形资产：5~12 年。

（五）无形资产

无形资产，指为用于商品或劳务的生产或供应、出租给其他单位、或管理目的而持有的、没有实物形态的、可辨认非货币资产。

当且仅当满足以下条件时，无形资产予以确认：归属于该资产的未来经济利益很可能流入企业；该资产的成本可以可靠地计量。

（六）职工薪酬

职工薪酬，是指企业为获得职工提供的服务而给予各种形式的报酬以及其他相关支出。职工薪酬不仅包括企业一定时期支付给全体职工的劳动报酬总额，也包括按照工资的一定比例计算并计入成本费用的其他相关支出。

在牙买加职工薪酬科目一般核算要素为：①每月定期支付给员工的工资；②支付给员工的奖金和绩效；③在当地支付的工资税，包含社保、教育税和各项基金等；④非货币性福利；⑤辞退费用。

（七）收入

收入，是指企业在一定的期间内，由正常经营活动所产生的经济利益流入的总额。该流入仅指引起权益增加的部分，而不包括与所有者资本投入无关的经济利益流入。

在工程公司核算中，根据合同的完工进度确认收入和费用，通常称为完工百分比法。采用完工百分比法，需要将合同收入与达到这一完工进度所发生的合同成本相配比，从而导致按完工比例报告收入、费用和利润。采用完工百分比法时，应在施工的会计期间的损益表中将合同收入确认为收入。合同成本通常也在施工的有关会计期间的损益表中确认为费用。

（八）政府补助

政府，是指政府、政府机构和地方、国家或国际的类似团体。

政府援助，是指政府为了专门对符合一定标准的某个企业或一系列企业提供经济利益而采取的行为。本号准则所涉及的政府援助，不包括只是通过采取影响企业一段经营环境的行为而间接提供的利益，诸如在开发区内提供基础设施，或者给竞争对手施加贸易限制。

在中国，政府补助，是指企业从政府无偿取得货币性资产或非货币性资产，但不包括政府作为企业所有者投入的资本。中国目前主要政府补助：财政贴息、研究开发补贴、政策性补贴。而根据《国际会计准则第20号——政府补助会计和对政府援助的揭示》，政府补助，是指政府以向一个企业转移资源的方式，来换取企业在过去或未来按照某项条件进行有关经营活动的那种援助。这种补助不包括那些无法合理作价的政府援助以及不能与正常交易分清的与政府之间的交易。

补助分为资产相关和收益相关，并采用公允价值计量。在企业将符合补助所附的条件，补助即将收到时予以确认。

（九）借款费用

借款费用，是指企业发生的与借入资金有关的利息和其他费用。

借款费用可以包括：短期借款和长期借款的利息；与借款有关的折价或溢价的摊销；安排借款所发生的附加费用的摊销；按照《国际会计准则第17号——租赁会计》确认的与融资租赁有关的财务费用；作为利息费用调整的外币借款产生的汇兑差额部分。

借款费用应于它们发生的当期确认为费用。

直接归属于相关资产的购置、建造或生产的借款费用，应作为该项资产成本的一部分予以资本化。当借款费用可能为企业带来未来经济利益并且该费用能够可靠地计量时，应将其作为资产成本的一部分予以资本化。其他借款费用应在其发生的当期确认为费用。

（十）外币业务

外币交易是指以外币计价或要求以外币结算的一种交易，包括企业在下列情况下产生的交易：买入或卖出以外币计价的商品或劳务；借入或借出以外币为收付金额的款项；成为尚未履行的外币交易合同的一方；购置或处理以外币计价的资产，或者产生或结算以外币计价的债务。

外币交易在初次确认时，应按交易日报告货币和外币之间的汇率将外币金额换算成报告货币予以记录。交易日的汇率通常是指即期汇率。为了便于核算，常常使用接近交易日的汇率。

在资产负债表日：外币货币性项目应以期末汇率予以报告；以外币历史成本计价的非货币性项目应采用交易日汇率予以报告；以外币公允价值计价的非货币性项目应采用确定价值时存在的即期汇率予以报告。

由于结算货币性项目，或者按不同于在本期最初记录的或在前期财务报表中所运用的汇率报告货币性项目而产生的汇兑差额，应在其形成的当期确认为收益或费用。由外币交易所产生的任何货币性项目，当其发生日与结算日之间的汇率发生变动，就会产生汇兑差额。如果交易在其发生的相同的会计期间内结算，所有的汇兑差额均应在该期确认。然而，如果交易在随后的会计期间结算，则自本期至结算期之间的各会计期间确认的汇兑差额，应按那期间的汇率的变动予以确定。

（十一）长期股权投资

长期股权投资是指企业持有的对其子公司、合营企业及联营企业的权益性投资以及企业持有的对被投资单位具有控制、共同控制或重大影响，且在活跃市场中没有报价、公允价值不能可靠计量的权益性投资。

长期股权投资有以下特点：①长期股权投资是以让渡企业部分资产而换取的另一项非流动资产；②长期股权投资是企业在生产经营活动之外持有的非流动资产；③长期股权投资是一种以要求取得较多长期收益或利益

权利为表现形式的资产；④长期股权投资是一种有较高财务风险的资产。

长期股权投资作为企业为获取另一企业的股权所进行的长期投资，通常为长期持有，不准备随时变现，投资企业作为被投资企业的股东。与短期投资和长期债权投资不同，长期股权投资的首要目的并非为了获取近期的投资收益，而是为了强化与其他企业（如本企业的原材料供应商或商品经销商等）的商业纽带，或者是为了影响，甚至控制其关联公司的重大经营决策和财务政策。股权代表一种终极的所有权，体现所有者对企业的经营管理和收益分配投票表决的权利。通过进行长期股权投资获得其他企业的股权，投资企业能参与被投资企业的重大经营决策，从而影响、控制或迫使被投资企业采取有利于投资企业利益的经营方针和利润分配方案。同时，长期股权投资还是实现多元化经营，减少行业系统风险的一种有效途径。

（十二）所得税

根据国际会计准则的定义：会计收益，是指在扣除有关所得税支出或加上有关所得税减免之前，损益表上所报告的包括非常项目在内的本期损益总额。

本期税款费用或税款减免，是指在损益表中借记或贷记的税款金额，不包括与本期损益表未涉及的那些项目有关的以及分配到那些项目中的税款金额。

应税所得（应税亏损），是指根据税务当局制定的法规确定的、据以确定应付（应退）税款准备的本期损益额。

牙买加税务当局规定，自 2014 年 1 月 1 日起，企业（作为雇主）可以从当年应缴纳的所得税额中扣除就业相关的税项，按以下两项从低扣除：

（1）当年已经按时缴纳且符合规定的就业相关税项（包括雇主和雇员分别缴纳的国家公积金、保险、教育税、人力资源培训费等）。

（2）企业当年从事经营活动取得利润应缴纳的企业所得税的 30%。即 ETC 扣除最高可以降低企业当年 7.5% 的企业所得税。不过，从事非经营性活动取得的利润不适用 ETC 扣除，应全额缴纳企业所得税。

需要注意的是，如果企业向股东派发股息而该股东就其受到的股息适用的企业所得税低于 10% 的情况下，牙买加税务机关会追回企业已经享受的 ETC 扣除追回的 ETC 扣除以不超过企业累计享受的 ETC 为限。

同时，从 2014 年 1 月 1 日起，企业以前年度结转的税务亏损（需要符合一定的条件）只能在不超过当年应税所得 50% 的限额内抵扣，未抵扣完的税务亏损可以结转至以后年度继续抵扣。因此，即使企业存在以前年度结转的税务亏损，企业抵扣完以前年度税务亏损后仍需要就其应税所得的 50% 缴纳企业所得税。

不过上述税务亏损结转的限额不适用于以下情况：①企业成立的前五年；②企业取得的全部收入不超过一般消费税（GCT）的起征点（目前为年营业额 300 万牙买加元）。

另外，自 2016 年 7 月 1 日起，对年应税所得达到 600 万牙买加元的纳税人，公司所得税税率从 25% 提高至 30%。

本章资料来源：

◎ 中华人民共和国商务部驻牙买加经商参处 . 牙买加经济简况 . http://jm.mofcom.gov.cn/article/ddgk/zwjingji/201807/ 20180702768429.shtml

第四章　伊拉克税收外汇会计政策

第一节　投资基本情况

一、国家简介

伊拉克共和国（简称伊拉克）位于亚洲西南部，阿拉伯半岛东北部。北接土耳其，东临伊朗，西毗叙利亚、约旦，南接沙特、科威特，东南濒波斯湾。幼发拉底河和底格里斯河自西北向东南流贯全境。国土面积约43.83万平方公里，首都为巴格达。全国人口约3800万人（截至2018年），其中阿拉伯民族约占75%，库尔德族约占20%，其余为土库曼族、亚美尼亚族等。官方语言为阿拉伯语和库尔德语。居民中95%以上信奉伊斯兰教，什叶派占到总人口的64%以上，少数人信奉基督教等其他宗教。2005年8月底，伊拉克出台永久宪法草案，并在10月举行的全民公决中获得通过，规定伊拉克实行联邦制。目前伊拉克政党主要包括全国联盟、全国力量联盟、爱国联盟、库尔德联盟。伊拉克战争后，伊拉克政权架构呈现什叶派、逊尼派、库尔德人三足鼎立局面。各派之间矛盾根深蒂固，目标迥异，埋下了各自为政和教派纷争的隐患。

二、经济情况

战后的伊拉克经济有所复苏，三大产业中农业约占GDP的3%，工业产值约占GDP的65%，服务业产值约占GDP的32%，石油天然气产业是伊拉克的经济支柱，经济由石油部门主导，石油天然气为国家贡献了90%以上的外汇收入。

伊拉克石油、天然气资源丰富，探明石油储量达202亿吨，居世界第5位；天然气储量约3.6万亿立方米，居世界第12位；磷酸盐储量约100亿吨。伊拉克的经济严重依赖石油出口，国际市场疲软的油价也拖累了伊拉克的经济增长。长期以来，伊拉克的政治问题和经济结构上的一些弱点制约了其经济发展。通货膨胀趋向温和，与世界主要流通货币之间的汇率相对稳定。2013 年，伊拉克商品出口额为 941.7 亿美元，商品进口额为 562.3 亿美元，与 2012 年相比浮动 1% 左右，而贸易顺差为 379.4 亿美元，同比增长 2%，但 GDP 同比增长了 25%，经常账户余额在 GDP 中的比重下降。由于伊拉克超过 90% 的外汇收入依靠石油出口，在当前的政治和安全局势下，伊拉克石油实施极易受到袭击，这将会扰乱石油出口，使出口收入难以满足庞大的进口需求。

三、外国投资相关法律

2015 年由于油价下跌和反恐投入，伊拉克政府入不敷出。伊拉克政府意识到国家经济不能过于依赖石油收入，因此加大招商引资政策实施力度，尤其是加强对境外投资者利益保护以及政策扶植。如大力推动由于技术、设备落后而无法进行正常经营活动或濒临倒闭的国有企业与境外企业合资，在土地、矿产、水、重油、电等重要生产要素和生产资料方面给予优惠，要求伊拉克政府必须优先从上述企业采购，提高伊拉克本国可生产产品的进口关税等。

2016 年，伊拉克公布了新投资法。世界银行发布的《2018 年营商环境报告》显示，伊拉克在 190 个经济实体中，排名第 171 位。伊拉克尚未被列入达沃斯世界经济论坛全球竞争力排名中。安全形势动荡、基础设施落后、法律及金融体系不完善，是伊拉克排名靠后的主要原因。

隶属于伊拉克政府内阁的伊拉克国家投资委员会，负责相关外资政策制订、执行和外资企业监督管理等，每个省也设立投资委员会的分支机构。该委员会对外国投资者提供一站式服务。获得该委员会批准颁发的投资许可证后，外国投资者还需到伊拉克贸易部公司注册处（Office of Company Registry，类似工商管理机构），登记注册并领取营业执照，到内政部登记备案。

在伊拉克，除军工、自然资源和土地（库区除外）领域外，其他领域均可投资。生产性企业，外国投资者投资不少于 25 万美元，伊拉克雇员不少于全部雇员的 50%，并提供各项福利待遇。外国投资者可以拥有投资项目的股票和证券。投资者在伊拉克的账目需依法由注册会计师审计。投资者按投资委员会要求，提供与项目预算有关的经济和技术可行性研究以及其他信息。投资者需要根据此法案记录免税进口物资以及其折旧期。投资者需要保护环境，并依据相关法律执行伊拉克或者国际相关领域适用的质量控制体系。投资者需遵循伊拉克法律中关于工资、假期和工作时间等的相关规定。投资者需要按照已提交的工期进度计划施工，实际施工与规划时间不得相差超过 6 个月，如果超过 6 个月，国家投资署有权收回投资证。投资者需要培训伊拉克雇员，提高其工作效率和技能。同时要优先雇佣伊拉克籍人。

在伊拉克，投资方式可以是独资、合资、合作和股份制等。外资并购有关事宜可咨询伊拉克投资委员会。目前尚未有中资企业在当地开展并购遭遇阻碍的案例。伊拉克政府欢迎有实力的外国公司到伊拉克承包当地工程，特别是带资或以 EPC、BOT、BOOT 形式承包，欢迎分包给当地公司或雇佣当地工人。根据承包工程的种类，实行向伊拉克有关政府部门申请批准的许可制度。目前，中资企业尚未在当地开展 BOT 模式合作，从 2015 年开始，伊拉克电力部鼓励外国公司以 BOT 形式承包相关电站项目。

伊拉克是关于青年就业包括滥用童工条款的两个国际劳工组织（ILO）公约签字国。伊拉克劳动和社会事务部（MOLSA）还规定了非熟练工人每月最低工资标准。此外，根据伊拉克法律，所有雇主必须为每名雇员提供一定程度的交通、住宿和食品津贴。该法案没有规定津贴数额。

伊拉克国家投资法规定，在就业和招聘中，应优先考虑伊拉克人。此外，外国投资者将帮助培训伊拉克雇员，提高其工作效率、技能和能力。

四、其他

自 2003 年伊拉克战争结束至今，中伊两国的双边贸易额飞速上升，2004 年中国对伊拉克出口额仅为 1.49 亿美元，2014 年该数据升至 77.43 亿美元，增长 51 倍；而中国对伊拉克进口额的增长率还不止如此，2004 年中国对伊拉克进口额为 3.2 亿美元，2014 年该数据升至 207.6 亿美元，提升近 64 倍。截至 2015 年中伊双边贸易额已达 173.2 亿美元，其中中国出口 65.0 亿美元，中国进口 108.2 亿美元。我国对伊拉克贸易从 2004 年至今一直是入超状态，且逆差持续加大。自 2003 年伊拉克战争以来，中伊两国的经贸关系日益紧密，双边贸易额稳步上升，双边投资额也有较大增长。2011年两国政府签署了经济与技术合作协议，并就人力培训问题交换文书，进一步巩固了双边经贸关系；截至2014年，中国已经取代美国成为伊拉克最大的贸易伙伴。

第二节 税收政策

一、税法体系

1921年伊拉克建立现代国家后，引入了第一部所得税法（1927年52号法案）。这部法律深受英国所得税法的影响。从1927年开始直到1982年新的所得税法的发布前，税法体系没有重大的发展。

伊拉克的税收体系因战争受到破坏。近年来，战后的伊拉克政府致力于建立新的税收体制以鼓励国内外的投资者来伊投资。从2010年6月15日起，伊拉克开始实行了新的所得税法。伊拉克的法律体系因缺乏逻辑结构和足够的法律支撑而显得复杂，这给予了税收管理机构较大的自由裁量权，导致了实施中有些地方存在不连贯和不统一的现象。

图4-2-1 伊拉克税收体系的变革

伊拉克税种主要以直接税为主，间接税很少，没有增值税和营业税（只有高级酒店有营业税）。主要税种如表4-2-1所示：

表4-2-1 伊拉克主要税种及税率

序号	税种	税率
1	企业所得税（普通企业）	15%
2	企业所得税（油气企业）	35%
3	资本利得税	15%
4	增值税	0%
5	个人所得税	超额累进税率，最高15%
6	个人所得税（股息、红利）	*
7	个人所得税（利息税）	15%
8	个人所得税（版税）	15%
9	关税	≤ 20%
10	印花税	0.2%
11	财产税	2%~9%

二、税收征管

伊拉克税收体系由隶属于伊拉克财政部的税务总局和首都巴格达18个税所及各省税务分局构成。

根据联邦所得税法，如果税务局认定纳税人实缴税金少于其应缴税金，税务局有权重新启动对评估年度前五年内任意年度的重新评估（法定重启时限为五年）。但在实践中，只要税务局认定企业出现了原审批时没有掌握的信息，税务主管机关实际上可以重启或开始任意一项超过五年追溯时限的审批（类似的案例已经发生多次）。

三、主要税种介绍

（一）企业所得税

1. 征税原则

判断一个外国企业在伊拉克是否有纳税义务的关键因素为在伊拉克境内开展业务（trade in）或与伊拉克企业开展业务（trade with）。如果外国企业被判定为在伊拉克境内开展业务，需要在税务总局注册，并进行所得税汇算清缴申报。

"Trade in Iraq"与"Trade with Iraq"。二者认定标准如表4-2-2：

表4-2-2　"Trade in Iraq"与"Trade with Iraq"认定标准

项目	Trade In Iraq 认定标准	"Trade with Iraq"认定标准
境内机构注册	在伊拉克境内设有分公司或代表处，且该机构与该合同执行有联系	在伊拉克境内没有分公司或者代表处，或者有类似机构但与该合同执行无联系
合同签订	在伊拉克境内签订，或者合同在伊拉克境外签订，但是所有的法律活动，如清关、进口等，由供应商完成	在伊拉克境外签订，且所有的法律活动，如清关、进口等，由业主完成
费用支付	为伊拉克境内发生的服务支付费用，在伊拉克境内支付	为伊拉克境外的服务支付费用，在伊拉克境外支付

2. 税率

1982 年，伊拉克发布了所得税法。2004 年，伊拉克临时管理委员会发布了 49 号法令，对所有分公司和有限责任公司（LLC）执行 15% 的企业所得税税率，对于收入来源于外国政府机构、国际组织和非政府组织免税。

2010 年 6 月 15 日，伊拉克议会批准通过了一项伊拉克石油和天然气税法，规定在伊拉克从事石油和天然气业务相关的公司，适用更高的企业所得税率——35%。伊拉克还出台了石油和天然气税法实施条例——2011 年第 5 号指南（《石油和天然气税收指南》）。指南定义了应属于石油天然气税法规定范围内适用 35% 的企业所得税率的业务活动 / 合同类型。值得注意的是，该指南包含一个广义的条款，规定"从开采石油天然气直到运至出口港口的相关活动"均应属于石油和天然气税法的范围。在 2011 年第 5 号指南中，未对"相关活动"进行明确定义或进一步说明。实际操作中，税务局有权自由裁定企业开展的业务是否属于石油天然气税法规定的范围。税务局可以要求企业提供支持文件来了解公司的业务，以便确定相关业务是否应适用石油和天然气税法。另需注意，服务企业一旦进入任何一家石油公司服务分包商名录，且被判定为油气企业，即便中标非石油类服务合同，石油公司仍可能判定该合同按照石油类分包商代扣税税率执行。

综上，除被认为属于石油和天然气税法管辖范围的公司或已经取得免税资格的公司，其他所有公司都应按照 15% 的税率缴纳企业所得税。

3. 税收优惠

根据伊拉克投资法规定，在部长会议制定的发展领域投资的企业，从开始运营之日起可享受 10 年免税的税收优惠。国家投资委员会根据伊拉克投资人在项目中的股份的增加情况，直接按比例延长税费的免税年限，如果伊拉克投资人在项目中的股份超过 50%，最长可将免税期限延长至 15 年。

4. 应纳税所得额

应纳税所得额是总收入减去允许扣除的金额。应税收入通常包括所有收入。伊拉克税法规定，在一段时期内因产生应纳税所得而发生的费用，可以在计算应纳税所得额时扣除。

根据所得税法规定，如果企业建立健全了相关的会计账簿，企业所得税应该基于会计利润来计算。《联邦所得税法》第八条规定了在计算应纳税所得额时允许扣除的费用。原则上，纳税人因取得收入所发生的所有费用都可以在计算应纳税所得额时扣除，所有的税前扣除项目都应提供文件支持。

如果税务局认为非居民的实际利润很难确定，根据《联邦所得税法》，税务局可以按核定利润率来计算应纳税所得额。税务局规定了某些行业的核定利润率作为内部工作指导，通常每年进行更新。税务局发布的内部指导意见并不是法律规定，因此对税务机关和纳税人不具有法律约束力。根据行业和业务的不同，税务局对核定企业利润率采用的比例也不同，但比例一般在 20%~25% 之间。税务局更倾向于对亏损企业或经审计的财务报表显示低利润的企业采用核定利润率的方法计算应纳税所得额。

5. 亏损弥补

根据《联邦所得税法》第 11 章，"税务亏损可以向以后年度结转，结转年限为五年，但是每年抵减额不超过应纳税所得额的一半"。税务亏损只能用于抵减同样来源的所得。税务机关可能对亏损企业按照核定利润率进行评估，很可能因此否定企业本年度的实际支出或损失，并在以后各期不允许企业使用结转的损失进行税收减免。在实务中，我们所了解的纳税人能够受益其亏损结转的事例很少，严谨地说，税务机关实际上可能会限制或拒绝任何损失的抵减。

6. 预提所得税

（1）预提所得税综述。根据《联邦所得税法》相关规定，向供货商支付价款时应根据税务局规定的适用税率代扣代缴税金。预提所得税的税率取决于合约的性质，最高为合同总价款的10%。在实务中，由于税务机关的要求有所不同，预提所得税的执行也不是一成不变的。过往实操中，大部分合同的预提税率为3%，而上游石油及天然气合同通常适用更高的预提税率（如7%）。

石油业务相关合同应适用7%的预提所得税率，天然气业务相关合同适用3.3%的预提所得税率。

"Trade in Iraq"的合同需要在伊拉克预提所得税，"Trade with Iraq"的合同不需要在伊拉克预提所得税。伊拉克财政部2008年颁发的2号实施细则，对如何确定一个合同是属于在伊拉克境内实施的合同（Trade in Iraq）还是在伊拉克境外实施的与伊拉克有关的合同（Trade with Iraq）进行了详细和明确的规定，具体内容如下：

①伊拉克境内实施的合同（Trade in Iraq）包括：外国公司在伊拉克设有分公司或代表处，由该分公司或代表处的代表或雇员签署或执行的合同；合同虽然在伊拉克境外由外国公司总部的代表或雇员签署，但合同规定的信用证的开立、货物进口清关和关税缴纳或其他在伊拉克境内的手续均以该外国公司的名义办理；合同额的全部或一部分在伊拉克境内支付的合同；易货合同；外国公司授权伊拉克居民或其伊拉克代理签署和执行的合同；设备供应协议的附属服务内容（安装、监督、维修等）涉及的合同金额部分，不论是否单独签署合同；合同额包括支付在伊拉克境内提供的人工服务，即使这些人员的工资或报酬在伊拉克境外支付。

②在伊拉克境外实施的与伊拉克有关的合同（Trade with Iraq）包括：在伊拉克境外由外国公司直接签署的货物买卖合同，并且合同规定信用证的开立、货物进口清关和关税缴纳以及其他在伊拉克境内的手续均以收货的伊拉克公司的名义办理。外国公司虽然在伊拉克设有分公司或办事处，但货物买卖合同在伊拉克境外以外国公司总部的名义直接签署，并且合同规定的信用证的开立、货物进口清关和关税缴纳以及其他在伊拉克境内的手续均以收货的伊拉克公司的名义办理。在伊拉克境外提供服务并且合同

额也全部在伊拉克境外支付的服务合同。向税务局上缴的预提税并不是最终税，该税金可以抵减供货商的企业所得税。也就是说，供货商需要提交年度企业所得税申报表，税务机关将对其在伊拉克的企业所得税进行纳税评估。只要供应商能够提供有效的缴税凭证，其已向税务局缴纳的预提税均可抵减应缴纳的企业所得税款。

（2）股息。在实务中，如果股息来自已纳税利润，那么无需就股息缴纳预提所得税。

（3）利息。根据税法规定，伊拉克公司向外国借款方支付的利息需缴纳 15% 的预提所得税（例如，外国母公司或外国银行）。在实务中，税务机关通常未对利息征收预提所得税，但是税法中确实存在利息支付应缴纳预提所得税的条款。

（4）预提所得税管理。企业向分包商支付价款时，应代扣代缴预提所得税。为了严格遵守税法的规定，企业需要在税务局登记每一个与供应商签订的合同，并针对每个合同的预提所得税义务和适用税率与税务局进行确认。在实际操作中，向税务局登记每个合同将大大增加工作量，尤其是对于那些存在大量分包商的公司。所以，很多公司并没有严格遵守这一规定，而是对支付给分包商价款适用的预提税税率进行判断——"上游"服务通常适用 7% 的税率，其他服务通常适用 3%~3.3% 的税率（如餐饮、咨询和安保服务等）。如果税务机关未收到预提税，原则上税务机关有权要求企业上缴支付给供应商的付款所对应的预提税。企业所面临的实际风险是供应商未针对与伊拉克企业签订的所有合同履行相应的纳税义务。

7. 反避税规则

目前的法规中没有资本弱化的条款。税务总局认为，伊拉克境外银行或金融机构应就其在伊拉克获得的利息收入缴纳代扣所得税，利息支出方负有代扣义务。

8. 征管与合规性要求

所有在伊拉克开展业务的企业都应按伊拉克会计准则准备经审计的阿拉伯语财务报表，并由具有伊拉克执业资质的审计师签字。年度财务报表与所得税申报表应于下一年度的 5 月 31 日之前一同提交至税务局。在企业提交财务报表和所得税申报表之后，税务局会审阅相关文件，并可能要求企业提供审核所需的其他支持文件及信息。税务局通常会要求企业就财务报表中的信息提供更多的细节或分析；在评估过程中，税务局也可能要求与纳税人面谈或要求纳税人提供其他文件及说明。在此之后，税务局会正式签发一份纳税评估备忘录，说明企业应缴纳的所得税税额。该税额在经税务局层层审核之后，才会由主管税务机关的负责人签发。一旦税务局签发了纳税评估备忘录，企业应在 3 日内缴纳税金。在缴纳所得税后，税务局会向企业提供一份收据作为企业支付税金的证明，或者预提税可以抵减应纳所得税额的批复。

9. 库尔德地区的所得税

2007 年伊拉克库尔德斯坦颁布了该地区的石油天然气法案（28 号法案）。依照该法案的规定，油气合约的存在可以豁免合同方应缴纳的税费。在伊拉克颁布了新的所得税法的同时，该地区宣布对油气企业的征税仍将沿用普通企业 15% 的税率，并没有采用 35% 所得税的计划。所得税通常通过政府的利润油方式支付。

（二）个人所得税

个人所得税的适用税法为《1982 年 113 号法案》，以及后续修正条款。

1. 征税原则

伊拉克居民纳税人应就其来源于全球的收入纳税。广义上来说，伊拉克居民纳税人为以下个人：

伊拉克居民，在一个纳税年度内在伊拉克境内居住至少 4 个月；

在伊拉克工作的阿拉伯国家居民，无论其在伊拉克居住的具体时间；

居住在伊拉克的非伊拉克居民（非阿拉伯国家个人）：在一个纳税年度内，在伊拉克居住至少连续 4 个月或累计 6 个月；或受雇于伊拉克企业，与所停留时间无关。

如果被税法认定为伊拉克居民，伊拉克政府有权对他的全球范围内取得的收入纳税；如果认定为非居民只需要对他来源于伊拉克的收入纳税。

2. 申报主体

以个人为单位进行申报。如果已婚，存在以下情形之一时女方收入应并入男方合并申报：

男性配偶没有应税收入；

男性配偶的应税收入低于法定扣除额（包括子女的扣除额）；

收入合并，配偶双方和子女均可获得法定扣除额；

每年 1 月 31 日前，收入合并的男方雇员须向首要雇主提交申请，首要雇主须通知女方的雇主，并获得其收入金额，合并入男方工资计算税额。如果男方收入低于法定扣除额，女方首要雇主视为扣缴义务人。首要雇主，由雇员在 Dhad.D/4A 表上指定的雇主。

3. 应纳税所得额

伊拉克税法规定以下收入需要缴纳个人所得税。

雇佣收入：在伊拉克境内所有的薪酬和福利需要全额缴纳个人所得税，包括董事费收入和雇主代雇员支付的房屋租金、学费和异地安置费以及其他非货币性福利。

免费住宿：基本工资的 5%~20%，根据提供的住宿条件决定。

免费用餐：基本工资的 10%，该金额不超过每月餐费成本。

其他非货币性补助：市场价格。

自营收入：在伊拉克境内所有的应税自营收入需要按照规定的税率全额缴纳个人所得税。

投资收益：股利收入免征个人所得税，利息收入和特许权使用费收入须按照规定的税率缴纳个人所得税，伊拉克银行存款利息收入免征个人所得税。

资本利得：通过出售固定资产获得收益，则按照规定的税率缴纳个人所得税。

4. 扣除与减免

个人所得税法定扣除额有以下方面：

（1）政府、公共机构和地方当局支付给个人的工资可以 100% 扣除。

（2）其他私营部门支付的工资按照以下标准扣除：①普通未婚人士，或者已婚男士但其妻子收入单独纳税：500 万第纳尔；②已婚男士，妻子不工作或者其收入与该男士合并计算：900 万第纳尔；③没有工作的妻子：400 万第纳尔；④每一子女（18 岁以下或 25 岁以下的学生）：40 万第纳尔；⑤63 岁以上的老人：额外 60 万第纳尔；⑥孀妇或者离婚者：640 万第纳尔，如抚育子女，每一子女可扣除 40 万第纳尔；⑦向社保系统、医保公积金、养老金或者其他税务部门批准的类似基金的支出；⑧赡养费；⑨向政府部门、公共福利组织、宗教、科技教育组织的捐款；⑩除所得税和地产税以外的税费；⑪外籍的员工，根据母国社保、养老基金的要求，需要从伊拉克工资中支付社保、养老保险，该金额在按照伊拉克社保、养老基金比例内可以扣除，超出部分，须由相关部门出具证明；⑫只有伊拉克居民纳税人才能获得上述扣除，如果是非伊拉克国籍的居民纳税人，上述年免税额要根据当年在伊拉克居住的月份数除以12得到的系数换算。

（3）个人所得税免税所得包括：①由于雇佣终止而向伊拉克员工发放的养老金以及各种奖金；②雇主为雇员支付的在伊拉克境内发生的医疗费用；③伤亡抚恤金；④与工作相关的学习、培训补助；⑤雇主为外籍员工首次来伊拉克、合同续签来伊拉克或项目结束离境支付的差旅费；⑥外籍雇员由于在伊拉克工作而从外国公司或者外国公司设立的伊拉克分公司获得的安置补贴，但上限不得超过外籍雇员当月基本工资的25%，同时外籍雇员需要证明该安置补贴和海外补贴与基本工资分开发放；⑦其他补助例如住宿、交通、餐费、服装等，上限不得超过基本工资的30%。

5. 税率

居民需就其全年个人收入所得缴纳个人所得税（扣除法定津贴及社会保险后），个人所得税税率如表4-2-3：

表4-2-3　个人所得税税率表

单位：第纳尔

年度应纳税所得额	税率（%）
不超过250000	3%
超过250000至500000的部分	5%
超过500000至1000000的部分	10%
超过1000000的部分	15%

6. 征管与合规性要求

雇主每月代扣代缴员工税款，并且按照规定在下月15日前将税款缴纳至主管税务机关。个税既可以在纳税人居住地财务部门申报，也可以在其公司注册地财务部门申报。

伊拉克个税每年核定一次。每年3月31日之前，纳税人应通过其雇主向政府财务部门申报其上一年度收入及相关减、免税条件（DhadD/4A）和扣缴记录，企业/雇主递交资料包括：扣税表复印件；DhadD/4A 第一页复印件。

财务部门收到收入后，需对其进行研究核实，并核算全年个税，如果财务部门认定纳税人申报的收入不实，其将按自己认定的收入核定个税。如果纳税人不同意政府财务部门核定的收入，可以在收到通知之日起 21 天之内向财务部门提出异议，除非纳税人按核准的数额缴纳了个税，否则其异议不被考虑。如果纳税人的异议不被接受，纳税人可在被拒绝之日起 21 天内向申诉委员会提出申诉。

如果没有按时缴纳所得税需支付罚款和 11% 的利息，缴纳罚款最高为500000 第纳尔。

（三）增值税

伊拉克不征收增值税，仅对部分商品或服务征收销售税。根据 2015 年颁布的新销售税法，烟酒征收 300% 的销售税、车票 15%、汽车 15%、移动充值卡和网络 20%、高档酒店餐馆服务 10%。

（四）关税

1. 税率

最初的关税法是 1955 年颁布的 77 号法案，这部法律在 2003 年被伊拉克临时管理委员会（CPA）发布的 38 号法令代替。38 号法令规定了进入伊拉克的货物需要缴纳 5% 的重建费（Reconstruction Levy），但是部分货物如食品、药品、服装图书等进口可以免税。目前，重建税已经被废止。2014年 1 月，伊拉克开始部分实施一项新的关税费率表。该费率表分阶段实施，规定了超过 100 项商品的关税代码，相关商品自 2014 年 1 月 2 号起执行新的关税（大多为奢侈品），其他商品继续按 5% 税率征收关税。此外，新关税费率表在伊拉克联邦与在库尔德斯坦地区（伊拉克北部的半自治地区）的实施有所不同。新关税法应自 2015 年 8 月 1 日起正式实施，相应关税税率为 5% 至 40%。

2. 关税免税

根据一项临时的进口制度，某些临时进口伊拉克的商品和设备，在提交了相关申请、满足适当条件并取得相关机构批准后，可以在一定时间内（一般是一年，可以象征性缴纳小额费用申请延期）免征关税/进口税。此外，与上游油气公司有关的进口伊拉克的商品 / 设备可能可以申请关税豁免。豁免政策能否取得可能取决于合同条款。

库尔德地区的具体关税免税政策如下：

项目所需进口设备和机械，将免征普通税、关税，并无需进口许可证，前提是这些设备和机械必须在库尔德斯坦投资委员会批准后两年内进入库尔德斯坦境内，并且这些设备只能用于该项目。若不符合上述条件，将不适用免税，投资者必须纳税，并处以应付税金两倍的罚款；

项目所需进口的备用零件的价值不超过设备和机械价格的 15% 将免征普通税和关税，备用零件的数量和质量须事先得到投资委员会的批准；

用于扩大、发展或升级现代化项目的设备、机器和机床免征普通税和关税；

对生产所需进口原材料的型号和数量是投资委员会明确规定的，五年内免征进口关税，优先使用质量和数量均符合投资项目的本地原材料；

根据库尔德斯坦地区投资法规定，投资者可以进口包括设备和机械在内的一切所需产品，如这些进口产品只能用于该投资目的，在进入库尔德斯坦边境时免征所有关税。

（五）企业必须缴纳的其他税种

1. 印花税

伊拉克《印花税法》（2012 年第 71 号）规定签订合同应按照 0.2% 的税率缴纳印花税。库尔德地区的印花税率为 0.1%。对于签订合同时金额不确定的合同，需要缴纳 1000 第纳尔的税款。在实际操作中，一般私人之间签订的不会上呈至法院或者官方办公室的合同很少缴纳印花税。在这种情况下，当事人不会在签订合同的时候缴纳印花税，只有在日后合同需要上呈至法院或者官方办公室时才缴纳印花税。但是对于与政府签订的合同，除非有相关的免税规定，都应在签订合同之时缴纳印花税。《印花税法》规定所有合同当事人应分别缴纳印花税并承担连带责任。除非合同必须上呈至官方办公室或者法院，在实操中一般很少对未缴纳印花税的纳税人进行任何正式制裁或罚款。如果合同被要求上交，那么罚金应与印花税一起上缴，罚金的总额不会超过 10000 第纳尔（8 美元）。

2. 社会保险

在伊拉克从事生产经营活动的雇主应为其在伊拉克工作的员工缴纳社

会保险。社会保险的税基通常是员工的基本工资。2013年出台的法规规定，社会保险应以基本工资与超过基本工资30%的津贴之和为税基进行征收，但是养老金和社会保障办公室并没有严格执行该条款。

《社会保险法》第27条规定的由雇主及员工缴纳的社会保障金税率如下：

（1）员工应按照月薪的5%缴纳社会保障金。雇主从员工的月薪中代扣代缴至养老保险和社会保障办公室。

（2）雇主应为其在伊拉克工作的员工缴纳其薪酬12%或25%的社会保障金。在实务中，开展油气业务或油气行业支持性业务的企业通常适用于25%的较高税率。

外派员工在所在国缴纳的社会保险，可以抵扣当地的缴纳义务。需要提供在所在国缴纳的证明文件。社会保险可以在计算员工个人所得税前扣除。

社会保障税每个月都要填报税单并缴纳相应的税款，纳税的截止日是应扣缴税款次月的月末。

3. 营业税

在伊拉克设立的高级餐厅和宾馆必须根据营业收入的10%缴纳营业税（高级餐厅和宾馆税）；纳税人必须按月申报，征期是纳税月份结束后10日内。

4. 土地闲置税

根据相关法规，在巴格达市内以及其他城市的市中心区域和郊区的闲置土地，需要根据该不动产的评估价值按照2%的税率每年征收土地闲置税；土地的评估价值由特别委员会根据做出；部分土地根据法规可以免除土地闲置税；土地闲置税每年等额征收2次，征期截止日分别是每年的1月1日和7月1日。

5. 不动产租金税

拥有不动产用来出租并获得租金的纳税人须按照纳税年度租金净收入的10%缴纳租金税；纳税年度租金净收入是指租金总收入减去维护保养支出，维护保养支出为租金总收入的10%，实际税负9%；租金税每年等额征收2次，征期截止日分别是每年的1月1日和7月1日。

6. 不动产转让税

在不动产的所有权转让之前，不动产出卖人要根据评估价值和转让价值孰高原则，并且依照下列的累进税率表计算缴纳不动产转让税；评估价值由专门评估小组作出，评估小组一般包含三方，即税务机关代表、不动产注册部门代表和不动产注册部门的鉴定工程师。

表4-2-4　不动产转让税税率表

单位：第纳尔

不动产评估价值	税率
20000000 及以下	0%
20000000~50000000	3%
50000000~80000000	4%
80000000~110000000	5%
110000000 以上	6%

7.资金流转的税收规定

根据伊拉克国家投资法条款规定，外国投资者可以通过银行将资本或资金转至伊拉克境内或境外。

伊拉克政府明确表示，凡得到有效文件或证件支持，对涉及汇率的现钞和资本交易在实际中没有任何限制。

汇出外汇必须提供合同、发票。如果是税后利润，分公司汇回利润或子公司分配利润，不必缴税。

第三节　外汇政策

一、基本情况

伊拉克货币是第纳尔。从 2004 年开始，伊拉克新货币第纳尔入市流通，当时 1 美元兑换 1500 第纳尔。得益于伊拉克央行外汇储备的增多和阻止第纳尔贬值的金融政策，第纳尔逐渐升值。除石油外，伊拉克可供出口的产品很少。与工业化国家货币升值后影响出口的情形不同，伊拉克与其他产油国家一样，本国货币价值升降对油价关系不大。

2019 年 3 月 31 日，美元兑第纳尔的汇率约为 1∶1185。人民币与伊拉克第纳尔不可直接结算。

二、居民及非居民企业外汇管理规定

伊拉克政府明确表示，只要持有有效文件或证件，对现钞和资本交易没有任何限制。但这并不意味着货币可以完全自由兑换，在实际操作中存在许多未知数。中国企业在经营过程中，曾出现兑换美元困难的情况。

根据伊拉克投资法规定，外国投资者可以通过银行将资本或资金转至伊拉克境内或境外。

第四节　会计政策

一、会计管理体制

（一）财税监管机构情况

伊拉克是国际会计师联合会（IFAC）的会员，2004 年 4 月 18 日伊拉克证券交易所曾经要求所有上市公司必须采用国际会计准则编制财务会计报告，银行必须遵照国际会计准则编制财务会计报告。

目前，伊拉克规定注册企业必须准备年度财务会计报表，必须到税务机构进行公司会计账簿的登记或公证，新的账簿也要求同样的登记或公证，聘用当地的律师和注册会计师。财务会计报表以伊拉克第纳尔作为编报货币，遵守《伊拉克统一会计制度》（Iraqi Uniform Accounting Principles）。

（二）事务所审计

分公司和子公司都必须递交年度审计报告给公司注册局和税务机构。财务报表必须经伊拉克注册会计师审计。

（三）对外报送内容及要求

伊拉克法律要求，会计档案至少必须要保管 20 年。

会计账簿必须依据统一会计制度（非国际会计准则）由英文翻译成为阿拉伯语，企业采用统一的会计科目设置，发票、采购订单以及财务会计报表也是统一的。

二、财务会计准则基本情况

（一）适用的当地准则名称与财务报告编制基础

财务报表必须按伊拉克统一会计准则（Iraqi Unified Accounting System）编制（这与 IFRS 不同），必须是阿拉伯语。

（二）会计准则适用范围

所有在伊拉克注册企业均需要按照会计准则进行会计核算并编制报表。

三、会计制度基本规范

（一）会计年度

会计年度与历法年度一致，即公历年度 1 月 1 日—12 月 31 日为会计年度。

（二）记账本位币

记账本位币为伊拉克第纳尔。

（三）记账基础和计量属性

以权责发生制为记账基础，复式记账为记账方法，以历史成本计量属性为基础。

四、主要会计要素核算要求及重点关注的会计核算

（一）现金及现金等价物

现金是指库存现金及可随时用于支付的银行存款，现金等价物是指持有的期限短（从购买日 3 个月以内到期）、流动性强、易于转换为已知金额现金及价值变动风险很小的投资。

（二）应收款项

应收账款是指企业在正常的经营过程中因销售商品、产品、提供劳务等业务，应向购买单位收取的款项，包括应由购买单位或接受劳务单位负担的税金、代购买方垫付的各种运杂费等。

伊拉克会计准则要求规范的交易形成的应收款项或合同资产、规范的

交易形成的租赁应收款，可以选择（或必须）采用按照相当于整个存续期内预期损失的金额计量其损失准备。其中，对于收入准则规范的交易形成的应收款项或合同资产而言，若该项目未包含收入准则所定义的重大融资成分，或企业根据收入准则规定不考虑不超过一年的合同中的融资成分，应按照相当于整个存续期内预期信用损失的金额计量损失准备；若该项目包含收入准则所定义的重大融资成分，企业可以做出会计政策选择，按照相当于整个存续期内预期信用损失的金额计量损失准备。企业应当将该会计政策选择适用于所有此类应收款项和合同资产，但可对应收款项类和合同资产类分别做出会计政策选择。

（三）存货

伊拉克会计准则中定义的存货是指：①在正常经营过程为销售而持有的资产；②为这种销售而处在生产过程中的资产；③在生产或提供劳务过程中需要消耗的以材料和物料形式存在的资产。

存货应以成本与可变现净值两者中较低者来计量。

存货成本应当包括所有的采购成本、加工成本以及使存货达到使用状态而发生的其他成本。采购成本由采购价格、进口关税和其他税金（不含企业日后可以从税务部门退回的税金）、运输费、装卸费以及其他可直接归于产成品、材料和劳务的费用构成。在确定采购成本时应扣除商业折扣、回扣和其他类似项目。采购成本也可能包括由于最近购置以外币标价的存货而直接产生的汇兑差额。

企业应当根据各类存货的实际情况，确定发出存货的实际成本，可以采用的方法有个别计价法、先进先出法、加权平均法、移动平均法等。对于不能替代使用的存货，以及为特定项目专门购入或制造的存货，一般应当采用个别计价法确定发出存货的成本。

存货在会计期末应当按照成本与市价孰低计量，需体现谨慎性原则。如果以前使存货减记至低于成本的条件不复存在，减记的金额应予恢复，新的账面金额应为成本与修正了的可变现净值两者中的较低者。

（四）长期股权投资

伊拉克会计准则中定义的长期股权投资主要包括四类，一是投资企业能够对被投资单位实施控制的权益性投资；二是投资企业与其他合营方一同对被投资单位共同实施控制的权益性投资；三是投资企业对被投资单位具有重大影响的权益性投资；四是投资企业持有的对被投资单位不具有控制、共同控制或重大影响，并在活跃市场中没有报价、公允价值不能可靠计量的权益性投资。

企业合并形成的长期股权投资，应当按照下列规定确定其初始投资成本：同一控制下的企业合并，合并方以支付现金、转让非现金资产或承担债务方式作为合并对价的，应当在合并日按照被合并方所有者权益在最终控制方合并财务报表中的账面价值的份额作为长期股权投资的初始投资成本。长期股权投资初始投资成本与支付的现金、转让的非现金资产以及所承担债务账面价值之间的差额，应当调整资本公积；资本公积不足冲减的，调整留存收益。非同一控制下的企业合并，购买方在购买日应当按照有关规定确定的合并成本作为长期股权投资的初始投资成本。合并方或购买方为企业合并发生的审计、法律服务、评估咨询等中介费用以及其他相关管理费用，应当于发生时计入当期损益。

投资方能够对被投资单位实施控制的长期股权投资应当采用成本法核算。采用成本法核算的长期股权投资应当按照初始投资成本计价。追加或收回投资应当调整长期股权投资的成本。被投资单位宣告分派的现金股利或利润，应当确认为当期投资收益。投资方对联营企业和合营企业的长期股权投资，应当采用权益法核算。长期股权投资的初始投资成本大于投资时应享有被投资单位可辨认净资产公允价值份额的，不调整长期股权投资的初始投资成本；长期股权投资的初始投资成本小于投资时应享有被投资单位可辨认净资产公允价值份额的，其差额应当计入当期损益，同时调整长期股权投资的成本。投资方取得长期股权投资后，应当按照应享有或应分担的被投资单位实现的净损益和其他综合收益的份额，分别确认投资收益和其他综合收益，同时调整长期股权投资的账面价值；投资方对于被投资单位除净损益、其他综合收益和利润分配以外所有者权益的其他变动，应当调整长期股权投资的账面价值并计入所有者权益。投资方在确认应享有被投资单位净损益的份额时，应当以取得投资时被投资单位可辨认净资产的公允价值为基础，对被投资单位的净利润进行调整后确认。投资方确认被投资单位发生的净亏损，应当以长期股权投资的账面价值以及其他实质上构成对被投资单位净投资的长期权益减记至零为限，投资方负有承担额外损失义务的除外。被投资单位以后实现净利润的，投资方在其收益分享额弥补未确认的亏损分担额后，恢复确认收益分享额。

（五）固定资产

伊拉克会计准则中不动产、厂房和设备的定义指符合下列条件的有形资产：①企业为了在生产或供应商品或劳务时使用，出租给其他人，或为了管理的目的而持有；②预期能在超过一个会计期间内使用。准则将不动产、厂房和设备项目的成本细化，由购买价格（包括进口税和不能退回的购买税）以及任何使资产达到预期工作状态的可直接归属的成本所组成。在计算购买价格时，应减去任何有关的商品折扣和回扣。其可直接归属成本的内容为：①场地整理费用；②首次运输和装卸费用；③安装费用；④专业人员（例如建筑师、工程师等）的服务费用。非货币性交易取得的固定资产分为两类，即所取得固定资产是与不同类型的固定资产或其他资产相交换获得的，以及所取得的固定资产是与相同类型的固定资产相交换获得的，然后分别规定其初始计量。

伊拉克固定资产准则中规范的固定资产使用寿命应考虑的因素为：①该资产的预计生产能力或实物产量；②该资产的有形损耗；③该资产的无形损耗；④对资产使用的法律或类似的限制。

固定资产折旧方法。准则中允许采用的折旧方法包括：直线法、余额递减法和单位合计法。

固定资产的税务折旧年限如果高于会计折旧年限，须按照税务折旧年限计算折旧金额，允许采用加速折旧法。

表4-4-1　固定资产折旧年限表

固定资产	金融行业	其他行业
建筑物	2%~5%	2%~5%
办公设备	20%	15%~25%
机动车辆	20%	15%
厂房和机器	20%	15%
其他资产	20%	20%

固定资产开始或停止折旧时间：固定资产计提折旧时，以月初应提取折旧的固定资产账面原值为依据，当月增加的固定资产当月不提折旧，从下月起计提折旧；当月减少或者停用的固定资产当月仍须计提折旧，从下月起停止计提折旧。

固定资产的后续支出：包括固定资产的改扩建与修理支出等内容。对于固定资产的后续支出资本化的标准：①延长了资产的使用年限；②使产品产量增加；③生产的产品质量提高。

某些不动产、厂房和设备项目的主要组成部分可能需要定期进行重置。在重置或更新该组成部分时发生的支出应作为一项单独的资产购置来核算，并且被重置的资产应予以核销。

固定资产的可收回金额低于其账面价值即为固定资产的减值，可收回金额低于账面价值的部分计入当期损益。对于固定资产的减值部分计入当期损益。已提减值在以后期间得以恢复的，在不超过原已计提的减值准备范围内转回。计提了减值准备的固定资产以后期间的折旧将随减值准备的波动而波动。

对应从资产负债表中剔除的不动产、厂房和设备项目应满足一个条件，即在处置时，或者当该资产永久性不再使用并且预期从它的处置中不能得到未来经济利益时；再如对固定资产清理利得或损失的处理，对涉及交换、售后租赁固定资产清理的处理问题。

（六）无形资产

无形资产为用于商品或劳务的生产或供应出租给其他单位或为管理目的而持有的没有实物形态、可辨认的非货币资产。其公允价值能够可靠计量的按照公允价值计量。与不同类资产交换或其他资产交换的，以收到的资产的公允价值计量；与同类资产交换而取得的，以所放弃资产的账面金额作为新资产的成本。

只有使用寿命有限的无形资产才予以摊销，使用寿命不确定的不予摊销。

摊销方法：无形资产的摊销方法包括直线法、余额递减法和生产总量法。对于无法可靠确定经济利益的预期实现方式的，采用直线法摊销。无形资产的应折旧金额应在其"有用寿命的最佳估计期限"内系统地摊销，这里的"有用寿命的最佳估计期限"是指自其可利用之日起假定通常不超过 20 年。

（七）收入

伊拉克会计准则中定义的收入，是指企业在一定的期间内，由正常经营活动所产生的经济利益流入的总额。适用于对销售商品、提供劳务，以及他人使用企业的资产而产生的利息、使用费的会计处理。收入应以已收或应收的价格的公允价值进行计量。交易所产生的收入额通常由企业与资产的购买方或使用方所达成的协议来决定。

当以下所有的条件均得到满足时应确认商品销售的收入：①企业已将与商品所有权有关的主要风险和报酬转移给买方；②企业不再继续保密与所有权有关的管理权或不再对已售出商品进行实际的控制；③收入的金额能够可靠地予以计量；④与该交易有关的经济利益很可能流入企业；⑤与该交易有关的已发生或将要发生的费用能够可靠地予以计量。

企业应披露：①确认收入所采用的会计政策，其中包括确定涉及提供劳务的交易的完成程度所采用的方法。②在本期确认的包括以下收入项目在内的各类重大收入的金额：销售商品；提供劳务；利息；使用费；股利。③包括在各类重大收入项目中的由商品或劳务的交换所产生的收入金额。

（八）借款费用

借款费用可以包括：①银行透支、短期借款和长期借款的利息；②与借款有关的折价或溢价的摊销；③安排借款所发生的附加费用的摊销；④确认的与融资租赁有关的财务费用；⑤作为利息费用调整的外币借款产生的汇兑差额部分。

借款费用应于它们发生的当期确认为费用。直接归属于相关资产的购置、建造或生产的借款费用，应作为该项资产成本的一部分予以资本化。符合资本化条件的借款费用的金额应按准则确定。在所允许的备选处理方法下，直接归属于某项资产的购置、建造或生产的借款费用，应包括在该项资产的成本之中。当借款费用可能为企业带来未来经济利益并且该费用能够可靠地计量时，应将其作为资产成本的一部分予以资本化。其他借款费用应在其发生的当期确认为费用。直接归属于相关资产的购置、建造或生产的借款费用，是指那些如果不为相关资产发生支出即可避免的借款费用。

作为相关资产的一部分成本的借款费用，应同时满足以下条件时，才能开始资本化：①该资产的支出发生时；②借款费用发生时；③资产达到预定使用或销售状态所必要的准备工作正在进行时。

当为使相关资产达到预定用途或销售状态的所有准备工作实际上已完成时，应停止对借款费用的资本化。当资产的实体建造结束时，尽管日常管理工作仍在继续，一项资产已准备用于预定用途或准备销售。如果有少数工作尚未完成，也表明所有工作实质上已经完成。当相关资产的建造的各个部分分别完成，并且每个部分在其他部分继续建造中已可使用时，则在为使那一部分达到预定用途或销售状态的所有必需的准备工作实际上已完成时，应停止对借款费用的资本化。

（九）外币业务

伊拉克会计准则中规范了对外币计价的交易的会计处理和通过合并、比例合并或权益法对已包括在企业的财务报表中的国外经营的财务报表进行换算。

外币交易是指以外币计价或要求以外币结算的一种交易，包括企业在下列情况下产生的交易：①买入或卖出以外币计价的商品或劳务；②借入或借出以外币为收付金额的款项；③成为尚未履行的外币交易合同的一方；④购置或处理以外币计价的资产，或者产生或结算以外币计价的债务。

外币交易在初次确认时，应按交易日报告货币和外币之间的汇率将外币金额换算成报告货币予以记录。交易日的汇率通常是指即期汇率。为了便于核算，常常使用接近交易日的汇率。

在随后资产负债表日的报告。在每一个资产负债表日：①外币货币性项目应以期末汇率予以报告。②以外币历史成本计价的非货币性项目应采用交易日汇率予以报告。③以外币公允价值计价的非货币性项目应采用确定价值时存在的即期汇率予以报告。

汇兑差额的确认。外币交易的汇兑差额规定了准则所要求的会计处理方法。包括了对由于某种货币的贬值或严重贬值所产生的汇兑差额的基准处理方法。由于结算货币性项目，或者按不同于在本期最初记录的或在前期财务报表中所运用的汇率报告货币性项目而产生的汇兑差额，应在其形成的当期确认为收益或费用。外币交易所产生的任何货币性项目，当其发生日与结算日之间的汇率发生变动，就会产生汇兑差额。如果交易在其发生的相同的会计期间内结算，所有的汇兑差额均应在该期确认。然而，如果交易在随后的会计期间结算，则自本期至结算期之间的各会计期间确认的汇兑差额，应按那期间的汇率的变动予以确定。

（十）所得税

根据纳税影响的会计方法，所得税被视为企业在获取收益时发生的一种费用，并应随同与它们有关的收入和费用计入同一期间内。时间性差异所产生的纳税影响应包括在损益表的税款费用以及资产负债表的递延税款余额中。伊拉克在所得税会计中采用纳税影响会计法。企业可选择递延法和负债法。在递延法下，当期的时间性差异的纳税影响，应予以递延并分配给时间性差额转回的未来各个期间。由于资产负债表上递延税款的余额，并不被认为代表收款的权利或付款的义务，所以它们并不需要调整以反映税率的变更或新税的征收。在递延法下，某一期间的税款费用包括：①应付税款准备；②递延至以后的期间或自以前的期间递延转来的时间性差异的纳税影响。发生在本期的时间性差异的纳税影响，应用现行税率确定。发生在前期而在本期转回的个别时间性差异的纳税影响一般用原先采用的税率确定。为了便于应用这个方法，相似的时间性差异可以进行归类。

在负债法下，本期时间性差异的预计纳税影响，或者作为将来应付税款的负债来确定和报告，或者作为代表预付未来税款的资产来确定和报告。递延税款的余额应随着税率的变动或课征新税而加以调整。该余额也可能随着税率在未来的变动而进行调整。在负债法下，某一期间的税款费用包括：①应付税款准备；②根据本期发生或转回的时间性差异预计应付的或认为需要预付的税款金额；③为了反映税率变动或课征新税的需要而对资产负债表中递延税款余额进行的调整数。在负债法下，本期发生或转回的时间性差异的纳税影响，以及对递延税款余额的调整，均应使用现行税率加以确定，除非有其他信息表明采用另一种税率更为适当。

所使用的纳税影响的会计方法通常应适用于所有的时间性差异。但是，当有合理的证据可以表明，在今后相当长的时期内（至少三年），某些时间性差异不会转回时，一个期间的税款费用可以不包括这些时间性差异的纳税影响，而且还不需要指出在此以后这些时间性差异可能会转回。时间性差异的金额，不论是本期的还是累计的，只要没有进行会计处理，均应予以披露。本期的应税亏损可以用来追溯期内已经缴付的税款，或者减少或抵消将在未税款。这种亏损提供了在亏损时期税款的减免，或者间潜在的税款减免。在确定财务报表中的净收益时，退回在特定的来期间需缴的在某些未来期这种税款减免可以包括在不同的会计期间内。

本章资料来源：

◎ 伊拉克会计准则 Instruction of accounting system for companies No.1 of 1985

第五章　伊朗税收外汇会计政策

第一节　投资环境基本情况

一、国家简介

伊朗国土面积约 165 万平方公里，人口约 7780 万人，主要民族中波斯人占 66%，阿塞拜疆人占 25%，库尔德人占 5%，其余为少数民族。伊朗地处西亚的心脏地带，南邻波斯湾，北接里海、土库曼斯坦、高加索地区，东连巴基斯坦、阿富汗，西接伊拉克、土耳其，是古丝绸之路的重要纽带国家，首都为德黑兰市。伊朗历史文化悠久，宗教为伊斯兰教什叶派，是中东和海湾地区的政治经济文化军事大国，独特的地理位置、丰富的油气资源使伊朗的战略地位更加凸显。官方语言为波斯语，货币为里亚尔。

二、经济情况

伊朗 2016 年国内生产总值（GDP）约合 4122 亿美元，人均国内生产总值 5443 美元[1]，伊朗是世界石油储藏大国，根据 2016 年《BP 世界能源统计年鉴》，截至 2015 年底，伊朗探明石油储量达 1578 亿桶，占总储量的 9.3%，居世界第四位。伊朗探明天然气储量达 34 万亿立方米，占总储量的 18.2%，位居世界第一。此外，伊朗矿产资源丰富，已探明矿产品有 60 多种，各类矿产储量约 580 亿吨，可采储量约 380 亿吨。伊朗已探明铜矿储量已达 33 亿吨，居世界第三位。锌矿已探明储量为 2.3 亿吨，居世界第一位，煤炭储量 21 亿吨，铁矿储量 47 亿吨。2014 年伊朗铁矿石总产量约 4500 万吨，居世界第九位。此外，伊朗金、铝、铀、锰、锑、铅、硼、重晶石、大理石等资源比较丰富。农业在伊朗国民经济中占有重要地位。

伊朗是联合国的创始成员之一，也是不结盟运动（OIC）和石油输出国组织（OPEC）成员。1992 年 2 月，伊朗作为经济合作组织（ECO）成

---

[1]　数据来源：https://data.worldbank.org.cn/country/%E4%BC%8A%E6%9C%97%E4%BC%8A%E6%96%AF%E5%85%B0%E5%85%B1%E5%92%8C%E5%9B%BD。

员国,与其他成员国签署多边自由贸易协定,并于 2003 年 7 月续签。世界经济论坛《2016—2017 年全球竞争力报告》显示,伊朗在全球最具竞争力的 138 个国家和地区中,排第 76 位。在世界银行《2017 年全球营商环境报告》排名中,伊朗位列 190 个经济体中的 120 位。

三、外国投资相关法律

（一）相关法律和管理机构

伊朗财经部下属的"投资与经济技术支持组织（OIETAI）"是伊朗鼓励外国资本在伊朗投资、审批与外国投资有关事务的唯一官方机构。外国投资者的有关投资许可、资本进入、项目选择、资本利用、资本撤出等事项都应向该组织提出申请。与投资合作经营有关的法律法规有《伊朗鼓励和保护外国投资法》《劳工法》《伊朗伊斯兰共和国直接税法》《伊朗自由工业贸易区管理法》《海关法》《伊朗社会保险法》《进出口法》等。

根据《伊朗鼓励和保护外国投资法》的规定,在工矿业、农业和服务行业进行建设和生产活动的外国资本的准入,必须同时符合伊朗其他现行法律、法规的要求。

《伊朗鼓励和保护外国投资法》在伊朗合法注册的外国公司,可以以公司的名义拥有土地。

《外商投资促进和保护法》部分优惠包括:在伊朗注册的公司,外商直接投资可达 100%;外国自然人和法人,以及在海外居住的伊朗人均可投资;允许在所有私营部门获许可的领域投资;资本及股息转移不受限制;外商直接投资者同国内投资者平等对待;向外国专家发出三年期居住许可。但在伊朗《石油法》《矿山法》等特别法律规定中,对资源开发经营型企业有要求外资控股比例不超过 50% 的要求。但在实践中上述行业中的外资股比设定需根据伊朗投资、经济和技术援助组织的审批而定。伊朗法律允许外资在伊设立分公司、子公司、合股公司及有限责任公司等,外国投资者可以现汇、设备、专利权、专有技术及股息等形式投资,可与伊朗公司采取合资、合作的方式,也可通过收购伊朗公司和独资的形式进行投资。

（二）劳工及签证政策

《劳工法》规定：①"若未签署劳动合同而用工，该雇员将被视为永久雇员"，应避免不签署劳动合同而直接雇佣雇员的情况。②雇主没有充足理由不能随意开除雇员。要开除一名雇员，必须发出三个以上的警告，且该警告必须经雇员签字认可。雇主也可以通过一个 5 人以上的委员会发布警告，这种警告无须雇员本人签字认可，但所有 5 名委员必须一致对警告签字确认。③只要雇佣时间超过两星期的，都要签订劳动合同。政府为了解决国内失业问题，明令禁止公司企业雇佣邻国劳工。④外国公民只有根据伊朗的相关法规取得授权其入境工作的签证及工作许可，才能在伊朗受雇工作。⑤伊朗国内失业率较高，对引进外国劳工持消极态度。根据规定，外国员工与伊朗本地员工的比例至少应达到 1∶3，即每进入伊朗市场一名外国人，至少要另外聘用 3 名伊朗人。但在实践中为了促进本地就业，企业也可以在政府默许下灵活处理雇员比例问题。

其他相关须知问题：伊朗境内的各特殊经济区域有各自相对独立劳工主管部门，可以更为便捷的方式签发区内外国人的工作签证。

（三）其他

环境方面规定：伊朗《宪法》第 15 条规定：保护环境，保证后代的生存权利是伊朗伊斯兰共和国的公众责任。因此，任何经济或其他能够导致环境污染和对生态造成不可修复损害的行为都是被禁止的。在伊朗新建化工厂、炼油厂，以及发电能力超过 100 万千瓦的发电厂、年产 30 万吨以上的矿山以及年产 10 万吨以上的轧钢厂在可行性研究阶段需经过环保测试。上述任何项目如果实施场所距离过近，无论规模如何必须经过环保测试。

四、其他

外国人在伊朗投资享受以下优惠政策：外国投资者享受国民待遇。外国现金和非现金资本的进入完全根据投资许可，无需其他许可。各领域的外国投资不设金额限制。外国资本在被执行国有化和没收所有权时，可根据法律获得赔偿，外国投资者拥有索赔权。允许外国资本金、利润及其他利益按照投资许可的规定以外汇或商品方式转移出伊朗境内。保证外资使用及生产商品的出口自由。如果出口被禁止，则生产的商品可在国内销售，收入以外汇方式通过国家官方金融系统汇出伊朗境内。

特殊优惠。外国直接投资：允许在所有获许可的私人经营的方面投资，对外国投资不设百分比的限制。合同条款范围的投资：新法或政府决策导致财务合同的执行被禁止和中止所造成的投资损失由政府保证赔偿，但最多不超过到期的分期应付款额。以"建设、经营、转让"（BOT 模式）和"国民参与"方式实施的外国投资项目生产的商品和服务由合同政府部门方负责收购。石油工业领域的投资：根据伊朗对外油气合作回购合同条款的规定，投资方与伊朗国家石油公司协商一致，由外方提供油气开发服务并可取得固定收益率的投资回报。

行业鼓励政策：伊朗在铁路电气化改造、高铁建设、高速公路、水利工程、清洁能源、高科技农业和旅游业等领域大力吸引外资投入并促进技术转让。2018 年 1 月 9 日，伊朗国家税务总局表示，伊朗将免征本地公司生产的混合动力汽车的增值税，此举旨在促进几家当地公司正在研发的电动—汽油混合动力汽车的生产，本财年的伊朗增值税税率为 9%。对伊朗的工业、矿业投资可获得 80% 免税，在不发达地区投资可获得十年期的 100% 免税的优惠。

第二节　税收政策

一、税法体系

伊朗税制体系分为直接税和间接税。目前，直接税税收占税收总收入接近 63%。直接税主要包括所得税和财产税。间接税主要包括进口税和增值税。《伊朗伊斯兰共和国直接税法》（以下简称《直接税法》）是伊朗税收体系的主要组成部分，由纳税人、财产税、所得税、各种规定等几部分组成。根据《直接税法》，原则上对房地产、未开发的土地、继承财产、从事农业活动、工资、职业、公司、附带收入以及通过各种来源获得的总收入征收直接税收。

二、税收征管

（一）征管情况介绍

伊朗伊斯兰共和国财政与经济事务部是伊朗议会授权完善和执行税法的政府机构，负责监督评估和征收直接税、间接税、关税及其他税费。财政与经济事务部每隔 6 个月需要向伊朗议会经济与财政委员会递交税收征集和分配情况的报告。

伊朗国家税务局是负责组织实施税收管理体制改革，起草税收征收法律、法规草案并制定实施细则，制定征收管理的规章制度和监督税收业务的执行，监督检查税收法律法规、政策执行情况的主管行政部门。同时，伊朗国家税务局根据现行法律法规承担组织实施税收的征收管理。

（二）税务查账追溯期

个人所得税的查账追征期为五年。

所有自然人或法人若未能代扣代缴其他纳税人的应纳税额，应额外加征未付税额 20% 的罚款。

若非政府法人负责代扣代缴，除了支付应缴的税金和罚款，也将因连带责任被判处惩治性监禁 3 个月到两年不等。

若扣缴义务人为个人，该人应被判处惩治性监禁 3 个月到两年不等。

如果纳税人以逃税为目的，故意错误地引用资产负债表、损益表和账簿、存档、记录构成纳税评估基础的，或连续三年拒绝递交申报表、资产负债表和损益表，除了罚款和刑罚以外，该纳税人应当被剥夺适用所有法律工具的权利。

超过规定期限支付的税款应额外加征每个月相关税款 2.5% 的罚款。纳税人可在评估通知书送达后 30 日内提出异议。

（三）税务争议解决机制

（1）纳税人可在评估通知书送达后 30 日内提出异议。异议必须有文件证据支持，且必须直接向首席评估员提出。

（2）如果异议不能由"首席评估员"解决，将移交至税务争议解决委员会（BSTD）。对税务争议解决委员会决议的上诉必须在 20 天内书面提出。

（3）进一步向最高税务理事会提出对 BSTD 决议的上诉须在 BSTD 通知决议的 1 个月之内提出。

（4）经济事务和财政部部长可以将文件交由三人委员会，其裁决不可更改且具有约束力。

三、主要税种介绍

（一）企业所得税

1. 征税原则

企业所得税法引入居民企业概念。居民企业是指依照伊朗法律成立的或依照外国法律成立但实际管理机构设在伊朗的企业。伊朗居民企业以其在全球范围内取得的收入进行纳税。非居民企业仅就来源于伊朗的收入缴纳企业所得税。外国公司设在伊朗的分支机构根据其在伊朗境内或境外签订的、与其在伊朗境内的工作相关的合同所取得的收入进行纳税。伊朗注册的企业必然是居民企业，而实际管理机构设在伊朗的外国公司也可能被认定为伊朗居民企业。

2. 税率

除了《直接税法》中单独列出的税率外，分别依照 25% 税率纳税。

3. 税收优惠

（1）获得营业执照的经营矿山或从事矿产品生产的私营、集体企业经营矿山或从事矿产品生产；获得有关法定机关颁发营业执照或许可证的私营或集体经营医院、酒店、旅游住宅中心提供的服务收入，自经营之日起五年内，其收入免税。在不发达地区，免税时间为十年。

（2）工业和采矿活动，分配给以重建、发展或完成其现有的工矿企业单位，或建立新的工矿企业单位为目的的取得的利润，应豁免 65% 的适用税额。如果每年为执行特定项发生的费用超过同年申报的利润，或小于投资项目的成本，公司可以自此后最多三年，从所述豁免获益，但不超过上述过量或全面实施该项目的成本余额。

（3）位于德黑兰分水岭盆地内的工厂拥有不少于 50 名员工，若将其所有设施迁移至以德黑兰为中心的半径 120 公里以外的区域，该工厂应自其在新区域开始运作的十年内免于缴纳相关企业所得税。

（4）已注册并许可在以下任何自由贸易区（包括基什岛、格什姆岛、恰赫巴哈尔、焦勒法、安扎利港、阿巴丹和霍拉姆沙赫尔）经营的公司，针对其在自由贸易区内进行的经济活动所得免于缴纳企业所得税20年。

（5）非营利学校的收入，无论是小学、初中、高中、技校、经伊朗技术和职业培训组织许可的非营利职业学校，还是位于不发达地区或乡村的非营利性的大学、高教中心、幼儿园、精神和身体缺陷人照料中心，只要是按规定经有关组织机构批准设立的，其收入免税。经体育训练组织批准成立的体育机构和俱乐部，如只从事体育活动，其收入免税。

（6）募捐或捐赠收入免税。

（7）经联交所批准上市后，上市期间，在大宗商品类股票交易中买卖商品取得收入的10%，国内外证券交易所上市公司取得利润的10%，以及公司在国内外证券交易所进行场外交易取得利润的5%，应予免税。如果在当年会计期间结束时，国内外证券交易所或场外交易市场有20%以上的自由流通股，可享受两倍免税。

（8）持有主管部门许可证的研究中心取得的研究所得，自《直接税法》修订案实施之日起十年内免征税款，具体执行细则由科研技术部、卫生与医学教育部以及财经部提议，由内阁批准。

（9）下列情况下，以任何名义得到的利息免税：①符合招聘规定的职员和工人存入伊朗银行的退休补贴和存款的利息；②伊朗银行或获许开业的非银行信贷机构的各类储蓄账户的利息或额外津贴，但不包括银行或获许开业的非银行信贷机构相互间的存款资金；③政府债券和国库券的利息；④在互惠交易前提下伊朗银行支付给外国银行透支和定期存款的利息；⑤有关补贴券的额外津贴和利息；⑥参与债券的利息和红利；⑦土地改革债券的应付利息。

（10）法人从投资公司获得的分红或利润分配，不予征收税款。

（11）公司、传统合作社和公共股份合作公司的应税收益可享受在《直接税法》规定的税率基础上扣减25%税率的优惠。

（12）本年应税所得比上一个纳税年度每增加10%，其适用税率可以享受在《直接税法》规定的税率基础上扣减1%~5%的税率优惠，享受此优惠的要求是上一年度纳税信用良好，并在伊朗国家税务总局公布的申报期内按期申报了当年的应税所得。

（13）来源于农业部门发展基金或农村、部落、农业、渔民、工人、雇员、大学和学校学生合作公司及其工会所得的收入应免税。

（14）来源于非石油服务和货物出口以及农业部门产品的所有收入，原材料出口收入的20%，只要属于核准的清单范围内就应实行零税率。

（15）从伊朗过境的不同货物出口所得的收入，如果实质上没有任何变动，或者对其作出任何更改，应当实行零税率。

（16）生产手工地毯和手工艺品的作坊、合作社和协会的收入免征税收。

（17）在工程合同中，合同价格中用于采购物资及设备的任何部分，海关附加税和海关对外国采购的绿色许可中提到的其他款项，只要包含这些购买物资和设备的金额，除开在合同或其进一步修正或补充的其他事项，免税额最高可达国内采购发票价格或海关价值总和。

4. 应纳税所得额

（1）收入范围。纳税人的应纳税收入，是指其出售商品和服务的收入，加上其他各项收入，再减去按照《合理费用和开支》规定有关的合理费用与开支之后的总额。

（2）扣除。以下费用在计算应纳税所得额时准予扣除。

已售商品的购入价，已售商品的所耗原料购入价和劳务费。

根据企业招工规定，支付给职工的费用具体如下：现金或非现金支付的工资、基本工资或长期补贴（雇主应按成本价发放非现金补贴）。现金和非现金临时补贴包括食品补助、奖金、年终补助、加班费、差旅费、出差补贴。为了满足企业有关需求，工作人员、稽查员、主管人员出国的差旅费及补贴的限额将按财经部和国家管理和计划组织制定的并由内阁通过的规定来确定。职工的医疗保健费、人身保险费、健康保险费和工伤意外事故保险费。退休金、遗属抚恤金、按企业招工规定付给终止雇佣人员的费用、按有关法律支付的辞退补偿费和买断工龄费，以及超出相关储备金账户金额的上述费用。按相关规定职工最高按年收入的3%交给社会保障组织的保险费，相关规定由税务组织提议，由财经部批准。为保证企业人员的退休金、遗属抚恤金、终止雇佣人员的费用、辞职人员和工龄买断人员的补偿金，以补发工龄工资名义支付的相当于上述人员最后一个月工资的费用。上述规则也适用于保存在银行账户下的储备金。支付企业退休人员的补贴中不超过十二分之一的个人年度收入津贴。

企业租用的场地，按正式票据缴纳的租金，或按常规缴纳的租金。企业租用机器和工具的租金。用于燃料、电力、照明、供水和通讯的开支。与企业资产和经营有关的各种保险费支出。因企业经营活动交给各部委、市政府、政府机构及其附属机构的特许权使用费和各种税款（不包括所得税及其附加税、依据本法规定企业应为他人代扣代缴的税款及交给政府及市政府的罚款）。根据税务组织提议并由财经部长批准的规定，与企业经营活动有关的研究、实验、培训，购买书籍、杂志、光盘，营销，广告和展览的费用。按以下条件给企业经营亏损或资产损失的补偿费用：证实确有损失；损失的程度和类型被确定；根据现行法律和签订的合同的规定，没有任何方和任何途径可补偿损失。

劳动社会事务部为工人支出的文化、体育和福利的费用，每个工人最多 10000 里亚尔。

无法确定能否收回的积存债款，其条件为：与公司的经营活动有关；不能收回的可能性很大；以上债款已在企业的账簿上做另账处理，直到确定能否收回。

根据有关规定，对自然人和法人账册审核后，自然人和法人的亏损可用结转用于抵消后几年的收入。

企业出租的场地按照惯例由承借人承担的那部分费用。

用于公司营业场所的维护保养费。

运输费用。

职工的交通费、娱乐费、仓储费。

按提供的服务所支付的佣金、中介费、律师费、咨询费、出场费、审计费、金融管理审核服务费、企业所需软件系统设计和安装费、与企业业务有关的专业服务费用和合法的检验费。

企业经营相关的支付给由伊朗伊斯兰共和国中央银行许可的银行、合作基金会、农业发展基金会、非银行信贷机构和租赁公司的利息、费用和罚款

通常使用一年的办公用品和办公设备费用。

非大修性的机器设备维护保养费、零件更换费。

矿山勘探未遂的费用。

与企业经营相关的参与费和成员资格费。

经纳税人确认无法追回的坏账，超出剩余储备金而可能无法追回的呆账。

纳税人每年根据通用的会计原则兑换外汇的亏损。

生产中正常的损耗。

为年度审计而合理支出的储备金。

为以前税务年度里支出和拨付的款项进行审计而支付的合理费用。

企业为职工和所属人员购买书籍和其他文化艺术用品的费用，每人可免税最多5%。

与法人的售后或担保服务有关的储备金。

（3）亏损弥补。①亏损可以结转和抵消下一年或以后几年的收入所得。②现在尚没有损失可结转的年数的限制。③所有权变化对结转损失没有影响。④损失不允许向以前年度进行结转。

5. 反避税规则

（1）关联交易。①关联关系判定标准。根据2006年8月16日伊朗国家税务局发布的通知函（以下简称通知函），当商品、服务、无形财产等相互转让时，通常在相关人员之间会出现转让定价的问题。举例来说，这些相关纳税人可能是同一合作伙伴、同一公司与其隶属公司、家族成员等，该术语显然涵盖了公司、分支机构以及代理商。

②关联交易基本类型。一个签约国的企业直接或间接地参与到另一个签约国企业的管理、控制或资本中。相同人员直接或间接地参与签约国或其他签约国企业的管理、控制或资本中，无论哪种情况，两家公司的商业或金融关系都由两家公司确定，此情况与那些独立公司不同，那他们所获利润就应包括在该企业所获利润中，并据此征税，除非没有积蓄。

伊朗签署的税收条约中都包含了上述定义，而且这些税收条约经过了立法。因此，一旦伊朗立法通过，以上定义均会认为是合法的。

该通知函仅限于伊朗的外国公司的分支机构或代理商。代理商或分支机构与主要公司之间的关系无疑是相关人员之间关系的一个明显例子。因此，有理由质疑这些实体是否以恰当、合法的方式在运作。在这方面，已知的国际公认标准就是公平交易原则。

（2）转让定价。在关联企业的业务交易中（例如两个实体之间，一个控制着另一个或两个都被第三方所控制），交易的价格和术语可能会与他们不相关的一方有所不同，独立交易原则就是在相同或类似情况下，独立方与相关方在价格方面达成的价格协议。通知函指出：根据经济合作发展组织的税收模式条约，以及在伊朗和其他国家之间避免双重税收的条约，其签约国的企业直接或间接参与另一个签约国企业的管理、控制或资金，或者同类人员直接或间接参与另一个签约国的管理、控制或资金的这种情况下，其商业或金融关系是由两个企业来确定的，它与独立企业之间的关系不一样（公平交易原则），那他们所获利润就应包括在该企业所获利润中，并据此征税，除非没有积蓄。由此可见，伊朗税务局重复使用了经合组织税收模式公约，并因此作为解决外国分支机构或代理商在转让定价时的操作标准。转让定价调查由税务机关审查提交的合同、相类似的佣金合同，并对交易的具体情况进行甄别，以便发现不符合国际惯例和市场条件下的不真实情况的案例，并按《直接税法》第97条第3款所提到的三位成员委员会进行核查。但是，必须把纳税人申报的数据与类似交易的数据进行比对。由此可见，纳税人和税务机关都面临着对类似问题的处理意义和如何判定的任务。在判定两个合同或交易是否类似时，必须考虑交易的各种特性，比如交易的类型、其他与相关货物或服务的具体情况，工作的复杂性、不同的市场条件以及其他签订各自合同的时间等。货物或服务由委托公司直接销售，代理只在其账簿上记录折扣或佣金，在这种情况下，规定代理的收入不应低于"独立交易"的收入。否则，税务局将根据同类事件和合同评估其应纳税所得额。

6. 征管与合规性要求

外国公司有经营资格的需要申报企业所得税及预提税，没有经营资格的只需要申报工资税和社保费，年度结束后4个月内申报；员工工资税及社保费在月度结束后20天内申报；预提税自代扣之日起30天内申报缴纳。

7. 非居民企业

（1）征收范围。非居民企业也需要就其来源于伊朗的收入缴纳所得税。非居民企业取得的版权使用费、特许权使用收入或利息收入均为应税收入，其应纳税款在对方支付时进行一次性源泉扣缴。非居民企业在伊朗境内（有些外国公司未在伊朗注册）提供的服务收入也需要缴纳预提所得税。

（2）税率。从事建筑物安装设计、测量、绘图、监督计算、提供培训和技术援助、转让技术和服务、转让特许权使用权及其他权利和影片转让（影片的放映费或其他费用，无论收益是否源自伊朗），或其他任何服务（除那些《直接税法》已经明确应税收入认定方式的），其年度收入根据经营活动类型和盈利水平进行评估，应税收入为评估的年度收入的 10%~40%。因此，其实际税率可能是 2.5%~10%。

①外国航运和海运公司在伊朗的货运和客运全部所得按照 5% 的税率征收，无论此收入来源于伊朗境内、目的地还是途中。如果伊朗的航运和海运公司在其他国家缴纳的所得税税率高于应税所得的 5%，经伊朗有关部门核实情况后，财经部根据这些国家的税率，增加航运和海运公司的税额。

②如果是外国承包商将全部或部分合同业务分包给伊朗法人的情况，在原合同中规定的用于购买供应品和设备的金额，且由分包人购买，原合同承包商承担的，应免予纳税，但须遵守《直接税法》第 107 条第一款注释后半部分的规定。

③没有交易权的外国银行或外国公司在伊朗的代表处或分支机构，为其母公司从事营销或经济活动，从母公司领取报酬用于日常开支的，其报酬所得免予征税。

（3）其他。①纳税时间。本年 3 月 21 日至次年的 3 月 20 日。②利息费用。一般情况下，只有直接支付给伊朗本地银行的利息才可以在税前列支。如果利息被认为超出合理水平，税务局有权不允许列支相关的利息费用。对于境外股东贷款，只有投资在《外国投资鼓励和保护法案（Foreign Investment Promotion and Protection Act "FIPPA"）》中注册的投资项目，股东贷款的利息才可以在税前扣除，可扣除的利率上限为伦敦同业拆借利率 +0.75%。前述 FIPPA 注册要求并不适用于境外银行贷款利息，但境外银行贷款利息的扣除上限仍为伦敦同业拆借利率 +0.75%。同时，为扣除境外银行贷款利息，纳税人需提供相关由当地伊朗领事馆、伊朗德黑兰外交部及认可的伊朗审计师分别确认的文件。 ③准备金。准备金不能在税前列支，除非是与雇员离职福利有关的准备金。

（二）增值税

1. 征税原则

增值税是对在伊朗境内是以商品（含应税劳务）在流转过程中产生的增值额作为计税依据而征收的一种流转税。征税对象为自然人和法人，伊朗境内的商品和服务的供给以及进口和出口受《增值税法》的规定。条例中特别明确，下列活动视为提供服务：出租动产及不动产；转让无形资产；运输；供水供电供气及电信；研究咨询；现场消费的销售；修理及合约性工作；建筑安装。

2. 计税方式

增值税采用包税制的个人或机构采用简易征收管理，其他企业采用一般计税，其中大型企业需开具有纳税人识别号的增值税发票。

3. 税率

（1）标准税率：9%。

（2）特殊税率：香烟及烟草制品 12%；汽油及航空燃油 20%。

（3）优惠税率：香烟及烟草制品 10%；汽油及航空燃油 10%；煤油及柴油 10%；重油 5%。

（4）转让非用于道路施工、车间、采矿、农业的国产及进口机动车辆（不包括船舶、摩托车及三轮车），适用增值税税率为 1%。国产机动车按出厂价的 1% 缴纳，进口车按照 CIF 价格、税费、商业税及海关文件中规定的其他费用总和的 1% 缴纳。

（5）其他特殊类服务的增值税：①除铁路运输外的国内城际客运服务，票价的 5%。②汽车及加长座舱的皮卡车的年费，国产（出厂价的 1‰）；进口（CIF 价格、税费、商业税及海关文件中规定的其他费用总和的 1‰）。③汽车及加长座舱的皮卡车的注册登记费用（不包括城际或市内公共车辆），国产（出厂价的 3%）；进口（CIF 价格、税费、商业税及海关文件中规定的其他费用总和的 3%）。

（6）出口国外的货物和服务不缴纳增值税，已缴纳税款可提供证明文件进行退税，即货物和劳务出口适用零税率。

4. 增值税免税

《增值税法》规定 12 种情况属于免税范围，主要有：自产农、渔、猎、牧产品；出售开采的产品；个人出售房产；外部利息；银行、保险及再保险；社会、教育、文化、慈善、宗教服务；医疗产品及服务；学校收取的学费；邮资；作曲、印刷、报纸杂志（广告除外）；农机等。

5. 销项税额

《增值税法》规定增值税税基为销售货物或提供的服务全部价款。符合下列条件的内容不包括在税基内：发票上的现金折扣；与原销售金额一致的销货退回；可回收的包装物（如果包装物不退回则需缴纳增值税）。

6. 进项税额抵扣

《增值税法》规定下列凭证上的增值税进项税可以抵扣：具有纳税人识别号的增值税发票；进口单据；用于自用的申报表；租赁公司的租赁发票。以下情况不允许抵扣：住宿、餐饮、观看演出；进口后再出口的商品；石油产品（购买用于销售或用于生产电出售的除外）；虚假发票、虚假海关的申报；取得附属于不允许抵扣资产的服务。

7. 征收方式

增值税按进销项相抵后的余额缴纳，留抵余额不能申请退税，只能用于以后抵扣销项税额，且留抵期限不能超过两年。

8. 纳税义务发生时间

（1）提供货物。①开具发票、交付货物或完成货物交易三者中时间最早的。②资产进行登账、开始使用或进行收回三者中时间最早的。③货物交换时间。

（2）提供劳务。①开具发票或提供劳务二者时间在前的。②劳务交换日期。

（3）货物劳务进出口贸易。①出口按照货物出口（或退税）日期确定，进口按照货物清关日期确定，劳务进出口按照（货币或非货币）对价支付日期确定。②使用收银机的情形下，纳税义务发生时间以将交易录入机器的日期进行确定。

9. 征管与合规性要求

增值税按季度缴纳，在每个季度后的 15 天内向税务机关提交增值税纳税申报表，其税额也必须在此期限里缴纳。申报时，增值税纳税申报表是唯一需要提交的材料。

如纳税人未能履行所规定的义务，或违反规定，需缴纳应缴税款及滞纳金，并接受以下罚款：①未在规定时限内办理税务登记的，从应办理税务登记或认定的日期起，按应缴税款的 75% 缴纳罚款；②未开具发票的，按应缴税款缴纳罚款；③开具价目不相符的发票，按照差价缴纳罚款；④未按规定的样表和指南填写信息，应缴应付税款 25% 的罚款；⑤办理税务登记或身份认证后，没有填报申报表，无论哪种情况，应缴应付税款 50% 的罚款；⑥因未能出示或制作账簿、凭证或文件，应缴应付税款 25% 的罚款；⑦在规定期限内，延期缴纳规定的税款，根据延期时间，每月按未缴税款 2% 的比例缴纳罚款。

10. 其他应缴增值税的税种

（1）市政税。有关商品和服务的城市和乡村市政税税率，按以下方式征收：属于《增值税法》第 16 条的商品和服务，税率为 1.5%；各类香烟和烟草制品，税率为 3%；各种汽油和飞机燃料，税率为 10%；煤油和煤油税率为 10%，燃料油税率为 5%。

（2）污染生产单位缴纳环保税。污染生产单位、炼油厂或石油、化工单位，如被环境保护部门发现或认定其不符合环保规定或未达环保标准，须按《增值税法》规定缴纳增值税并额外按销售价格 1% 缴纳环保税。《增值税法》第 17 条中的条款及注释，不适用于本条的环保税。

（三）个人所得税

1. 工资薪金所得税

自然人受雇于他人（自然人或法人），其在伊朗从事职业所提供服务的收入，无论是基于工作时间还是工作量，以现金或非现金方式得到的，都应缴纳工资薪金所得税。

个人在国外任职期间从伊朗获得的收入（从伊朗伊斯兰共和国政府或居住在伊朗境内的个人取得），应缴纳工资薪金所得税。

在伊朗的公共或私营部门就业的员工。

（1）居民纳税人。①征收范围。应税所得。应税工资收入由工资和经常性或非经常性取得的福利收入组成，包括税前扣除额，但不包括法律规定的免税额。以非现金方式获得的收入应按下列情况评估和计算应纳工资薪金所得税：带家具的住房和未带家具的住房分别相当于从雇员工资中减去为住房而扣除的款项之后的每月工资和经常性现金补贴（《直接税法》第91条涉及的免税的现金补贴除外）的25%和20%。配有司机的专用汽车和未配司机的专用汽车分别相当于从雇员工资中减去为此而扣除的款项之后的每月工资和经常性现金补贴的10%和5%（《直接税法》第91条涉及的免税的现金补贴除外）。其他非现金福利相当于支付者支付的成本价格。来源于不止一处的年薪津贴所得，应由国家年度公共预算法确定数额。扣除费用。纳税人、配偶、子女、父母、兄弟姐妹的医疗费用；已支付的人寿险保险；符合一定的标准住房贷款。从2001年3月21日起，雇员可以从应税收入中扣除任何用于住房贷款的款项，但前提是满足下列所有条件：有关房屋面积必须小于120平方米，且必须在2000年3月至2004年3月之间购买或建造；雇主必须向有关银行提供一份声明，确认每月分期付款金额和贷款期限。

免税所得。退休金、抚恤金、定期年金、退职费、解聘补偿费、买断服务费、继承人的退休金和年金、服务津贴、离休或残疾期间发放的工资，免予纳税。与工作有关的差旅费和出差补贴，免予纳税。在工地或工厂内提供给工人使用的住房、在工地或工厂以外由工人使用的廉价住房，免予纳税。所获得的身体损害补助金和治疗一类的补助金，免予纳税。新年奖金、年终奖金，总数在第84条规定的免税总额的十二分之一以内的，免予纳税。在法律允许的条件下或根据特殊条例由雇主提供给国家公务员的住房，免予纳税。雇主根据票证单据直接或通过相关员工，为自己的职员或其职员的赡养人支付的医疗费，免予纳税。支付给职员的非现金福利费，在本法第84条规定的免税总额的十二分之二内，免于征税。伊朗伊斯兰共和国武装部队无论是正规军还是保安部队的全体人员、按情报部雇佣法招聘的工作人员、两伊战争中的伊斯兰革命烈士和被俘人员的薪金收入，免予纳税。

②税率。公有或私营部门雇员的工资收入，在扣除国家年度公共预算法规定的年度基本津贴，按0%~20%的累进税率征税。

表5-2-1　工资薪金所得税税率表

年应纳税所得额	税率
年度基本津贴内	0%
在年度基本津贴 7 倍之内	10%
超过 7 倍	20%

数据来源：中国居民赴伊朗投资税收指南。

雇主支付给除雇员以外的个人，这些人无须雇主为其缴纳退休金或保险费，如支付的咨询费、会议费、出席费、教学费或学习、研究费等，均按照 10% 的税率征收，不再扣除基本年度津贴。

③税收优惠。在欠发达地区（根据国家管理和计划组织编制的清单）工作的雇员，其工资薪金所得税减按 50% 征收。

④其他。纳税义务。雇主有责任在每次发放工资时，计算并扣除雇员应纳工资薪金所得税税款，并在下个月月底之内将有关税金及工资领取人的姓名、住址及其工资数额一并报送到当地税务局，之后只需报送清单涉及更改的地方。若从外籍个人处（在伊朗没有分支机构或代表处）领取工资，领薪人应在领取工资的下月月底之前，根据规定将有关税款交到居住地税务局，一直到第二年的 7 月 22 日都需将个人工资薪金所得纳税申报表交上述税务局。

退税。多交的工资薪金所得税可根据《直接税法》相关规定予以退回，由领薪人在次年 7 月 22 日至该年底期间向居住地税务局提出书面申请。税务局有责任在申请呈交 3 个月内进行必要的调查，如果确实多收了税款，而且申请人在该税务局没有其他欠税，则从当时缴纳税款的税务局机关处退还多余的税金。若申请人被查出有欠税，则多收的税款先抵扣欠税，再退还相应余额。多交的工资薪金所得税可根据本法规定予以退回，由领薪人在次年 7 月 22 日至该年底向居住地税务所提出书面申请。

上述税务所有责任在申请呈交 3 个月内进行必要的调查，如果确实多收了税款，而且申请人在该税务所没有其他欠税，则从缴纳税款的税务局申请退还多余的税款。若申请人被查出有欠税，则多收的税款先抵扣欠税，再退还余额。

若从外籍个人处（在伊朗没有分支机构或代表处）领取工资，领薪人应在领取工资30天之内，根据本章规定将有关税款交到居住地税务所，并在伊历第二年4月底（公历6月22日—7月22日）之前将个人工资薪金所得纳税申报表交上述税务所。

为外国公民颁发出境签证、延长居住签证或劳动许可签证时需出示完税凭证，或出示由合同方伊朗法人业主和外国业主或伊朗第三方法人签订的书面纳税承诺书。

如果工资支付人没按期缴纳税款或未足额纳税，主管税务机关有责任连同本法规定的罚款一同计算，并在第157条规定的最后期限内通过发放评估通知向工资支付人催缴税款。本法条对本法第88条的纳税人也同样适同。

（2）非居民纳税人。①征收范围。应税所得。任何非伊朗国籍的自然人，其收入在伊朗获得，以及通过转让特权和其他权利或培训、技术援助或转让电影影片（按价格或放映费或其他方式）从伊朗获得收入。

免税所得。驻伊朗外国使馆馆长及馆员、外国政府特别代表团团长及成员从本国政府领取的工资，在互惠条件下免于纳税；联合国代表团及其驻伊朗专设机构的负责人及成员从联合国组织及其专设机构取得的所得免予纳税（伊朗伊斯兰共和国居民除外）。在互惠条件下，驻伊朗的外国领馆馆长、馆员以及外国政府文化机构的职员从本国政府领取的工资，免予纳税。经伊朗伊斯兰共和国同意，由外国政府或国际机构派往伊朗进行无偿援助文化、经济和科学技术项目的外籍专家，其从援助国取得的工资所得，免予纳税。在互惠条件下，伊朗伊斯兰共和国政府驻外使馆、领馆的当地雇员，从伊朗伊斯兰共和国政府领取的工资，只要他们不是伊朗伊斯兰共和国公民，免予纳税。

②税率。同居民纳税人。

③其他。外籍雇员及雇主的申报义务。外籍员工就其在伊朗就业期间获取的工资总额、津贴及福利纳税。根据要求，外籍员工的雇主需要在2周内向当地税务机关提交报酬的全部细节，任何代扣代缴税额及有关合同的副本。非居民外国雇主需要就业开始后的2个月内提供以上信息。

外籍雇员及雇主的填报义务。薪俸税实施源头扣缴。雇主有义务计算并以 10% 的税率代扣代缴员工的年薪。扣除的税额及相关附有个人地址和工资金额的收款人名单必须在第 1 个月申报的 30 天内发送给当地的税务机关。针对随后的月份，只有经改动的名单需要报告。获得来自国外支付工资的人员都必须在收到后 30 日内支付到期的税额，并在收到薪酬的后一个纳税年度的 7 月 22 日前提交申报表。对于多缴的薪俸税退税索赔必须由工资收款人到纳税人居住地所属的税务机关进行申请。

2. 个人营业所得税

（1）纳税义务人。自然人在伊朗通过从事某项经营活动或以《直接税法》各章未提及的其他方式获得的收入，减掉《直接税法》规定的免税额之后，缴纳个人营业所得税。只要合伙人和投资者是个人，自发或非自发形成民间企业和合伙企业的生产经营所得，按规定缴纳个人营业所得税。

（2）征收范围。纳税人的应纳税收入，包含其销售商品和提供服务的收入总和，加上《直接税法》其他章节中未明确为应税款项的其他收入，再减去合理的费用与开支之后的总额。

（3）税率。以纳税人报送的纳税申报表为计税依据，个人营业所得税按照累进税率征收，如表 5-2-2 所示：

表5-2-2　个人营业所得税税率表

单位：里亚尔

年应纳税所得额	税率
不超过 500000000	15%
500000001~1000000000	20%
超过 1000000000	25%

数据来源：中国居民赴伊朗投资税收指南。

（4）其他。纳税人应按照相关的规定和条文设置账簿、记账凭证和有关资料，包括依据商法起草的，如何拟定商业账簿、评估应税所得额和如何依照样表填写纳税人申报表。

纳税人应按伊朗国家税务总局提供的申报表样表，为每个经营单位和每个经营地分别填报自己在一个纳税年度内的生产经营活动纳税申报表，在来年 6 月 21 日之前交经营地税务机关,并按《直接税法》第 131 条的税率缴纳税款。

下列免税只适用于个人:①国家年度公共预算法确定的年度个人收入津贴;②最高两倍于合伙企业(不考虑合伙人的数量)用于平均分配给合伙人的年度个人收入津贴的收入。

3. 偶然所得税

(1)纳税义务。纳税人于每年(属于《直接税法》第 123 条规定的收益在来年 5 月 21 日之前,获取收入和以其他方式取得收益的,以获取之日的下个月内)向主管税务机关报送纳税申报表,并缴纳相应税款。公证人登记了交易和已经缴纳税款的情形,可免于报送申报表。

(2)征收范围。自然人或法人以特惠、偏袒、中奖或其他类似性质赚取的现金或非现金收入,应按《直接税法》第 131 条设定的税率征收。个人偶然所得税的应纳税所得额应占已实现收入的 100%。非现金收入应按收入实现日期的现价作价。除不动产的应税价值按《直接税法》64 条的规定计算外,其他以应税价值作为计税基础。

(3)税率。除本法规定有单独税率的项目外,自然人的所得税税率如表 5-2-3:

表5-2-3　偶然所得税税率表

单位:里亚尔

年应纳税所得额	税率
不超过 500000000	15%
500000001~1000000000	20%
超过 1000000000	25%

数据来源:中国居民赴伊朗投资税收指南。

(四)关税

1. 关税体系和构成

《海关法》第二条规定,对永久性进口商品不管商品优劣、新旧,海关将按本法规定用里亚尔全额征收关税、增值税、海关费用、海关报关费。2008 年,伊朗政府经济委员会根据工矿贸易部的提议对《进出口法实施细则》第 11 条、1994 年 4 月 26 日通过的 H/16T/1395 号文件、2004 年 11 月 9 日通过的 H/27484T/37502 号文件的内容进行了修改。根据修改的《进出口法实施细则》，凡被列为禁止进口和限制进口的商品，在其进口前必须到工矿贸易部办理进口申请，并到海关进行备案。

2. 税率

海关关税针对商品或服务的进口，实行落地申报。关税税率如表 5-2-4：

表5-2-4 关税税率表

商品分类	税率
化工产品、金属制品、测量仪器、医药制品及其他	10%
食品、矿石、皮革、纺织品、纸张、机械设备、钢板	15%
农产品、电子仪器	25%
交通工具及配件	25%~120%

数据来源：伊朗伊斯兰共和国海关法。

3. 关税免税

为支撑某个行业或者是招商引资的需要，财政部会单独针对某个行业或者某个企业出具的免税文件，免税范围和优惠范围根据免税协议确定。工程类项目免税范围一般为建设该项目所进口物资、机械设备，主要包括钢材、水泥、沥青、机械设备等大宗材料。免税期限为项目合同上规定的施工期限，如遇工程延期需要向海关提供由业主出具的延期证明并办理延期免税文件。但生活物资、汽车不在免税范畴。

4. 设备出售、报废及再出口的规定

企业向项目所在地海关监管机构申请鉴定所需出售的车辆、机械和设备，由监管机构鉴定残值后出具书面文件；按残值补缴全额关税并取得结关单后可出售。免税到期后，如果没有后续免税项目，需按鉴定残值补缴关税，企业可自行处理设备；如果转入其他免税项目，需要办理转移登记手续；全额关税进口设备，企业可以自行报废；对海关税收优惠进口设备的报废必须通过海关监督管理机构认定残值，补齐相应关税后进行报废，同时申请海关管理机构进行销关。

（五）企业须缴纳的其他税种

不动产所得税：自然人或法人因转移位于伊朗境内的不动产权利而取得的收入，除予以免税的外，应缴纳不动产所得税。

（1）出租不动产应纳税所得额为以现金或其他方式支付的租金总额减去其中25%用于支付该出租不动产的必要支出、折旧费及保证金的部分。

（2）如果出租人并非出租不动产的所有权人，则其应纳税所得额为出租与租赁该不动产的价差。

（3）由雇主为雇员提供的属于法人的房屋，如该法人的纳税额依据法定账簿进行评估的，不适用《直接税法》第53条规定。

（4）租金收入根据正式或非正式合同确定。

（5）位于人口超过100000的城市，且在《直接税法》第169条注7中的国家不动产和住房数据中心的数据中被标注为闲置的房屋，应自第二年开始按下述缴纳租金收入所得税第二年：应缴税款的二分之一；第三年：应纳税额等值的税款；第四年及以后年度：应纳税额1.5倍的税款。

（6）例如所有人将房屋或公寓出租后，从他处租赁房屋用于自住或居住在由雇主提供的住房中的，在计算应纳税所得额时，其基于正式契约或合同支付的房租、雇主从工资中扣除的租金及工资税评估的金额应从全部租金收入中扣除。

（7）对不动产或营业权进行最终权属转让的，应在财产实体或营业权所有人进行权属转让时纳税。不动产和营业权转让的计税基础分别为不动产的应税价值及营业权所有人获得的转让金，并分别适用5%和2%的税率。

（8）如发生交易的不动产不存在应税价格，则以位置最近的类似不动产的应税价格作为计税基础。

（9）根据1998年6月14日批准的《促进建筑业法案》第11条的规定，所有出租的房屋建筑面积在120平方米以下的完全免税。

（10）租金收入的评估：在之后有证明文件的显示其实际租金收入超过合同租金收入数额。超过的差额部分应征收税款。

（11）对于没有其他收入的个人取得的每年租金收入，其租金收入适用的税率不得高于其把租金收入视同于取得的个人工资收入所适用的个人所得税税率。

表5-2-5　不动产所得税税率

单位：第纳尔

年应纳税所得额	税率
不超过 500000000	15%
500000000~1000000000	20%
超过 1000000000	25%

数据来源：中国居民赴伊朗投资税收指南。

印花税，在伊朗境内书立、领受本条例所列举凭证的单位和个人都是印花税的纳税义务人应当按规定缴纳印花税。印花税按照规定按件征收或凭证所载金额征收。

（1）公司股权或合伙股权的印花税，应在公司登记部门对公司进行法律登记之日起 2 个月内通过盖销印花税票的方式缴纳。增资或额外股权应自增资登记之日通过盖销印花税票的方式缴纳。公司增资前有减资行为的，应在减资部分已缴的印花税范围内进行减免。

（2）在伊朗境内出具的应缴纳印花税的票据，出票人应在文书上粘贴相应的印花税票，并进行盖销。如果票据在境外开具，首位持有票据的人员无论出于何种目的在票据上签章的（背书、转让、承兑或支付票据金额），应在此之前采取同种措施。在伊朗境内转让、接收或支付此类票据金额的所有机构或人员均应对规定缴纳的印花税承担共同连带责任。

（3）经济与财政部经授权印制本票、汇票、提单及其他应缴纳印花税的票据，并向申请使用票据人员进行销售。该部在认为必要时，可接受现金缴税并出具凭证代替粘贴印花税票和盖销。

（4）违反《直接税法》第44~51 条相关规定的，除责令违法人员缴纳应缴税款外，并对其处以应缴印花税款两倍的罚款。

遗产税（1）税率及征税范围。自然人死亡后留下的实际或推定的财产须按照下述方式纳税：

①银行存款、合伙企业债券、其他可流通票据，及其截至所有权转

移到继承人名下时或交付继承人时产生的利息、股息和股份，适用税率为3%。

②股权与合伙企业股权及其优先权利，于权属转移登记至继承人名下之日，按《直接税法》第143条及第143条（二）中规定税率的1.5倍执行。

③特许权使用费及其他财产、上述款项中未规定的金融权利，按交付或权属转移至继承人名下之日市值的10%纳税。

④机动车辆，包括汽车、轮船、航空器等，按照向继承人转移登记之日伊朗国家税务局申报价的2%缴纳。

⑤不动产及其营业权，按照《直接税法》第59条规定税率的1.5倍纳税，根据具体情况适用向继承人转移权属登记之日该不动产的税务成交价或该不动产营业权的市价。

⑥伊朗公民死亡后位于境外的财产和固定资产，扣除已向财产和资产所在国缴纳的遗产税后，按照遗产价值的10%纳税。如果该国对上述财产和资产未征遗产税，征税标准按照权属登记转移或交付继承人之日的价值计算。

⑦跟银行或其他金融机构签订的涉及土地和不动产的遗产条约所涉及的遗产税的征税依据，应基于交易价值基础上对其进行评估。征税时间为转让给继承人的登记日期。

⑧第18条本法所称继承人，分为三等：一等继承人，包括父亲、母亲、妻子或丈夫，被继承人的子女和孙辈；二等继承人，包括祖父母，以及被继承人的兄弟姐妹；第三类继承人，包括父亲和母亲的兄弟姐妹。

（2）税收优惠。如果死者的部分不动产基于法律或特别裁定被征用，或被《直接税法》第2条中规定的人员无偿使用，根据上述人员的证明，对上述不动产免征遗产税。如果对不动产被征用部分支付了补偿金的，根据本法第17条相关款项和税法规定，按其补偿金及不动产价值二者中价格较低的数额计算该部分房产的遗产税。

（3）其他规定。下列财产不适用本部分规定的税法：

①退休金和幸存者抚恤金、服务相关储蓄、解雇索赔金、遣散费、停工及未休假补偿金、社会保险金，以及由保险或承保机构、雇主向死者继

承人支付的各种人寿保险金、死亡赔偿金等类似的一次性赔偿金或连续多次支付的金额。

②属于1961年4月（伊朗历1340年1月）签署的《维也纳公约》第39条第4款、1963年5月版（伊朗历1342年2月）签署的《维也纳公约》第51条、1975年3月（伊朗历1353年12月）签署的《维也纳公约》第38条第4款中规定人员的动产，且此类动产应符合上述公约规定和互惠待遇条件。

③为本法第2条中规定的组织和机构资助、捐赠、限定继承的财产，且该财产经上述组织和机构确认的。

④死者住宅内的家庭用品和家具。

⑤伊斯兰革命烈士的第一顺位继承人和第二顺位继承人继承其遗产。（本条规定的牺牲情形，须经过伊朗伊斯兰共和国武装部队或伊斯兰革命烈士基金会的分支机构确认）。

（六）社会保险金（SSO）

1.征税原则

应缴纳的社会保险金的计算基础为月度员工薪酬的23%（员工承担7%，企业承担缴纳16%（社保基金16%，失业保险基金2%和劳保、医疗基金5%）），每月20日之前申报。

2.外国人缴纳社保规定

根据有关规定，在伊朗工作的外国公民的保险参照法律规定办理保险，除非出现下列情况：伊朗与该外国公民所在国之间签订了双边或多边社会保险协定，这样的话，该外国公民可按协定办理保险。

第三节 外汇政策

一、基本情况

伊朗的外汇管理部门为对外财政关系和外币管理局，隶属于国家利益委员会。伊朗官方货币为里亚尔，伊朗一直以来执行两种汇率：自由市场汇率和伊朗中央银行每天制定的官方汇率。政府多年来一直在努力逐步提高官方汇率，并使其接近自由市场汇率，伊朗《货币银行法》未对里亚尔是否可自由兑换做出具体规定，但一般居民可到当地银行、钱庄进行自由兑换。

目前，人民币和里亚尔不可直接兑换。中国国内能够直接对伊朗开展贸易结算业务的银行是昆仑银行。伊朗国内的主要商业银行与昆仑银行建立了双边金融结算机制，可进行人民币或欧元的跟单信用证（L/C）或电汇（T/T）对伊朗贸易结算。

外国居民及投资者不能在伊朗当地银行开设外汇账户，必须兑换成当地货币方可进行储蓄，外国公民储蓄需获得当地合法居民身份。市场对外汇的供应和需求实际上取决于政府的决定。政府和中央银行在外汇方面考虑的主要是以何种价格将外汇提供给谁的问题。希望获得外汇的人必须清楚地表明其希望获取外汇的原因以及外汇的使用目的。进口商应向工矿贸易部提交详细的进口商品信息，包括质量和数量，只有经该部批准才能获得必要的外汇。进口商也必须保证将海关签发的进口商品文件在限定时间内提交给签发信用证的银行。任何不满足上述要求的行为将被伊朗中央银行起诉。

根据《伊朗保护和鼓励外国投资法》投资者在完成全部义务并缴纳了法定的费用后，提前3个月通知伊朗最高投资委员会，经委员会通过并财经部部长批准后可将原投资及利息或投资余款汇出伊朗。外国投资产生的利润在扣除了税款、费用及法定的储备金后，经委员会通过并财经部部长批准后可汇出伊朗。该法未对交税/交费比例做出具体规定。

伊朗里亚尔近几年呈逐年贬值趋势，由于"伊核协议"存在巨大变数，美国加紧对伊朗的金融制裁，促使里亚尔短期内大幅度贬值。

二、居民及非居民企业经常项目外汇管理规定

（一）货物贸易

伊朗鼓励进口涉及国计民生的优先商品按照官方汇率供给外汇。对一般商品按照市场汇率供给外汇。伊朗进口商需取得工矿商业部的进口许可

证，才能按官方汇率购汇。进口要求提供保险单据、海关报关单、信用证等证明材料。伊朗允许进口黄金，但交易黄金、出口伊朗金币须获得伊朗中央银行的批准。部分负面清单上的商品须经特殊许可才能进口。对于出口收入，伊朗没有特别的规定和限制。

（二）服务贸易、收益和经常转移

通过信用证和汇票收付运费不受任何限制，若采用现金支付，则最多不超过等值 1 万美元。旅行者可从银行兑换外汇的最高限额为等值 500 美元，超过限额需提供合理证明材料并经过伊朗中央银行批准。

受安理会及欧美金融制裁影响，现阶段伊朗外汇汇路不通畅，外汇无法通过正常途径进出伊朗国内，需通过中转行代理。

三、居民企业和非居民企业资本项目外汇管理

（一）直接投资

外商直接投资方面，允许外国投资者在所有获许可的伊朗私人经营的领域开展投资，外国投资者资本金进入、使用及撤出等应向外国投资委员会递交相关材料。投资许可经委员会通过后，最后由财经部长认可并签字即可发放。投资资本金、剩余资金及盈利在汇出境外时，须经审计部门确认，并满足所有未付款项及债务要求，然后由经济事务金融部批准后方可汇出。汇出申请需提前 3 个月提出，对外直接投资受到严格管制。

（二）证券投资

非居民需拥有交易许可证并获得授权才能在证券市场或场外市场进行股票或债券投资。相关投资的出售须经证券交易所高级理事会批准，并遵守交易所或场外市场的大宗交易规则。非居民不允许购买货币市场工具、集合证券、金融衍生品等。居民不允许投资境外资本市场。外国投资者拥有上市公司股本比例不能超过 10%。在进行股权投资的前两年不得撤回原始股本及所获红利。

四、个人外汇管理规定

伊朗对于跨境外汇转账也有限制。伊朗禁止携带超过 5000 美元以上的外汇或等值其他货币出境，超出限额需提供曾携带现钞入境并已申报的证

明材料。如果被警方查出超出该数量，则超出数量将被没收，并被处以四倍超出数量的罚款。外国游客在入境之前，应在入关时向海关申报其携带外汇数额（携带 1000 美元以上外币现金出入伊朗需要申报）。

除了以上限制外，对于伊朗本地货币也有类似规定。伊朗货币和信用理事会规定，禁止将超出 500 万里亚尔以上的本地货币带出境，否则将被处以两倍等值超出数额的罚款。其中所指的伊朗本地货币包括当前市场流通的纸币和硬币以及伊朗中央银行签发的旅行支票。

拥有伊朗工作许可证的外国居民在雇主确认后可将工资收入汇出境外，无限额规定。

第四节　会计政策

一、会计管理体制

（一）财税监管机构情况

伊朗审计组织（Audit Organisation of Iran（AOI））是经法律认可的规范伊朗适用的会计准则的组织。Iranian Institute of Certified Accountants（IICA）和 Iranian Association of Certified Public Accountants（IACPA）是伊朗专业会计组织。

（二）事务所审计

无。

（三）对外报送内容及要求

无。

二、财务会计准则基本情况

伊朗自 2016 年开始要求所有国内上市公司和金融机构按照 IFRS 编制财务报表。未上市公司要求按照伊朗国家会计准则的要求编制财务报表。所有伊朗中小企业需要采用伊朗国家会计准则。

三、会计制度基本规范

（一）会计年度

伊朗年年度1月1日—12月31日（公历3月21日—次年3月20日）为会计年度。对于上半年新成立的公司，当年会计年度可以小于12个月；下半年成立的公司，当年会计年度可以大于12个月。

（二）记账本位币

企业会计系统必须采用所在国的官方语言和法定货币单位进行会计核算。伊朗采用里亚尔作为记账本位币。

（三）记账基础和计量属性

企业以权责发生制为记账基础，以复式记账为记账方法。

会计计量假设条件，其一般原则有：谨慎、公允、透明、会计分期、持续经营、真实性、一贯性、可比性、清晰性。

四、主要会计要素核算要求及重点关注的会计核算

（一）现金及现金等价物

会计科目应设置银行存款、现金、现金等价物科目。资产负债表、现金流量表中列示的现金是指库存现金及可随时用于支付的银行存款，现金等价物是指持有的期限短（从购买日3个月以内到期）、流动性强、易于转换为已知金额现金及价值变动风险很小的投资。主要涉及资产有现金、银行存款。

（二）应收款项

应设置应收、预付款项。应收款项科目记录应收账款的初始计量按初始价值计量确认，同时规定了坏账准备、折扣、可回收包装物的会计处理。年末应收款项需要按公允价值计量确认；在财务报表中已经在会计利润中扣除的坏账准备为税会差异，不能在税前扣除。

（三）存货

存货应以成本和可变现净值孰低者计量，存货成本应当包括所有的采购成本、加工成本以及使存货达到目前位置和状态而发生的其他成本。存货的成本应当采用先进先出法或加权平均成本法计算。

存货出售时，这些存货的账面金额应在确认相关收入的当期确认为费用。存货减记至可变现净值形成的减记额和所有的存货损失，都应在减记或损失发生当期确认为费用。因可变现净值增加而使减记的存货转回的金额，应在转回当期冲减已确认为费用的存货金额。

（四）长期股权投资

长期股权投资是投资企业为了与被投资企业建立长期关系或为了自身的经营和发展而持有的被投资企业权益规定要求以上的投资。

对于长期股权投资的会计处理是通过《国际会计准则第 27 号——合并财务报表和对于公司投资的会计》《国际会计准则第 28 号——对联营企业投资的会计》以及《国际会计准则第 31 号——合营中权益的财务报告》这三个准则来规范的。

长期股权投资的初始计量中，第 25 号规定：除了合营企业和联营企业外，并且不属于企业合并的长期股权投资，是按照付出的成本计量。第 3 号规定：对于同一控制下的企业合并，应对该企业合并的内容进行评估，当确定该合并交易确实发生交易实质时，可以自行选择购买法或权益结合法作为会计处理的原则，否则，该项交易只能采用权益结合法进行会计处理；非同一控制下的企业合并，以购买方在购买日确定的合并成本作为初始投资成本。对于长期股权投资的后续计量，采用成本法与权益法核算。

（五）固定资产

企业应设置固定资产科目核算不动产、厂房和设备。

确认时的计量：满足资产确认条件的不动产、厂房和设备项目，应按其成本计量。不动产、厂房和设备项目的成本等于确认时的等值现金价格。如果付款延期支付超过正常赊销期，等值现金价格与总支付金额之间的差额，应确认为赊销期内的利息费用，除非根据《国际会计准则第 23 号——借款费用》应将该利息费用资本化。

确认后的计量：主体应选择成本模式或重估价模式作为会计政策，并将其运用于整个不动产、厂房和设备类别。

成本模式：确认为资产后，不动产、厂房和设备项目的账面价值应当为其成本和扣除累计折旧和累计减值损失后的余额。

重估价模式：确认为资产后，如果不动产、厂房和设备项目的公允价值能够可靠计量，则其账面价值应当为重估金额，即该资产在重估日的公允价值减去后续发生的累计折旧和累计减值损失后的余额。重估应当经常进行，以确保其账面价值不至于与报告期末以公允价值确定的该项资产的价值相差太大。

不动产、厂房和设备项目的减值，应根据《国际会计准则第 36 号——资产减值》进行确认。

满足以下条件时，不动产、厂房和设备项目的账面价值应当终止确认：①处于处置状态；②预期通过使用或处置不能产生未来经济利益。

（六）无形资产

无形资产应当以初始成本计量，单独获得的无形资产成本包括购买价格、可直接归属于达到资产预计使用状态的成本。无形资产初始计量以历史成本，企业应在其预计使用期限内对资产计提摊销。无形资产期末计量按可回收价值计量，如果发生减值，计入减值准备。使用寿命不确定的无形资产不应当摊销。应当于每年度及可能出现减值迹象时的任何时点对使用寿命不确定的无形资产进行减值测试，并比较其可收回金额和账面价值。

（七）职工薪酬

企业应设置雇员福利科目，雇员福利，指主体为换取雇员提供的服务而给予的各种形式的报酬。职工薪酬分为短期薪酬（在雇员提供相关服务的期末以后 12 个月内应全部到期支付的雇员福利）、离职后福利、其他长期雇员福利（指不在雇员提供相关服务当期末 12 个月内结算的雇员福利）和辞退福利。

（八）收入

收入的确认适用《国际财务报告准则第 15 号——与客户之间的合同产生的收入》，核心原则是，企业向客户转让商品和服务时确认收入，确认的收入的金额应反映该企业交付该商品和服务而有权获得的金额，这项准则对收入的确认采用 5 步法模型。该 5 步法模型（识别与客户订立的合同、识别合同中的履约义务、确定交易价格、将交易价格分摊至单独的履约义务、履行每项履约义务时确认收入）不分具体交易或行业。

在履行了合同中的履约义务，即在客户取得相关商品或服务的控制权时，确认收入。对于在某一时段内履行的履约义务，在该段时间内按照履约进度确认收入,并按照一定方法确定履约进度。履约进度不能合理确定时,已经发生的成本预计能够得到补偿的,按照已经发生的成本金额确认收入,直到履约进度能够合理确定为止。

工程施工企业应当按照履约进度确认。

(九)政府补助

政府补助,指政府通过向主体转移资源,以换取主体在过去或未来按照某种条件进行有关经营活动的援助。分为与资产相关的政府补助、与收益相关的政府补助。当政府补助需要返还时,应当作为会计估计的修正进行处理(参见《国际会计准则第 8 号——会计政策、会计估计变更和差错》)。返还与收益相关的政府补助,首先是冲减为政府补助所设置的递延贷项的未摊销余额。返还的政府补助超过相关递延贷项的部分,或者不存在递延贷项的情况下,应当将这部分需返还的补助立即确认为费用。返还与资产相关的政府补助,应根据偿还额,反映为资产账面价值的增加或递延收益余额的减少。

(十)借款费用

借款费用,是指主体承担的、与借入资金相关的利息和其他费用,可直接归属于符合条件资产的购置、建造或生产的借款费用构成资产成本。其他借款费用确认为费用。主体应当将可直接归属于符合条件资产的购置、建造或生产的借款费用资本化计入资产的成本。主体应当将其他借款费用在应承担期间确认为费用。

(十一)外币业务

外币交易时,应在初始确认时采用交易发生日的即期汇率折算为记账本位币金额,当汇率变化不大时,也可以采用当期平均汇率或者期初汇率核算。

资产负债表日,外币货币性项目采用资产负债表日的即期汇率折算为外币所产生的折算差额,除了为购建或生产符合资本化条件的资产而借入的外币借款产生的汇兑差额按资本化的原则处理外,其他类折算差额直接计入当期损益。以公允价值计量的外币非货币性项目采用公允价值确定日的即期汇率折算为人民币所产生的折算差额作为公允价值变动直接计入当期损益。

资产负债表日，以历史成本计量的外币非货币性项目，除涉及计提资产减值外，仍采用交易发生日的即期汇率折算，不改变其记账本位币金额。流动性较强的科目、有合同约定的科目应采用外币核算，包括：①买入或者卖出以外币计价的商品或者劳务；②借入或者借出外币资金；③其他以外币计价或者结算的交易。

（十二）所得税

所得税会计的基本问题是如何核算以下事项的当期和未来纳税后果：在主体的财务状况表中确认的资产（负债）账面价值的未来收回（清偿）；在主体的财务报表中确认的当期交易和其他事项。

当期和以前期间的当期所得税，如果未支付，则应确认为一项负债。如果当期和以前期间已支付的金额超过上述期间应付的金额，则超过的部分应确认为一项资产。递延所得税资产和负债，以报告期末已执行的或实质上已执行的税率（和税法）为基础，按预期实现该资产或清偿该负债的期间的税率计量。递延所得税负债和递延所得税资产的计量，应当反映主体在报告期末预期从收回或清偿其资产和负债账面价值的方式所导致的纳税后果。递延所得税资产和负债不应折现。在每个报告期末，应对递延所得税资产的账面价值予以复核。

主体应采用与核算交易和其他事项本身一致的方法核算其纳税后果。因此，对于确认损益的交易和其他事项，任何相关的纳税影响也要确认损益。对于确认为损益外的交易和其他事项（在其他综合收益里确认或直接在权益里确认）任何相关的纳税影响也确认为损益外项目（分别在其他综合收益里或直接在权益里确认）。类似的，在企业合并中，对任何递延所得税资产和负债的确认都会影响商誉的金额或已确认的廉价购买利得。

本章资料来源：

◎《中国居民赴伊朗投资税收指南》

◎ 世界银行：https : //data.worldbank.org.cn/country

◎《伊朗社会保险法》

◎《伊朗伊斯兰共和国海关法》

◎《伊朗伊斯兰共和国直接税法》

第六章　以色列税收外汇会计政策

第一节 投资基本情况

一、国家简介

以色列 1948 年建国,人口 852 万(犹太人占 75%,阿拉伯人占 20%,其他占 5%),是世界上唯一以犹太人为主体民族的国家。以色列过去 20 年人口增长率平均 2%。以色列地处亚洲西部,北部与黎巴嫩接壤,东北部与叙利亚、东部与约旦、西南部与埃及为邻,西濒地中海,南临亚喀巴湾。由于以色列与阿拉伯国家的领土纠纷不断,目前以色列实际控制面积约为 2.5 万平方公里,国土呈狭长形,长约 470 公里,东西最宽处约 135 公里,海岸线长 198 公里。以色列可划分为 4 个自然地理区域:地中海沿岸狭长的平原、中北部蜿蜒起伏的山脉和高地、南部内盖夫沙漠和东部纵贯南北的约旦河谷和阿拉瓦地。首都:耶路撒冷(主张),特拉维夫(国际承认)。官方语言:希伯来语、阿拉伯语。货币:以色列新谢克尔(常用缩写 NIS),货币代码 ILS。

政体:以色列是议会制国家,议会是最高权力机构,拥有立法权,负责制定和修改国家法律。总统是象征性的国家元首,职能基本上是礼仪性的。议会有权解除总统职务。内阁向议会负责。

司法:司法机构由最高法院、地区法院和基层法院三级组成,此外,还有管辖交通、劳工和青少年的专门法院和不同宗教派别的宗教法院。

二、经济概况

以色列是一个较为发达的资本主义国家,2017 年 GDP 总计 3508.51 亿美元,人均 GDP 4.03 万美元,排名世界第 23 位。[①] 以色列是经济多元化的工业发达国家,其经济以知识和技术密集型产业为主。生活水平与大多数

---

① 数据来源:世界银行。

西欧国家相仿,高于西班牙、希腊等欧盟成员国。以色列以高新技术产业举世闻名,其在农业和水利技术、通讯和软件、军工航空、医疗器械、生物医药等领域具有世界领先水平。以色列也被称为"创新国度"和"第二硅谷",其高科技产业产值占工业总产值的50%以上。出口对以色列的经济增长具有重要作用,出口产品以工业制成品为主,特别是高科技产品。进口产品则主要是原材料和投资性商品。

世界经济论坛《2016—2017年全球竞争力报告》显示,以色列在全球最具竞争力的138个国家和地区中,综合排名第24位。世界银行《2017年营商环境报告》显示,在190个经济体中,以色列的营商环境综合排名第53位。

三、外国投资相关法律

以色列主管投资的政府部门是经济部,其下设的以色列投资促进中心负责协调各政府部门和有关机构相关职能,并为外国投资者提供帮助和服务。以色列对外商投资采取积极和开放的政策。政府制定吸引外资的政策来促进以色列出口和增加就业。除少数与国家安全相关的领域外,对外商投资行业基本上无限制。以色列企业也积极与国外投资者合作,以拓展国际市场,提高产品竞争力。禁止行业为博彩业;限制行业为国防工业、通信、发电和铁路运输的某些领域。

(1)条款和条件。雇佣开始之日起30日内雇主须向每个新雇员提供书面通知,该通知应包含特定的雇佣条款,这些条款包括:职务;开始日期;该员工直接上司的姓名;员工有权得到的所有报酬(薪水和福利);工作天数和工作小时;每周的休息日;社会保障缴纳。

(2)以色列最低工资。从2017年12月1日,对于全职工作岗位,以色列最低工资为每月5300谢克尔。额外的工资范围由各个行业部门根据集体劳资协定来设定。

四、其他

以色列总体上采取自由贸易政策,与美国、欧盟等国家和地区签署了自由贸易协议,是世界贸易组织(WTO)成员国。以色列为经济合作与发展组织（OECD）成员国。

第二节 税收概述

一、税法体系

以色列的法律体系受到英美普通法的影响，但是并不是完全的普通法系，而是属于"混合司法"的法律体系。因此，以色列的税收法律体系也属于"混合司法"形式，遵循基本法，但是在审判中，之前的判例和法律文献都是重要的依据。以色列《所得税税收法令》（Income Tax Ordinance）源于英国法体系，与美国《国内收入法》（Internal Revenue Code）相似。此外还有一系列规定、通知作为立法的补充。另外，以色列的增值税等都颁布了相关的税收法令。

以色列实行属地管辖和属人管辖相结合的征税制度。其税收制度的基本原则与多数西方国家相似，但 20 世纪 80 年代的高通货膨胀，迫使以色列采取了广泛的联系制度，即计算各项税款时，通常与消费者物价指数联系，有时也采取与外汇联系或以外币结算的形式。以色列是世界上税收负担最重的国家之一。

1995 年 4 月 8 日，我国政府与以色列国政府在北京签订《中华人民共和国政府和以色列国政府关于对所得和财产避免双重征税和防止偷漏税的协定》（以下简称 1995 年协定）和《中华人民共和国政府和以色列国政府关于对所得避免双重征税和防止偷漏税的协定议定书》（以下简称 1995 年协定议定书）两份文件，于 1995 年 12 月 22 日生效，并于 1996 年 1 月 1 日执行。

以色列也参与在 2017 年 6 月 7 日在巴黎举行的《实施税收协定相关措施以防止税基侵蚀和利润转移的多边公约》第一批签署活动，将与 39 个国家的双边税收协定纳入多边公约涵盖的税收协定范围。

二、税收征管

（一）征管情况介绍

以色列实行中央和地方两级课税制度，税收立法权和征收权主要集中在中央。2003 年 9 月 15 日，为整合税收管理职能，提升税收工作效率，改进税收服务质量，强化税收法律落实，以色列政府决定将所得税和土地税部门、海关和增值税部门，以及相关信息技术部门进行合并，成立以色列税务局（Israel Tax Authority，ITA）。2004 年 9 月 1 日，以色列税务局正式宣布成立。

税务管理机构主要分为四类：①中央政府部门，财政部所得税与财产税司负责征收各种所得税与财产税；海关与增值税司负责征收与进口、国内制造和增值相关的间接税。②国家保险机构负责征收社会保障税。③各地方政府分别制定、征收本地区的财产税等。④国家广播局、港口铁路局等其他部门负责征收本行业的有关费用。

（二）税务查账追溯期

税务年度截止于每年 12 月 31 日，公司应自行计算完税收入和税额，并于税务年度结束后 5 个月内提交年度税务报告。税务报告中必须附上经审计的公司年度财务报表，并由公司的独立审计师认证。自提交税务报告当年年底起 3 年内，税务部门对其报告进行审查。

唯一收入来源是工资并且已由雇主代扣税的个人一般无须提交税务报告，除非其收入超过 12.5 万美元，这涵盖了大部分雇员。其他人（包括自我雇佣的人）必须在税务年度结束后的 4 月 30 日之前提交税务报告。

迟交税务报告或迟交应纳税款将被罚款。罚款金额将根据企业规模和延迟期限确定。以色列税务查账追溯期为 20 年。

（三）税务争议解决机制

以色列税务部门无权直接采取资产冻结、强制征收等手段进行税务争议处理；任何涉及税务争议的法律纠纷都要通过法院来进行判决。

以色列税务部门不接受来自企业或个人的直接协商，企业和个人对税务部门的任何决定不满，仅可以直接通过行政诉讼的方式解决。

三、主要税种介绍

（一）企业所得税

1. 征税原则

以色列本国企业以及在以色列有分支机构的外国企业都应该缴纳以色列国的企业所得税。满足以下任一规定的企业被判定为居民企业：①该企业在以色列成立，并且主要的经营活动都发生在以色列；②公司经营的控制和管理都在以色列境内运作。

以色列居民企业的判定以"注册地"和"实际经营管理"为标准。不论是以色列的法律还是法院在对"实际经营管理"这个词的直接讨论中，都没有对"实际经营管理"给出定义。因此，很难判断在国外成立的企业其实际经营管理机构是否在以色列国内，需要根据不同情况来判断。当一家企业既是以色列的税收居民又是外国的税收居民时，如果该国与以色列国签订有关所得税的税收协定，那么在判定该企业的税收居民身份时，一般以税收协定作为判定标准。

以色列居民企业应该就其在全世界范围内获得的收入缴税，非居民企业只需就其在以色列境内发生的，或者从以色列境内获得的收入缴税。如果非居民的营业利润是通过在以色列的一个固定场所或者常设机构获得，通常该营业利润要征税。

非居民企业需就其出售以色列境内资产或出售与这些资产有关的直接或间接权益取得的资本利得征税。

2. 税率

以色列现行的企业所得税税率由 2017 年的 24% 下降到 2018 年的 23%。石油和天然气企业的所得税税率为 20%~50%。

3. 税收优惠

能够给以色列出口带来增长或者设在人口相对稀少地区的企业，如果取得"核准企业"的认定，可以享受长达十年的免税期。主营海外贸易的国际贸易公司可以获得十年免税。

以色列是创新大国，对高新企业有较多的税收优惠政策：

（1）收入低于 100 亿谢克尔的公司，税率为 12%。

（2）"优先地区"的企业，税率为 7.5%。

（3）国外常驻机构的高新技术收入预提税，税率为 4%。

（4）具有"优先级"资格的科技公司，税率为 12%，其中"优先级"是指：①公司总费用的 7% 以上用于科研开发；②从事研发的劳动力中 20% 以上是受雇于公司；③公司事先接受风险资本投资；④公司销售额年均增长 25% 或者 3 年内员工人数增长 25%；⑤其余符合财政部条件的公司。

（5）总收入超过 100 亿谢克尔（约 25.9 亿美元）的特殊优先级公司，税率为 6%。2016 年 12 月，以色列公布对《资本投资鼓励法》（Law for the Encouragement of Capital Investments）的修订案。这个方案是为了进一步提高以色列在高科技行业的优势，提高国际竞争力，在税收方面的措施包括：①对于合格的公司（产生鼓励性技术收入的鼓励性科技公司），年销售额低于 1000 万谢克尔的，企业所得税税率从 16% 降到 12%。②注册在"优先地区"的合格公司，企业所得税税率从 9% 降到 7.5%。③从鼓励性技术收入中获得的股息、支付给境外居民企业的股息，预提所得税税率从 16% 降到 4%。④鼓励性公司和特殊鼓励性科技公司之间产生的鼓励性技术收入，企业所得税税率从 12% 降到 6%。

4. 所得额的确定

所有在以色列注册的公司均需缴纳企业所得税，公司取得的生产经营所得和其他所得均需缴纳所得税。生产经营所得是指从事制造业、采掘业、交通运输业、建筑安装业、农业、林业、畜牧业、渔业、水利业、商品流通业、金融业、保险业、邮电通信业、服务业，以及国务院、财政、税务部门确认的其他营利事业取得的合法所得；还包括卫生、物资、供销、城市公用和其他行业的企业，以及一些社团组织、事业单位开展的多种经营和有偿服务活动取得的合法经营所得。其他所得是指纳税人取得的股息、利息、租金、转让各类资产所得、特许权使用费，以及营业外收益等所得。

与应税所得有关的费用，通常情况下可在所属纳税年度扣除（《所得税法》第 17 条）；某些费用适用特殊规定，例如研究开发经费（R&D）、交通旅行费。另外，还规定有关费用必须在正常所得、享受优惠税率的所得和免税所得之间进行分配。除税法明确单独规定的项目外，以色列税务机关通常要求在计算应纳税所得额时，采用公认的会计准则。通常要求采用权责发生制会计原则，只有在少数情况下，才允许采用收付实现制。

企业纳税年度发生的亏损，准予向以后年度结转，用以后年度的所得弥补，最多可向后结转 5 年。

5. 预提所得税规定

采取源泉扣缴的方式征收。任何人在向供应商或非居民付款时，要根据对方适用的税率扣除预提所得税。

表6-2-1　预提所得税税率表

种类	预提所得税税率
以色列居民公司分配的股息：	
来源于正常利润分配的股息	25%
来源于核准企业利润分配的股息	15%
种类	预提所得税税率
股息：	
政府公债	15%
发行给居民的政府公债的利息	免税
私营部门的债券：	
支付给居民的利息	15%
支付给非居民的利息	15%
居民的外币银行存款	15%
非居民的外币银行存款（如果他在以色列没有营业或者职业）	免税
特许权使用费	24%

数据来源：中国居民赴以色列投资税收指南——国家税务总局国际税务司国别投资税收指南课题组。

在以色列向境外付款时，根据汇款性质和用途，预提所得税税率如下：向中国支付利息、分红、特许权使用费时，根据中以双边税收协定，预提所得税税率为 10%。支付其他性质的款项时，如果未能提前从税务局取得免征预提所得税证明，银行在向境外付款时将扣除 25% 的预提所得税。常见的不执行预提所得税的汇款特征为"钱出去，货（服务）进来"，即正常的设备物资进口采购款的支付，不用缴纳预提所得税。

6. 反避税规则

以色列《所得税法令》（ITO）中包含很多反避税条款，旨在确保对国内和国际的交易所得征税以及避免延期纳税。根据这些规定，在特定的条件下，如果交易的主要动机被认定为是通过人为安排规避税收（根据《所得税法令》第 86 条规定），税务机关有权忽略某些特定的交易。且纳税人必须提交一份说明"激进的税收筹划"交易的特别表格以及他们的年度纳税单。

（1）转让定价。在以色列《所得税法令》（ITO）中确立公平交易原则，要求关联方之间的业务往来，必须按照公平独立交易原则进行，即按照没有关联关系的独立企业之间的市场价格进行业务往来。以色列《所得税法令》第 85A 条规定，"在一场国际交易中各方存在特殊关系……若在这种情况下获得的利润少于相同条件下没有关联关系各方（市场条件）之间的利润，交易将根据市场情况进行调整。"

适用转让定价条款的交易必须满足下列条件：①存在特殊关系的交易方之间进行的跨境交易；②由于存在这些特殊关系，交易价格或者其他交易条件与不存在特殊关系情况下的价格或者其他交易条件不同；③纳税人从这种交易价格（或者其他交易条件）获得的交易利润低于交易方之间若不存在特殊关系情况下可获得的利润。

（2）资本弱化。目前以色列在税务方面没有关于资本弱化的规定。但是，在设定融资条款时应遵守正常的公平交易原则。某些贷款可能被重新认定为股权工具，从而使任何有关利息支出或收益，以及转让定价的考虑变得无关紧要。根据某些贷款利息的扣除和抵扣，也可以将贷款或债权重新认定为资本投资。

在以色列《所得税法令》（ITO）中，有些关于关联企业借款的规定。根据以色列《所得税法令》第 3 部分（j）（1）的规定，居民企业必须公开向国外关联方贷款的利息收入。复式记账法下，纳税人账面的贷款若不承担利息或利率低于 3.05%（2015 年出台该规定），那么实际利息和本条款规定应征收的利息之间的差异应被记为居民企业的贷款所得。

在向国际关联方贷款的情况下，若税务机关认为其符合《所得税法令》85A 独立交易原则，那么企业不需要根据 3（j）（1）条款将向国外关联企业贷款的利息记作收入，这个条款只对国内关联方适用。从国际上看，如果机构之间的贷款和融资归类为一种"资本形式"，则不会受到转让定价审计的约束。

7. 征管与合规性要求

税务年度截止于每年 12 月 31 日，公司应自行计算完税收入和税额，并于税务年度结束后 5 个月内提交年度税务报告。企业所得税于每季度进行预缴。税务报告中必须附上经审计的公司年度财务报表，并由公司的独立审计师认证。

（二）增值税

1. 征税原则

以色列增值税制度大体上仿效英国增值税法。一般要求在以色列从事经营活动的企业（包括非居民），以核准的实体身份进行注册、领购增值税发票、缴纳增值税税款，并且按月向增值税征收机关进行申报。金融机构按 17% 的税率缴纳工资和利润税来替代增值税。

法律规定三类企业作为增值税的纳税人，分别为核定纳税人、小规模纳税人和免增值税纳税人。

（1）核定纳税人。营业额超过最低限额（最低限额指营业额不超过 98707 谢克尔）并有至少 2 名雇员；自愿登记；不论营业额大小或者雇佣人数多少的自由职业者；包括房地产商或机动车辆经营商在内的其他纳税人。核定纳税人以核定金额纳税。

（2）小规模纳税人。营业额低于规定的限额、雇员不到 2 人、未登记为"核定纳税人"的纳税人。未注册纳税人按照正常税率征税，可以抵扣进项税额，但是进项税额超过销项税额的部分不能退税，只能结转下期抵扣。小规模纳税人征税率与普通纳税人一致。

（3）免增值税纳税人。应纳税所得额低于规定的限额、对交易不必承担增值税纳税义务的商人。免增值税纳税人是指一个营业额不超过 98707 谢克尔的交易商，其不用承担增值税纳税义务，但免税的增值税纳税人必须登记增值税。

2. 计税方式

均采用一般计税方式，经核准的企业计算税额时，一般可以将购买商品或劳务时已支付的进项增值税进行抵扣。

3. 增值税税率

（1）标准税率。增值税标准税率为 17%。在以色列境内提供商品和劳务以及从境外进口的商品和劳务按 17% 的税率征收增值税。金融机构按 17% 的税率缴纳工资和利润税来替代增值税。

（2）零税率。零税率交易包括以下几种：①在一定的条件下，以外汇支付货款的货物出口；②向境外居民提供劳务并以外汇支付劳务报酬的，实际劳务发生地在以色列的除外；③向外国居民提供旅游服务并以外汇支付的；④船舶或者飞机跨境服务；⑤主要经营地在以色列的经销商在国外提供劳务；⑥销售境外旅游权；⑦通过航空或者海运运输货物进出以色列；⑧向外国居民出售无形资产；⑨在一定条件下，销售或出口未经加工的水果和蔬菜；⑩企业间通过出售资产，包括生产设备，换取对方企业股权；⑪已获授权的外国居民使用的展览空间。

4. 增值税免税

（1）出口交易一般免税。出口货物及向外提供劳务，无需缴纳增值税。

（2）下列交易免征增值税：租赁期少于 25 年，用于居住的房屋的租赁；金融机构提供的存贷款；销售购置或者进口的不可抵扣进项税额的财产；根据《鼓励资本投资法》规定作为租赁且租期不少于五年的建筑物转为销售目的的房屋；按照《承租人保护法》规定，租赁房地产，或者销售该房地产；此外，对营业额低于规定限额的经销商进行的交易也免征增值税。

（3）进口下列商品免税：进出口钻石，以及专门从事此类交易的经销商进行的钻石交易；由以色列新移民进口的商品，可就此种商品免除关税；从以色列出口的商品复进口，且在国外未经修理、翻新和改进，不包含在供应商责任范围内的修理、翻新和改进；进口的包装免除关税；由博物馆或教育机构进口的原始艺术作品，免除关税。

5. 销项税额

包括销售货物、进口货物及部分加工性劳务，如修理、修配劳务。非营利性组织也按工资总额 7.5% 缴纳工资税，而这些税种的名称也叫增值税。此外，2016 年 3 月 12 日，以色列财政部公布关于增值税法令的修正案草案，草案中指出外国居民通过互联网提供的发生在以色列境内的商品销售和劳务，具有申报和缴纳增值税的义务。比如：（1）电子服务：提供软件下载和娱乐服务，例如电子书籍、音乐、投资、游戏、远程学习等；（2）通信服务：电话、传真、互联网接入及类似服务。

发生在以色列境内的应税交易包括：销售商品（包括不动产）；财产销售转让或者经销商在销售过程中提供服务；按照财产卖给现销售者的最早售价抵扣进项税额的财产销售；属于商业性质的偶然的货物销售或者提供服务；出售给非不动产经销商的不动产销售。

交易发生在以色列境内的判定：货物销售，如果货物交付地位于以色列境内，或者从以色列出口，认定为在以色列销售；无形资产销售，如果销售方为以色列居民即认定交易发生在以色列境内；提供劳务，劳务如果是由以色列境内企业提供的，或者是提供给以色列居民的，或者劳务提供与位于以色列境内的财产有关，则认定为交易发生在以色列境内。

6. 进项税额抵扣

经核准的企业计算税额时，一般可以将购买商品或劳务时已支付的进项增值税进行抵扣。

进项税额在以下一些情况下不能抵扣：①与免税销售有关的成本；②在开具发票或者进口单证后 6 个月内未申报的；③购置机动车辆，除了在特定的情况下购置机动车辆以外；④娱乐费用，与境外游客有关的除外；⑤购置居住公寓；⑥向雇员提供的货物或者服务，已被售出并且该货物或服务作为应税交易已申报的除外；⑦经营旧货企业开展的以旧换新计划。

7. 征收方式

计算应纳税额时，可以用公司的国内支出和进口货物时已付增值税额抵免营业收入的应缴增值税额。抵免期限为 6 个月，用于个人福利性质的支出其增值税不予抵扣。

8. 征管要求

以色列增值税制度大体上效仿英国增值税法。一般要求在以色列从事经营活动的企业（包括非居民），以核准的实体身份进行注册、发售增值税发票、缴纳增值税税款，并且按月向增值税征收机关进行申报，当月增值税在次月 15 日之前申报，申报结果是需要缴纳增值税需在申报当月内缴纳，迟交承担一定的罚款；申报结果是需要退税的，一般情况在次月税务局会直接拨付退税款到公司账户。

（三）个人所得税

1. 征收原则

以色列对其居民在全球范围内的所得征税，对非居民就其在以色列境内所得征税，既包括现金所得，也包括实物所得。

满足以下任一规定的被判定为居民：①如果在纳税年度内，个人在以色列境内的天数达到或者超过 183 天，那么该个人就视为以色列居民。②如果在所属纳税年度内，个人在以色列境内的天数达到至少 30 天，而且在所属以及之前 2 个纳税年度内，在以色列境内的天数达到或者超过 425 天，那么该个人也视为以色列居民。

以色列居民纳税人以"生活中心"为标准进行判断。在判定一个人的"生活中心"时应考虑：①该个人的经常性住所所在地；②该个人的家庭、经济和社会关系；③该个人固定或者通常的工作单位所在地；④该个人有效的、实际的经济权益所在地；⑤长期保持会员关系的社会组织。

非居民纳税人是指在任一个纳税年度在以色列境内逗留时间少于 6 个月的自然人。以色列一般不对其汇到以色列的境外所得征税。除此之外的汇入以色列的境外所得（但非资本）要征税。

2. 申报主体

一对夫妇可以指定他们中的任何一方为基本的（或者登记的）受纳税评估对象，如果夫妻双方的经济各自独立，所得来源互不相关，另一方可申请对各自的雇佣所得或者自营所得进行分别核算。在扣缴工薪税以及按年征税时，理论上，夫妻双方应当分别核算征税，而实际上税务机关通常自动分别核算征税。

在某些情况下，消极所得和资本利得可按照夫妻婚前所有权关系或者财产继承关系分配。

3. 应纳税所得额

以色列对其居民在全球范围内的所得征税，对非居民就其在以色列境内所得征税，既包括现金所得，也包括实物所得。此外，带有资本性质的收益，如因转让销售符合《所得税法令》(ITO) 第 88 条资产定义的资产而获得的收益，不能作为所得。该收益应依照 ITO 第 E 章的规定作为资本利得征税。

ITO 将个人分成雇佣劳动者与独立从业人员两类。对前者的所得作为雇佣所得（包括在雇佣劳务过程中获得的工资薪金和其他福利）征税，而对后者的所得则作为企业经营、专业或者职业所得征税（此项也适用于对非个人征收其营业所得税）。

应纳税雇佣所得包括：雇佣报酬和收益、雇主给予雇员的任何福利或者津贴（车辆补助及维修补助、差旅费补助、通信费补助、伙食费补助、员工住房等）、为雇员支付的包括用车或者电话、出国旅行或者取得职业证书或者购置服装（但不包括前面提到的允许雇员作为费用使用的费用支出）在内的雇员的支出费用以及由此产生的使用价值，无论是以货币形式还是以等价实物形式直接或者间接地支付给雇员，或者为了雇员的利益支付给其他人的上述项目。

在以色列除了雇佣所得以外，其他应纳税所得包括以下几类：①营业所得或者交易所得；②股息、利息、指数化差异、汇兑差异与有关债券和票据的贴现；③养老金或者年金；④租金收入和有关房地产的收益；⑤从其他财产获得的租金收入；⑥农业收益或者利润；⑦销售专利、原型或者著作权的收益；⑧特许权使用费和许可费；⑨某些赠与以及放弃的债权；⑩以低于市场价格行使取得资产或者劳务的权利获得的收益；⑪除了供需平衡外，无息贷款或者利息低于通货膨胀率时，估算的贷款利息；⑫个人赎回可赎回的股份超过购买金额获得的收益；⑬没有特别排除或者免税的其他所得；⑭赌博、彩票和获奖所得；⑮被认为在反滥用立法下实现的收入。

4. 扣除及减免

纳税人可以获得的税收减免如下：

（1）退职金。雇员离职在某些情况下可以拿到退职金，一般每工作一年给予 1 个月的薪水。一个雇员不论因何种原因离职而收到其雇主或者由一个其雇主所缴纳的经批准的基金付给的退职金，根据某些规定，在以色列可以享受一定限度的免税额。

在为其雇主工作的年限内（不满一年的按比例计算），退职金以受雇期间以最低月工资或者 12200 谢克尔为限额予以免税。因死亡取得的退职金，免税额度翻倍。对由 5 人（或者少于 5 人）或者亲属控股的公司中持股 10% 或以上的股东，对他们还适用与退职金有关的附加限制规定。

（2）国家保险。与除雇佣所得之外的所得有关的国家保险费用在计税时，可以按照所属纳税年度所缴费用的 64% 扣减费用。

（3）准备基金与养老基金。除国家保险计划以外，以色列还有一个经批准的可以提供不同类型储蓄与养老金计划的私人准备基金综合体系。如果能够满足一定条件，雇主向经批准的储蓄或者养老金计划缴纳的费用，一般可以不计入雇员的应纳税所得额。

（4）养老金所得。一些类型的养老金所得和其他津贴不属于应纳税所得如：①雇员收到的因雇主向经批准的储蓄基金缴费而获取的收入，以及因个人向此类储蓄基金缴费而获得的储蓄基金的投资所得和收益；②由国家保险机构支付的养老金和抚恤津贴；③由外国机构提供的并在该国属于免税收入的社会保障金，除非提供该社会保障金的国家对该笔保障金免税是由于该国所缔结的协定条款规定只有受益人的居住国才有权对该笔收入征税的缘故；④由以色列或者由外国支付的病残津贴。

（5）支付给外国居民的赡养费。以色列居民根据外国司法判决支付赡养费给外国居民，可以按照财政部的规定从其应纳税所得中扣除一部分的此类赡养费用。

（6）外国专家。非居民在以色列境外受到以色列居民的邀请来到以色列工作，可以称为"外国专家"，他在以色列工作的第一年，在计税时可以从其在以色列提供劳务获得的酬劳中扣减住宿费（收据所注金额）和日常生活津贴。可扣减的生活津贴一般按照每日 320 谢克尔的标准。非居民必须持有有效的工作许可证和就业服务中心鉴于以色列对其个人能力的需要而出具的"外国专家"身份确认书，才能在计税时扣减费用。原则上，还应当通知税务机关。

5. 税率

（1）居民。以色列居民适用累进税率，个人劳动收入适用的税率如表6-2-2：

表6-2-2　个人所得税税率表

单位：谢克尔

年度应税所得	税率
不足 238800	31%
238801~496920	35%
超过 496921	47%

数据来源：中国居民赴以色列投资税收指南——国家税务总局国际税务司国别投资税收指南课题组。

较低的累进所得税税率适用于在纳税年度年龄达到 60 岁，并且通过雇佣取得收入的人，具体税率如表 6-2-3：

表6-2-3　所得税税率表

单位：谢克尔

年度应税所得	税率
不足 74640	10%
74641~107040	14%
107041~171840	20%
171841~238000	31%
238801~496920	35%
超过 496921	47%

数据来源：中国居民赴以色列投资税收指南——国家税务总局国际税务司国别投资税收指南课题组。

对个人收入超过 64 万谢克尔的个人，征收 3% 的个人收入附加税。

（2）资本市场的消极所得。个人从资本市场（储蓄计划、短期存款等）获得的利息所得，按照 15% 的税率对其获得的"真实"利润征税。"真实"利润是总收益减去因通货膨胀调整数剩下的净收益。对名义利润，如折价发行债券，适用 10% 的税率征税。

此外，上述所得还可享受特别扣除，即"无能力"的家庭每年可获得 5000 谢克尔的特殊扣除额，单个年金领取者可获得 4000 谢克尔的特殊扣除额，一对领取年金的夫妇可获得 6000 谢克尔的特殊扣除额。

（3）储蓄基金报酬。对储蓄基金产生的利息和股息，按"真实"收益的 15% 征税。但只能对非退休金性质的储蓄基金报酬征收，并且只能在提取时征税。

（4）境外租金所得。在以色列境外租金所得，即使没有汇回以色列也应征税。如果纳税人没有申请对租金所得进行费用扣除或者未向以色列申请外国税收抵免，可按 15% 的特惠税率对其租金所得征税。但是，纳税人可申请对上述租金所得扣除折旧费用。

（5）附加税。对不是通过营业或者雇佣获得的消极所得与实际资本利得以及土地增值，一般按最低 30% 的税率征税。

（6）非居民收入。非居民如同以色列居民一样，也是累进征税。然而，非居民纳税人还适用特殊的法律条款，这些特殊的法律条款可以减轻他们的纳税义务，允许他们扣除一些个人费用等。

6. 征管与合规性要求

年满 18 岁或以上的居民个人必须填报年度个人纳税申报表（《所得税法令》第 131 条）。但是如果夫妻各方的雇佣所得以及其他所得未超过一定的限额（自 2016 年起为 643000 谢克尔），并按照规定的税率实行源泉扣缴的，通常不必填报纳税申报表。

需要递交纳税申报表的纳税个人，通常必须在纳税年度结束后次年的 4 月 30 日之前递交；如果要求网上递交或者是在复式记账的基础上递交，则必须在 5 月 31 日之前递交。税务机关一旦审核通过纳税申报表，纳税人应当把当年纳税年度的未缴税款余额缴清。需要注意的是，未缴税款余额应该自纳税年度结束后的 1 月 1 日起计算利息和变动指数差额（就是对居民消费价格指数波动的一个调整）。

雇主应该在发工资时根据税务机关发布的申报表扣缴税款。关于在国外工作的以色列人员，外国雇主也有义务每个月开设并填报个人所得税代扣代缴申报表，也可以指定当地的代理机构（或者雇员）来帮助完成工资的处理和申报工作。雇主原则上应当开立一个申报代扣工薪税的档案并且就其支付的雇佣报酬为在以色列工作的雇员代扣所得税。还必须按月及时申报和缴纳上述代扣税款（每月 15 日对其从上月 14 日至本月 13 日发放的工资薪金缴纳代扣税款）。

如果雇主代扣雇员个税，但是没有在规定期限内上交到税务局，那么雇主要承担利息和调整差额，计算期间是从应交税当月的 14 日直至最终上交日；如果迟交超过 7 天，税局将会罚款，直至上交税款或者税务年度结束（以较早的日期为准）。

（四）关税

1. 关税体系和构成

以色列对进口货物实施海关检查，根据原产地及海关税则号码不同征收有关税费。进口关税由财政部关税与增值税司负责制定，具体通关业务由各入境口岸的海关负责。近年来以色列逐步对进口管理减少非关税壁垒。但仍然禁止从一些与以色列没有贸易关系的国家进口货物，主要是一些阿拉伯国家、伊斯兰国家以及既非 WTO 成员又未与以色列签订贸易协定的国家。有些产品的进口需事先向工贸部等部门申请许可证，主要包括农产品、食品、医疗产品等。部分进口货物必须符合以色列安全、环保、标志等方面的标准。

以色列政府根据本国对外的发展及其所需货源的情况，每年 9 月 1 日对国内进口关税进行调整，降低其国内短缺产品及原材料关税税率。

以色列是世界海关组织成员国，货物分类采用国际通用的《商品名称及编码协调制度》。以色列也是 WTO 成员方，按照 WTO 有关规定，进口完税价格主要根据进口商支付价格决定。税额一般按完税价格百分比计算，少数货物采用固定税额或上述两种方式结合的办法。

进口关税分以下几类：

欧盟及欧洲自由贸易协定国家：1975 年以与欧盟国家（EU）及欧洲自由贸易协定国家（EFTA）签订了自由贸易协议。以色列除对从欧盟及欧洲自由贸易国家进口个别产品——农产品等征收关税外，对其他进口的大部分产品免征关税。

其他自由贸易协议国家关税：1985 年以与美国签订了贸易协议，此协议的一些规定则不同于与欧洲国家的规定，特别是对以色列纺织品出口到美国，不但免征所有的关税且不需配额。以色列从 1997 年开始，对自由贸易协定国加拿大进口的农业、工业产品实行免税，1999 年在纺织品木材方面实行减免税。自 1997 年 8 月 1 日起，对自由贸易协议国土耳其的纺织品、鞋类、铝制品等实行减免税。1998 年，以与波兰、匈牙利签订了自由贸易协定。1999 年,又与墨西哥签订了自由贸易协定。

一般贸易国家关税:1991 年前,以色列所制定的关税除对国内市场短缺产品免税外,对从一般贸易国家进口的非奇缺产品的关税居高不下。1991 年后,以政府为快速发展其国民经济,对进口关税采取每年调整一次的新举措。对确属本国所需产品实行大部分减免税,但仍对部分进口产品征收高进口税。

从中国进口到以色列的大多数货物应缴纳关税,关税税率依据具体货物类别由以色列海关核定。

2. 税率

一般贸易国家关税:1991 年后,以政府为快速发展其国民经济,对进口关税采取每年调整一次的新举措。对确属本国所需产品实行大部分减免税,但仍对部分进口产品征收高进口税。关税税率多在 6%~12%,大部分为 8%。

3. 关税免税

如果从与以色列有贸易协定的国家或地区(欧盟、墨西哥、美国、加拿大、土耳其等)进口设备,且供应商能提供 EURO 1 证书,则可以免除进口关税。

4. 设备出售、报废或再出口的规定

进口的机械设备需要满足当地对设备性能参数的相关要求,发动机排放标必须为 Tier4F 以上,并提前得到以色列交通部等部门的批准,才能办理永久进口,否则只能办理临时进口甚至无法进口。

机械设备永久进口与临时进口所适用的关税及进口增值税税率相同,只是缴纳比例及方式不同。永久进口时,按照机械设备 CIF 价格计算相对应的关税及增值税,在清关时一次性全部缴纳给海关,缴纳的关税(进口增值税可以在 2 个月之后申请抵扣或返还)及相关费用在机械设备再出口时不能退还;临时进口时,按照机械设备 CIF 价格计算相对应的关税及增值税,根据临时进口期限,并且按照海关核定的相应的缴纳比例(具体见表 6-2-4)计算应交的税金,剩余部分的关税及增值税,海关要求同等金额的银行保函作为保证,许可到期后机械设备再出口时,海关将会退还保函。需要注意的是,临时进口最多期限为 4 年,4 年之后必须将设备运出以色列,所以临时进口最终缴纳的关税最多只有关税总额的 80%。

表6-2-4 关税及增值税缴纳比例表

序号	许可年限	关税及增值税缴纳比例
1	1 年	20%
2	2 年	40%
3	3 年	60%
4	4 年	80%

数据来源：中国居民赴以色列投资税收指南——国家税务总局国际税务司国别投资税收指南课题组。

（五）企业需缴纳的其他税种

1. 土地税（Land Tax）

按照以色列《土地税法》（Land Tax Law），不动产转让出让方按照购买日至销售日的增值额征税，适用税率从 0%~10%。

不动产的购买者需要缴纳 6% 的税款。如果购买的是公寓住宅，则适用 0%~10% 的累进税率。

2. 消费税（Consumer Tax）

以色列 1994 年的《消费税法案》（the Law on Consumer Tax）规定，财政部可以对特定的商品征收消费税。征税对象主要包括进口汽车、香烟、酒和奢侈品。

3. 印花税（Stamp Duty）

根据 1961 年《印花税法》（Stamp Tax Law），绝大部分合同、文件、票据等文件均需缴纳印花税，否则其法律效力不能得到承认。印花税率根据文件类型不同而在 0.4%~3% 浮动。1999 年以色列印花税总收入达 8.5 亿谢克尔。

4. 燃料税（Excise on Fuel）

不同燃料税率不同（3%~54%），并按季度根据消费者价格指数增长水平调整。

5. 购买税（Purchase Tax）

大部分消费品和部分原材料需缴纳购买税（Purchase Tax），税率为 5%~95%。但香烟税率计算方法不同，除 52.5% 的税率外，每 1000 支另加 45.78 谢克尔。

（六）社会保障金

1. 征税原则

以色列雇主有义务根据每个雇员的月工资收入按照一定比例为雇员缴纳社会保障金。雇主从雇员的工资中扣除应雇员资金承担的部分社会保障金，并于雇主承担的部分社会保障金一并汇缴。

如果雇员是以色列的居民纳税人，其月工资在 5804 谢克尔以下的，雇主按照 3.5% 的比例为其承担社会保障税；如果月工资超过 5804 而小于 43240 谢克尔的，对其超过部分按照 12% 缴纳。

对于以色列的非居民纳税人雇员，雇主为其承担社会保障税的比例要远远低于居民纳税人雇员。月工资不超过 5804 谢克尔的，按照 0.04% 的比例，月工资超过 5804 而不超过 43240 谢克尔的，超出部分按照 0.87% 缴纳社会保障税。非居民纳税人缴纳的这些社会保障金，并不包含养老保险，通常只包含意外工伤险。

个体工商户其月收入在 5804 谢克尔以下的，按照 5.97% 缴纳社会保障税，月收入超过 5804 而小于 43240 谢克尔的，按照 17.83% 缴纳。

2. 外国人缴纳社保规定

根据当地劳动法律师的意见，外方员工也应缴纳社会保障金（个人承担 6.5%，单位承担 6%）及离职金（仅由单位承担 6%），其中离职金具体有两种计算方法，一是外方员工按照 9400 谢克尔 / 月的基数计算缴纳，二是外方员工按照固定的 710 谢克尔 / 月的最低法定额缴纳（退场离境前可以在机场领取缴纳额的 75% 左右）。

第三节　外汇政策

一、基本情况

外汇管理部门：以色列中央银行是以色列的外汇管理部门，负责执行汇率政策、管理外汇储备。主要法规：《禁止恐怖融资法》（2004 年）、《以色列银行法》（2010 年）。

主权货币及汇率形成机制：法定货币为以色列新谢克尔，实行单一浮动汇率制。新谢克尔兑美元的汇率水平由采样周期内的银行间外汇市场平均汇率决定。以色列中央银行规定：商业银行能够自由设定与客户的交易汇率，即期外汇市场不受管制，以色列中央银行负责监控外汇市场的日交易量、波动、交易差价等，以确保其有序运转。

以色列外汇政策比较宽松，境内外汇与当地币可自由兑换，没有限制，可以在以色列境内自由接收外汇；从以色列向境外支付外汇时，要向银行说明款项用途，并且要提前从税务局取得免征预提所得税证明，否则银行将会根据代扣税率扣除预提所得税。

二、居民及非居民企业经常项目外汇管理规定

以色列居民及非居民向境外汇款需要提供相应证明，重点说明用途。以色列银行重点审核外汇使用的真实性和合规性。

三、居民及非居民企业资本项目外汇管理规定

资本项目外汇收入的使用应在经营范围内遵循真实、自用原则。购汇及结汇，银行一般均有限额，国民银行结汇额每日不能超过 50 万美元等值。

四、个人外汇管理规定

个人外汇管理无特定要求。

第四节　会计政策

一、会计管理制度

（一）财务监管机构情况

以色列税务总局为税务管理的负责部门，财政部负责对会计政策进行

确定。

（二）事务所审计

根据以色列法律，上市公司需进行审计，非上市公司无强制审计要求。

（三）对外报送内容及要求

上市公司需要对外公开经过审计的财务报告；非上市公司需要向税务部门公开财务报告及相关税务申报情况。

会计年度截止于每年 12 月 31 日，公司应自行计算完税收入和税额，并于税务年度结束后 5 个月内提交年度税务报告。税务报告中必须附上经审计的公司年度财务报表，并由公司的独立审计师认证。自提交税务报告当年年底起 3 年内，税务部门对其报告进行审查。

唯一收入来源是工资并且已由雇主代扣税的个人一般无须提交税务报告，除非其收入超过 12.5 万美元，这涵盖了大部分雇员。其他人（包括自我雇佣的人）必须在税务年度结束后的 4 月 30 日之前提交税务报告。

二、财务会计准则基本情况

（一）适用的当地准则名称与财务报告编制基础

以色列公认会计准则和国际财务报告准则是以色列可接受的会计准则。一般来说，为了税收目的，只接受以色列公认会计准则。

以色列会计准则在针对制造类企业的规定上与国际会计准则基本一致；在金融类企业的规定上，与美国会计准则（US GAAP）基本一致。

（二）会计准则适用范围

以色列会计准则要求以色列境内所有企业适用。

三、会计制度基本规范

（一）会计年度

会计年度为 1 月 1 日—12 月 31 日。

（二）记账本位币

记账本位币应为新谢克尔，外币应折算为新谢克尔。

（三）记账基础和计量属性

会计核算以权责发生制为记账基础，以历史成本作为计量属性。

四、主要会计要素核算要求及重点关注的会计核算

（一）现金及现金等价物

货币资产的账面价值接近其公允价值。流动性高的投资，包括无限制的短期银行存款（自存款之日起 3 个月内）被视为现金等价物。

（二）应收款项

应收账款在确认收入时确认，最初以公允价值计量。坏账准备是根据公司的经验确定的。

（三）存货

存货按成本和可变现净值的较低部分列报。存货成本是根据先进先出的原则来确定的。可变现净值是指存货的估计销售价格减去所有估计的完成成本和进行销售所需的费用。

（四）固定资产

固定资产按成本列报，扣除累计折旧。固定资产折旧按估计使用年限内的直线法计算，按 6%~33% 的年折旧率计算，具体取决于资产的类型、机动车辆的 15% 等。此为税法规定，会计准则对于折旧年限并未明确规定。

（五）长期股权投资

合并财务报表应包括由母公司控制的所有企业，但不包括由于第 13 段所述原因而排除在外的附属公司。如母公司直接或通过附属公司间接控制一个企业过半数的表决数，即可认为存在控制权，除非在特殊情况下，能清楚地表明这种所有权并不构成控制。如符合以下条件，即使当母公司拥有另一企业半数或半数以下的表决权，也存在着控制权。①根据与其他投资者的协议，拥有半数以上的表决权；②根据法规或协议，拥有统驭企业财务和经营政策的能力；③有权任免董事会或类似管理机构的大部分成员；④在董事会或类似管理机构的会议上，有权投多数票。

附属公司在下列情况下不列入合并的范围：①由于收购和持有附属公司是专门为了在近期内出售，因此控制是暂时的；②附属公司长期在严格限制条件下经营，严重削弱了它向母公司转移资金的能力。

（六）无形资产

购置的无形资产在初始确认时按成本计算，包括直接归属成本。使用

寿命有限的无形资产在其使用寿命内摊销，并在有迹象表明资产可能受损时对其进行减值审查。至少在每个会计年度结束时对无形资产的摊销期和摊销方法进行审查。

（七）职工薪酬

对于职工在提供相关服务期间的工资和薪金、年假和病假所产生的福利，应按预期支付的福利的未贴现数额计算，以换取该服务。在短期职工福利方面确认的负债，按预期支付的福利的未贴现金额计算，以换取相关服务。与其他长期职工福利有关的负债（退休福利等离职后福利）。公司提供的福利计划，分为确定缴款计划或界定福利计划：在雇佣期间，协会定期向另一个实体（基金）支付款项，不承担向基金或直接支付额外付款的任何法律或隐含义务。在雇佣终止后，向职工缴存遣散费或福利的固定存款计划，在计划存款时，与职工的服务同时被确认为一项开支。

（八）收入

当收入能够可靠地计量时，收入被确认为损益，与该交易有关的经济利益很可能会流向公司，与交易有关的所发生或将要发生的费用可以可靠地计量。收入按考虑的公允价值计算，减去任何贸易折扣、数量回扣和回报。当满足下列所有条件时，建造合同的收入按完工率确认，收入已知或能够可靠估计，可能收取，与工程有关的费用可以确定，或可以合理确定，不存在很大的不确定性。完成合同的能力和满足合同条件的能力以及完成的百分比可以可靠地估计。

（九）政府补助

除非有合理的保证，公司会遵守附带条件，并会收到有关的拨款，否则政府补助金将不予以拨付。政府补助金在公司确认为支出的期间内，会相应确认收入，该收入等于用于补偿的相关费用。作为补偿公司资产成本的政府赠款按比例在相关资产的使用寿命期间计入收入。

（十）借款及借款费用

借款在初始确认时，是以公允价值计量的。有固定或可确定付款和固定到期日的借款，在初次确认后，在货币负债的账面价值接近其公允价值时，按其摊销成本计算。

直接可归因于购置、建造或生产符合条件的资产的借款费用（这些资产需要相当长的一段时间才能为其预定用途或出售做好准备）资本化，直到资产达到可使用状态为止。特定借款临时投资所得的投资收入，在符合资格的资产支出之前，从符合资本化条件的借款成本中扣除。所有其他借款费用均在发生期间的损益中确认。

（十一）外币业务

外币业务指记账本位币新谢克尔以外的其他货币进行款项收付、往来结算和计价的经济业务。年度财务报告币种必须折算为记账本位币。以色列允许开具外币发票，仅指税前金额，增值税部分必须折合新谢克尔列示。

外币交易时，应在初始确认时采用交易发生日的即期汇率折算为记账本位币金额，当汇率变化不大时，也可以采用当期平均汇率或者期初汇率核算。

资产负债表日，外币货币性项目采用资产负债表日的即期汇率折算为外币所产生的折算差额，除了为购建或生产符合资本化条件的资产而借入的外币借款产生的汇兑差额按资本化的原则处理外，其他类折算差额直接计入当期损益。以公允价值计量的外币非货币性项目采用公允价值确定日的即期汇率折算为人民币所产生的折算差额作为公允价值变动直接计入当期损益。

资产负债表日，以历史成本计量的外币非货币性项目，除涉及计提资产减值外，仍采用交易发生日的即期汇率折算，不改变其记账本位币金额。流动性较强的科目、有合同约定的科目应采用外币核算，包括：①买入或者卖出以外币计价的商品或者劳务；②借入或者借出外币资金；③其他以外币计价或者结算的交易。

（十二）所得税

所得税根据以色列公认会计准则确认的收入扣除的成本费用后，确认应纳税额计算所得税，2018年企业所得税税率为23%。

本期税款费用应在纳税影响的会计方法的基础上，使用递延法或负债法来确定。所用的方法应予以揭示。在递延法下，当期的时间性差异的纳税影响，应予以递延并分配给时间性差额转回的未来各个期间。由于资产负债表上递延税款的余额，并不被认为代表收款的权利或付款的义务，所以它们并不需要调整以反映税率的变更或新税的征收。在负债法下，本期时间性差异的预计纳税影响，或者作为将来应付税款的负债来确定和报告，或者作为代表预付未来税款的资产来确定和报告。递延税款的余额应随着税率的变动或课征新税而加以调整。该余额也可能随着税率在未来的变动而进行调整。

本章资料来源：

◎ https : //www.ifrs.org/use–around–the–world/use–of–ifrs–standards–by–jurisdiction/israel/

第七章 印度共和国税收外汇会计政策

第一节　投资环境基本情况

一、国家简介

印度共和国成立于 1950 年 1 月 26 日，国土面积 298 万平方公里，居世界第七位。印度东北部同中国、尼泊尔、不丹接壤，东部与缅甸为邻，东南部与斯里兰卡隔海相望，西北部与巴基斯坦交界。东临孟加拉湾，西濒阿拉伯海，海岸线长约 8000 公里。印度首都为新德里，主要大城市有德里、孟买、班加罗尔、加尔各答、海德拉巴和金奈等。据联合国 2016 年 7 月发布数据显示，截至 2016 年 6 月底，印度全国有人口 13.26 亿，居世界第二位。

印度法定货币是印度卢比，国际上通用简写"Rs"或"INR"；官方语言为英语。

最高法院是最高司法权力机关，有权解释宪法、审理中央政府与各邦之间的争议问题。各邦设有高等法院，县设有县法院。最高法院法官由总统委任。

二、经济情况

目前，印度已成为全球软件、金融等服务行业的重要出口国家。

在 2016—2017 财年，印度实现 GDP126.65 万亿卢比，经济增速为 7.1%，同比滑落 0.5 个百分点。

据《金融时报》旗下的外国直接投资情报部（FDI Intelligence）发表的 2017 年外国直接投资报告称：在 2016 年，印度连续第二年位居最受外国投资者青睐的国家排名榜首，吸引外国投资额共计 623 亿美元。[①]

[①]　数据来源：国家税务总局国际税务司编制的《中国居民赴印度投资税收指南》。

三、外国投资相关法律

印度的外国投资大体可分为以下几类：

外国直接投资：如果外国实体在印度投资，可以通过以下两种方式中的任何一种进行投资，所选方式将影响其可投资金额以及投资时限。这两种方式为：

政府审批方式：针对需要获得印度外商投资促进委员会事先批准的商业领域的投资。

无需政府审批方式：针对无需政府机构事先批准的商业领域的投资。

外国证券投资：除了对印度进行直接投资外，非居民也可进行证券投资。外国机构投资者可根据证券投资计划在印度的一级资本市场和二级资本市场进行投资。

非印度居民投资：除了以外国直接投资的形式投资，非印度居民可在不可汇回的基础上投资印度公司股份或可转换债券。这些投资无需获得外商投资促进委员会的批准。虽然资本不可汇回，但是该类投资的股息及利息收入可作为往来账交易汇出。

投资领域：包括基础设施、汽车行业、健康科学、银行业和资本市场等。

关于签证问题：中国企业在印度注册成立公司，尤其是办事处和代表处时，面临严格审核，往往需耗时数月，且极难获得批准；印度政府签发的工作签证、商务签证与申请企业是否在印度投资无直接关系，工作签证手续繁琐、成功率很低，商务签证一次停留期一般不超过3个月，还需要30天出境一次。

四、其他

印度与97个国家签订了避免双重征税协定（DTAA），运用两种方法减免税（包括：豁免方法和税收抵免方法）。

根据印度与中国签订的DTAA，预提税不得超过利润总额的10%。不同国家DTAA的预提税率不同。对于一些国家来说，它不到10%，对于一些国家来说，它超过10%。

软件和金融服务属于特许权使用费和技术服务费，费用按照 DTAA 的优惠税率征税。

在 SEZ（经济特区），STP（软件技术园区）等印度某些通知地区设立的公司可获得特别税收优惠。

近年来，中印经贸合作快速发展，贸易额不断刷新纪录。据中国海关统计，双边贸易从 2000 年的 29 亿美元增长至 2016 年的 712 亿美元，16 年间增长了 24 倍，年均增幅达 15%。

据中国商务部统计，2016 年当年中国对印度直接投资流量 9293 万美元。截至 2016 年末，中国对印度直接投资存量 31.08 亿美元。

目前，中国是印度第一大贸易伙伴，印度是中国在南亚最大的贸易伙伴。

第二节　税收政策

一、税法体系

印度税制是以《印度宪法》的规定为基础建立起来的，根据《印度宪法》第 265 条规定："没有议会的授权，行政上不能课税"。印度税收立法权和征收权主要集中在联邦中央政府和各邦之间，地方市一级政府负责少量的税种征收。中央和各邦的课税权有明确的划分，中央政府征收的税种（central taxes）包括直接税收和间接税收两大类，直接税主要由公司所得税、个人所得税和财富税等组成，间接税主要包括货物与劳务税（2017 年 7 月 1 日开征）、关税等。邦政府也主要征收新开征的货物与劳务税、印花税、邦消费税、娱乐博彩税、土地收入税等。地方城市政府征收的税种主要包括财产税、入市税，以及供水、排水等公用设施的使用税等。

印度联邦、邦及地方政府虽然有各自管理的税种，但税收收入主要集中在联邦，中央税收收入占全部税收收入的 65% 左右，邦及地方政府收入占 35% 左右。各邦的税收来源包括两部分：一部分为各邦自主税收收入，另一部分为由中央统一分配的课征税目并有支配权的税收收入，两者各占

60%和40%。总体来看，印度税收收入从2003年以来呈递增趋势，占GDP比重也逐年递增。

二、税收征管

（一）征管情况介绍

印度税务局（Indian Revenue Service，缩写为IRS），是印度政府管理税务的中央公共服务行政机构。该服务机构在联邦政府财政部税务部门的管理下履行职能，主要负责联邦政府应计收的各项直接税和间接税征管事宜。

印度税务局由以下两个分支机构构成：印度税务局（所得税）由印度中央直接税务局管理。印度税务局（关税及中央消费税）由印度消费税和海关中央委员会管理。

（二）税务查账追溯期

根据印度税法规定，税务查账追溯期为每年的4月1日到下一年的3月31日，最多可以往前追溯六个税收年度。

（三）税务争议解决机制

解决国内争端按照以下流程执行：首先评估争议事件，其次提交企业所得税上诉或争端解决小组，然后将案件提交法院。

国际争议解决可以通用双边或多边税收协定，具体可参看中国与印度签订的双边税收协定。

三、主要税种介绍

（一）企业所得税

1. 征税原则

从税收角度来讲，居民企业是指在印度注册成立的公司。居民企业也包括部分在印度境外注册成立的外国公司（基于特定外国企业在印度宣告和支付股息）。在这种情况下，其企业所得税税率是参照境内公司制定的。因此，如果外国公司在印度境内有宣告和支付股息的安排，则有可能需要按照境内公司适用的税率缴纳企业所得税。

居民企业应就其全球收入在印度缴纳企业所得税（除非有特定豁免）。非居民企业仅就来源于印度的所得以及在印度取得的所得在印度缴纳企业所得税。

2. 税率

对于境内企业，应按 30% 的基本税率缴纳企业所得税。此外，对缴纳的企业所得税，根据营业收入的不同，还将加收 7% 或 12% 的附加税。另外，以企业所得税和附加税为税基，还需按 3% 税率加收附加教育税。

对于外国企业，利润按 40% 的税率缴纳企业所得税，并视情况加收 2% 或 5% 的附加税，以及 3% 的附加教育税。对于支付给外国公司的特许权使用费和技术服务费，如果该特许权使用费和技术服务费的协议经中央政府批准或符合行业政策，则按 10% 的税率缴纳企业所得税（并加收 2% 或 5% 的附加税以及 3% 的附加教育税）。对于来源于外币贷款或共同基金的利息，按 20% 的税率缴纳企业所得税。

3. 税收优惠

自 1995 年 4 月 1 日起，从事基础设施的开发、运营及维护业务（包括公路、收费公路、桥梁、铁路系统、高速公路项目、供水工程、水处理系统、灌溉工程、卫生和排水系统、固体垃圾管理系统、港口、机场、内陆水道、内陆港口或海上航道）可免税十年。

2012 年 4 月 1 日之前，在特定地区生产特定商品的制造企业，可享受前五年免税、后五年减税 30% 的优惠待遇；发电、生产有机肥料、有机杀虫剂或其他生物制剂的垃圾处理或加工企业免税五年。

对建设和营运油气管道、冷链设施、医院、贫民窟改造等允许加速扣除。

4. 所得额的确定

应纳税所得额是指企业每一纳税年度的收入总额，减除不征税收入、免税收入、各项扣除及允许弥补的以前年度亏损后的余额。

5. 反避税规则

（1）转让定价。税务专员如果认定存在以下任何一种情况，便可就跨境交易交易做出调整：价格不是基于独立交易原则；未保存规定的文件和信息；确定价格所依据的信息或数据不可靠；没有提供税务专员要求的信息或文件；不符合合规性要求或低报利润将受到严格处罚（高达交易金额的 2%）。

（2）预约定价。预约定价安排方案规定了一项"倒推"机制（受限于一定的条件和程序）。根据"倒推"机制，适用于未来期间的预约定价安排也可适用于纳税人在以前年度达成的跨境交易（但仅限于预约定价安排开始适用的第一年推至以前年度不超过四年的期间）。预约定价最长有效期为连续五年。

（3）关联交易。关联方交易理解为关联方之间的资源或义务转移。由于关联方之间的特殊关系，转让价格可能与非关联方之间达成的价格不同。无关联方之间的价格被称为"公平交易"价格。

关联交易的定价原则：一个关联方针对特定产品收取的金额必须与双方不相关方收取的金额相同。定价方法包括：可比非受控价格法；转售价格法；成本加成法；利润分割方法；交易净保证金法；董事会可能规定的其他方法。

目前印度现行法案中没有关于在印度颁布受控外国公司（CFC）规则的法律规定。此外，在任何印度财政和税收法案中都没有"资本弱化"一词。过去多年来，印度一直在就CFC规则进行辩论，而政府对引入CFC规则的可取性在很大程度上是显而易见的。但是到目前为止，还没有规定任何规则。

6. 征管与合规性要求

公司无论是盈利还是亏损，均需提交企业所得税申报表。公司纳税人提交申报表的截止日期为：

未被要求提供转让定价证书的公司纳税人、受限于审计要求的纳税人、事务所合伙人——9月30日。

要求提供转让定价证书的公司纳税人、受限于审计要求的纳税人、事务所合伙人——11月30日。

根据《所得税法》第208节，如果纳税人年度预计应纳税额可能达到或超过1万印度卢比，则应在前一年度预先缴纳税款（预付税）。预付税按纳税人在评估年度中应纳税所得额计算缴纳。各项所得，包括资本利得、偶然所得等，均需缴纳预付税。预付税的纳税人为在印度获得收入的所有人员，无论其是否具有印度居民身份。

如果纳税人未在截止日期前提交企业所得税申报表，则可在相应纳税年度年末之后的一年内提交延期申报表。纳税人需按滞纳月份（不足1月的，按滞纳天数换算月份比例），按1%的比率计算从应提交申报表截止日期至实际提交申报表之日止这一期间的罚息。另外，税务机关可就逾期提交所得税申报表征收 5000 印度卢比的罚款。

若纳税人未能及时缴纳预付税，则需就每笔分期预付税的拖欠数额，按每月（不足 1 个月的，按滞纳天数换算月份比例）1% 的比率缴纳罚息。如未能在 3 月 31 日之前缴纳全部税款，则从 4 月 1 日至实际缴税日期止，按每月（不足 1 个月的，按滞纳天数换算月份比例）1% 的比率加收罚息。

（二）货物与劳务税

1. 征税原则

货物与劳务税分为四个子税，即中央货物与劳务税、邦货物与劳务税、综合货物与劳务税和中央直辖区货物与劳务税。

其中，中央直辖区货物与劳务税相当于邦货物与劳务税，属于地方政府一级税收。邦货物与劳务税须经过各邦的立法机构批准，目前 31 个邦已批准了邦货物与劳务税。此外，具有立法机构的中央直辖区德里和普杜里和没有立法机构的其余 5 个中央直辖区，将执行中央直辖区货物与劳务税法。另外，按照货物与劳务税补偿税法，中央将向部分邦因税改造成的财政损失进行补偿。

印度货物与劳务税实行"双轨制"，中央和邦政府作为征税人同时征收各自的货物与劳务税。双轨货物与劳务税是指对邦内提供的货物和劳务，由中央政府和邦政府分别征收中央货物与劳务税和邦货物与劳务税，"中央直辖区"征收"中央直辖区货物与劳务税"。对于邦际交易，则由中央征收综合货物与劳务税。

开征双轨货物与劳务税后中央货物与劳务税取代现行的中央消费税、附加消费税、特别附加关税、服务税及其他附加税等；邦货物与劳务税取代现行的邦增值税、邦销售税、购置税、娱乐税、奢侈税、入市税、博彩税及其他附加税等。

2. 计税方式

一般征税：对货物而言，对煤炭、糖、茶和咖啡、药品与药物、食用油、印度甜食等适用 5% 的税率；对水果汁、蔬菜汁、含牛奶的饮料、生物燃料、肥料等适用 12% 的税率；对资本商品、发油、肥皂、牙膏等适用 18% 的税率；对空调和冰箱适用 28% 的税率；对小车适用 28% 的税率，但需缴纳附加补偿税，中排量轿车补偿税已从 15% 调整到 17%；大排量轿车补偿税税率为20%；运动型多用途车（SUV）补偿税税率为22%。对粮食、谷物、牛奶、粗糖和食盐等实行免税。对劳务而言，对货物运输、铁路票（不包括卧铺）、经济舱机票、出租车服务、在印刷媒体上销售广告等适用5%的税率；对工程合同、商务舱航空旅行、电信服务、金融服务、餐厅服务、1000~5000卢比之间的旅馆酒店服务适用12%~18%的税率；对电影票、博彩、赌博、高于5000卢比的旅馆酒店服务适用28%的税率；对教育、保健、住宿、低于1000卢比的旅馆酒店服务免税。

简易征收：对上一年年营业额不超过500万卢比的小企业实行简易征收，征收率因行业而异：制造业2%；餐饮服务业5%；其他行业1%（中央货物与劳务税和邦货物与劳务税的征收率分别减半，为1%、2.5%和0.5%）。该简易征收方式不适用于跨邦交易的商品和服务提供商（饭店服务除外）以及特殊类别的生产制造商。

3. 税率

目前，货物与劳务税的基本税率有4档，即5%，12%，18%和28%，每档税率为中央货物与劳务税和邦货物与劳务税的合计税率，即两者各征50%。此外，还设有0.25%和3%两档适用钻石、未经加工的宝石以及金、银等少量货物的税率。因此，如果不包括对出口实行的零税率，印度GST实际上有6档税率。

4. 货物与劳务税免税

免税货物包括家禽、初级农产品、生活必需品等149种国内交易项目；免税服务包括政府部门提供的公共服务、每日单价低于1000卢比的住宿服务等34种服务项目。

需要说明的是，这里的免税项目，即销项税适用零税率，进项税不允许抵扣的应税项目，在公布的税率表或税率手册中，表示为"税率为零（nil）"的项目，与出口适用的"零税率"不同。

此外，对年度营业额未超过200万卢比（约21万人民币）（特定邦是超过100万卢比（约10.5万人民币））的企业免征货物与劳务税。

5. 抵扣原则

在进项税抵扣方面，新税实行分级征收、分类抵扣。缴纳中央货物与劳务税时可抵扣上一环节的中央货物与劳务税。同样，邦货物与劳务税抵扣规定也是如此。具体的抵扣原则是：

（1）中央货物与劳务税和邦货物与劳务税不允许交叉抵扣。

（2）综合货物与劳务税可以和中央货物与劳务税以及邦货物与劳务税交叉抵扣。

（3）同一种税优先抵扣。具体顺序是：中央货物与劳务税首先用中央货物与劳务税抵扣，然后用综合货物与劳务税抵扣，不能用邦货物与劳务税抵扣；邦货物与劳务税首先用邦货物与劳务税抵扣，然后用综合货物与劳务税抵扣，不能用中央货物与劳务税抵扣；综合货物与劳务税首先用综合货物与劳务税抵扣，然后用中央货物与劳务税抵扣，最后用邦货物与劳务税抵扣。

6. 征收方式

按相抵后的余额缴纳。

7. 征管与合规性要求

按税法规定，每年的 4 月 1 日到下一年 3 月 31 日为税收年度。

8. 补偿附加税

对适用 28% 高税率的一些特殊应税项目，主要包括烟草产品、奢侈品和对社会有害的"不健康"产品，除征收货物与劳务税以外，还征收"补偿附加税"，税率 1%~204% 不等，烟草产品实行"比例税率＋定额税率"的复合税率，2017 年 7 月 17 日和 9 月 21 日，货物与劳务税委员会又对香烟和中排量、大排量以及 SUV 轿车的附加税作了最新的上调。由此可以确定，补偿附加税还具有特别消费税性质。

（三）个人所得税

1. 征税原则

印度的居民应就其全球收入在印度缴纳个人所得税。非居民仅需就其来源于印度的收入（被视作在印度获得或产生的收入、或虽从境外取得但源于在印度管控的公司或从事的职业所获得的收入和在印度获得、累积或产生的收入）在印度缴税）。

在一个纳税年度内在印度停留时间达到或者超过 182 天的个人。（印度的纳税年度为本年 4 月 1 日至次年 3 月 31 日）

在一个纳税年度内在印度停留 60 天及以上，且在之前的四个纳税年度停留时间合计达到 365 天或以上的个人。

2. 申报主体

以个人为单位进行申报缴纳。

3. 应纳税所得额

通常，在印度取得或累积的所有收入均需缴税（包括：雇佣收入、自雇收入和经营收入）。

4. 扣除与减免

个人可申请从总收入中扣除不超过 15 万印度卢比的人寿保险、储蓄工具及养老基金，如印度新退休金计划。

雇主向新退休金计划支付的缴款也可在税前扣除规定限额。

为接受高等教育而获得的贷款，所支付的利息可全额扣除，但偿付的贷款本金不可扣除。

个人可就银行、指定合作社或邮局的储蓄账户存款利息申请不超过 1 万印度卢比的扣除。

认可的医疗保险费可扣除最高不超过 2.5 万卢比（如被保险人为 60 岁或 60 岁以上的印度居民，则最高可扣除 3 万印度卢比）。

个人为父母缴纳的医疗保险费，可额外扣除的最高限额为 2.5 万印度卢比（如被保险人为 60 岁或 60 岁以上的印度居民，则最高可扣除 3 万印度卢比）。

向宗教、慈善及其他特定基金的捐款，可以扣减应税收入的 50% 或 100%。以现金形式捐赠的超过 1 万印度卢比的款项不可扣除。

5. 税率实行累进税率

表7-2-1　个人所得税税率表（2016—2017年、2017—2018年计税年度）

净收入范围（个人，年龄在60岁以下）	净收入范围（个人，年龄在60岁或以上，80岁以下）	净收入范围（个人，年龄在80岁以上）	所得税税率
25 万卢比以下	30 万卢比以下	50 万卢比以下	0%
25 万 ~100 万卢比	30 万 ~100 万卢比	50 万 ~100 万卢比	20%
100 万卢比以上	100 万卢比以上	100 万卢比以上	30%

数据来源：国家税务总局国际税务司编制的《中国居民赴印度投资税收指南》。

缴纳个人所得税时，另需缴纳 3% 的附加教育税。个人应纳税收入总额超过 1000 万卢比还应缴纳 12% 的附加税。此时最高边际税率为 34.608%（30%+12% 的附加税 +3% 的附加教育税）。应税总额不超过 1000 万卢比，最高边际税率为 30.9%（30%+3% 的教育税）。

通常，在印度取得或累积的所有收入均需缴税。各类型收入的纳税具体规定如下：

雇佣收入：与在印度提供的服务有关的所有工资收入，均被视作在印度累积或产生的雇佣收入，无论该笔收入在何处取得或取得者的居民身份如何。

自雇收入和经营收入：在印度从事个体经营或业务的所有个人均应缴纳个人所得税。个人经营收入的计算与公司收入的计算类似。然而，如果总收入超过规定限额，个人可以以收付实现制或权责发生制为记账基础。纳税人通常可从经营总收入中扣除所有与经营相关的费用。科研支出以外的个人费用及资本支出不可扣除。准予扣除的折旧须在规定的限额内进行申报扣除。当年发生的经营亏损可由薪金以外的其他任何来源的收入进行弥补。如果当年的经营亏损不足以弥补，在按时提交亏损年度所得税纳税申报表的情况下，可向未来八个年度进行结转。然而，结转的亏损额仅可通过经营收入弥补。投机交易的未弥补亏损仅可向未来四个年度进行结转，并且仅可由投机业务获得的利润进行弥补。剩余折旧可无限期结转。

投资收入：股息应按以下方式缴税：

境内公司应按 15% 的税率就作为股息分配的利润缴纳股息分配税，并加收适用的附加税和附加教育税。自 2014 年 10 月 1 日起，在计算股息分配税时，需要将股息分配额换算成含税金额再进行股息分配税计算。

自然人股东从印度公司赚取的股息收入无需缴税。自然人从外国公司获得的股息应按照标准税率缴税。印度的证券、投资、预付款及银行存款赚取的利息应缴税。如果纳税年度内利息超过 1 万印度卢比（其他情况下为 5000 印度卢比），除某些特定情况外，税款由银行、合作社及邮局源泉扣缴。扣缴税率为 10%（加收教育税）。该扣缴税额并非最终的税金。

董事费——董事费应按照累进式税率缴纳个人所得税。支付给居民的董事费需按 10% 的税率源泉扣缴税款。专门为取得董事费而发生的费用可列为税前扣除项目。

租金收入：个人从房产（包括建筑物或土地附属物）租赁获得的租金收入，应按照规定确定应税收入，从而缴纳个人所得税。

6. 征管与合规性要求

按照税法规定，有雇佣收入的纳税人通过雇主从定期支付的薪酬中代扣代缴税款的方式缴税。应缴税款逾 1 万印度卢比的纳税人，在扣除代扣代缴的税款后应预缴税款，缴纳方式为 9 月 15 日、12 月 15 日以及 3 月 15 日分三次预缴。所有纳税人（包括非居民纳税人）应在每年 7 月 31 日前申报上一年度税收情况。

（四）关税

1. 关税体系和构成

关税是由印度政府对进口至印度的商品征收的一种税，通常应由进口商缴纳。同时，对于某些特定商品的出口，也会征收关税。

关税分为一般进口、临时进口和租赁进口。

一般货物进口是指从印度以外的地方进口货物，是对进口到印度的货物征收的一种间接税。

临时进口：1962 年的《印度关税法》允许临时向印度进口货物。该法第 74 条规定对临时进口到印度和出口到国外的货物实行退税。

根据第 74 条的规定，已完税货品的转口是允许退税的。当货物从印度再出口时，出口商有权退回进口时已付关税的一定百分比。根据第 74 条申请退税的程序，适用 1995 年《再出口进口货物（关税退税）规则》的规定。退税率取决于货物在印度储存或使用的时间。如果货物再出口而不在印度使用，98% 的关税将作为退税，只要出口在进口之日起 24 个月内发生。

租赁进口：根据《联邦外汇管理法》（FEMA）的规定，租期不足三年的进口货物银行可以支付租金，这是一个经常账户付款。但如果租期超过三年，或者租期不确定，银行在付款时会要求提供印度储备银行（RBI）的批准文件。

2. 税率

关税税率取决于关税税则所规定的商品类别，该类别与国际统一分类制度中的类别一致，一般关税税率为 28.85%。

3. 关税免税

根据《海关法》第 26 条的规定，对某些货物和某些合格进口商给予免征关税，具体而言：①来自外交或领会机构，国际组织以及国际间及时合作等进口商品；②以现行国际法和有关政府间互惠原则为依据的小组或个人；③来源于柬埔寨的货物或者已经在海关区域外征税和不含增值税的进口货物；④捐赠的慈善物品，科研目的的货物、样品和货物不具有商业价值的展览物，用于装尸体的棺材；⑤运输或转运货物通过海关领土时；⑥由海关总署规定的向柬埔寨进口的家庭用品、个人物品和财产，不包括机动车辆；⑦由经济和财政部规定的，用以探测大陆架碳氢化合物和其他矿物和有机物质的设备和产品等；⑧通过经济和财政部长批准的其他商品。

根据《海关法》第 27 条的规定，对某些货物和某些符合规定的进口商给予部分免征进口关税的优惠。具体而言：①农业用种子和用于繁殖的动物；②预计要进行修复、加工或检测的货物；③再进口具有相同表述的商品；④政府用于公共目的进口的商品和临时使用的商品；⑤通过经济和财政部长批准的其他商品。进口商需要依照本规定向海关提供书面证据，证明货物是合格的且减免部分关税。

（五）企业须缴纳的其他税种

1. 印花税

印花税是指根据 1899 年印度《印花税法》以及其他印花税法对订立文书征收的税种。印花税根据公司章程、公司章程大纲、财产转让书据、汇票、提货单以及财产分割凭证等的数量征收。缴纳相应的印花税是必要的，因为印花税的缴纳可以使文书具有合法性。未足额缴纳印花税的文书不可以作为有效证据。所有应缴印花税并由印度境内人员签署的文书均须在签署前或签署时贴花。

如果文书未按时贴花，则可能由税务局授权人员进行追征，并且在某些情况下，还可能导致罚款或监禁。

印花税可使用纸质印花税票、粘性印花税票或通过加盖印花税章的方式缴纳，且必须由文书的签署方缴纳（由在文书上签名方缴纳）。

当产生印花税纳税义务时，纳税人须通过电子印花税系统向税务局在线提交电子印花税申报表，并须在首次使用应税文书后 30 天内全额缴纳印花税。

2. 消费税

消费税是对商品和服务的供应征收的间接税，是对在印度境内生产制造产品所征收的一种税，由产品生产者缴纳，是一种间接税。大多数产品适用统一税率12%，并按消费税的3%加收附加教育税，因此，实际税率为12.36%。消费税通常从价征收，以交易价格或最高零售价格（针对某些特定商品）的一定比例为税基。对于出口在印度制造的商品，如满足特定条件，则无需缴纳消费税即可出口。用于制造待出口商品的采购，如符合一定条件，也无需缴纳消费税即可采购。

3. 职业税

职业税是针对各邦的职业、商业、劳务或雇佣关系征收的邦级税种，因此，参与上述任意活动者均需缴纳职业税。这种税和所得税很像，所得税是由中央政府征收，而职业税是由邦政府征收。由于各邦被授权征收这种税，不同的邦根据不同的板块征收职业税税率也不同。目前，征收的最高限额是2500卢比。

（六）社会保险金

1. 征税原则

根据印度社会保障制度规定，给予工人或其他已建立该制度的地区人员提供退休和保险福利。社会保障费是对于公司和工人共同收取的，其中：员工的社会保障金为12%。雇主和雇员都需要为社会保障作出贡献。国家将会对缴纳社保的人员提供保障基金。

2. 外国人缴纳社保规定

2008年10月印度政府制定了外国工人的社会保障制度，外国工人适用于印度社会保障体系。但与印度已签署社会保障协议的国家将不能按照印度保障制度执行。因此，外国工人需要按工资总额的12%缴纳社保金。在次月20日前由雇主代扣。

第三节　外汇政策

一、基本情况

印度储备银行（以下简称"RBI"）是印度外汇管理的主管部门。《1934

年印度储备银行法》序言对 RBI 的目标做了以下规定：管理印度钞票发行及外汇储备事务，维护印度货币的稳定，保持印度货币体系及信贷体系良好地运行。

根据相关法规，印度政府放开了外汇管制，经常账户下的卢比可以自由兑换。

汇入汇出手续相对比较严格，对资本流动有很多具体的规定和限制。

印度的货币为卢比，汇率结构为单一汇率。印度卢比的汇率由银行间市场决定。RBI 在该市场上按市场汇率与授权交易商进行即期和远期美元交易。

二、居民及非居民企业外汇管理规定

1. 居民账户管理

居住在不丹和尼泊尔的印度、不丹及尼泊尔公民的账户，以及在不丹和尼泊尔的印度、不丹及尼泊尔的企业、公司和其他机构（包括总部和分支机构）的账户，均视同居民账户。但尼泊尔居民的外汇需求由尼泊尔国家银行提供。除 RBI 普通许可所规定的情况外，开立境内外外币账户都必须得到 RBI 的事先批准。

2. 非居民账户管理

（1）非居民卢比账户。印度非居民、境外的在印度出生的人（巴基斯坦和孟加拉居民除外）、海外法人团体、至少 60% 的产权由印度非居民直接或间接拥有的其他法人团体以及至少 60% 的产权不可撤销地由印度非居民拥有的海外信托机构可以开立非居民卢比账户（也称外部账户）。这些外部账户的余额可以自由兑换为外币。

（2）非居民境外卢比账户。作为印度非居民的印度公民或在印度出生的人以及至少 60% 的产权由非居民拥有的海外企业或合伙公司可以开设非居民境外卢比账户。除依照《外汇管理法》持有许可证的授权交易商外，经 RBI 的批准并且满足一定的条件的国家合作银行、城市合作银行以及计划商业银行不需许可证也可以开立非居民卢比账户。

（3）非居民外币账户。印度公民、境外的在印度出生的人以及至少 60% 的产权由非居民拥有的海外企业可以开立欧元、日元、英镑和美元的非居民外币定期存款账户。账户余额可以随意汇出境外，不需请示 RBI。在某些情况下，在同一授权交易商开立的属于不同个人的非居民外币账户之间，以及在不同授权交易商开立的非居民外币账户之间，可以自由划拨资金。

第三节　出口收汇管理

一、出口收汇要求

企业必须在收到出口货款后或发货后 6 个月内（以两者中较早的时间为准）将出口所得汇回国内。如果出口涉及到 RBI 批准在国外建立的印度保税仓库，则出口收入的汇回可以延长至 15 个月。如果出口收入不能按上述规定的时间汇回国内，则出口商必须通过授权交易商向 RBI 申请批准。对于工程产品，包括资本产品和耐用消费品，RBI 允许利用延迟的信贷安排出口，即出口商可以按 6 个月以上的期限分期收回收入。

二、出口收汇资金管理

出口商可以在印度银行开立外币账户，并将 50% 的外汇收入保留在该账户上。纯出口型企业、加工贸易出口区的企业以及从事计算机硬件或软件技术的企业可以保留 70% 的外汇收入。出口创汇企业可以在境外设立办事处，并用外币账户支付办事处的所有开支。在 1500 万美元的限额内，出口创汇企业不需通知 RBI，即可将外币账户的余额投资于海外合资企业。无需 RBI 批准，出口企业最多可以从其外币账户提取 300 万美元向进口商预支贸易货款。此外，出口商为出口贸易支付的代理费不能超过全部出口额的 12%，除此规定外，授权交易商可以允许出口创汇企业自主使用其外币账户的外汇资金支付贸易货款。

三、个人外汇管理规定

以下情况提取外汇需要 RBI 的预先批准：①每人每年用于旅游的外汇

超过 10000 美元；②每人每年接受赠送超过 5000 美元，以及每人每年接受捐赠超过 10000 美元；③每人用于商业旅行的外汇超过 25000 美元；④到国外留学的费用超过学校的估算费用或每学年超过 10 万美元；⑤每项工程的海外建筑设计或咨询服务费用超过 100 万美元；⑥用于购买商标或特许经营权的汇款；⑦每个公司用于偿付公司开办费用超过 10 万美元；⑧每一居民每年通过经常性账户或资本账户汇款超过 25000 美元；⑨每人用于海外就业或移民的外汇支出超过 10 万美元。

四、其他

1. 无形交易和经常性转移收入管理

无形交易和经常性转移收入必须汇回国内。该类收入的 50% 可以保留在开立于印度的银行外币账户上。出口型企业、在出口加工区设立的机构以及在计算机软件技术园区设立的企业，可以将此类账户余额的 70% 汇出境外。

2. 直接投资管理

（1）对外直接投资。对外直接投资必须经过 RBI 的批准。对于印度企业参与海外合资企业或建立全资附属机构，并为此提出向境外汇出现金或出口货物的申请，RBI 主要依据申请企业的财务状况、历史记录、过去的出口情况以及该投资是否有利于出口创汇、技术转移、创利和股息分红等原则进行审批。授权交易商有权从印度投资者的出口创汇企业外币账户中提取 15000 万美元以下的资金用于三年期以下的对外直接投资项目。另外，RBI 规定，允许在任何国家投资 1500 万美元以下建立合资企业或全资海外附属机构，允许在尼泊尔和不丹进行 6 亿卢比以下的投资。对于前三年内累积出口或创汇超过 2500 万美元的计算机软件企业，RBI 允许其将 50% 的外汇收入用于对外直接投资，但连续三个会计年度内的累积投资额不能超过 2500 万美元。

（2）对内直接投资。投资指定的优先行业，并且外资产权不超过 50%、51% 或 74% 的对内直接投资，将自动获得 RBI 的批准。RBI 还允许外资持有以出口为主的贸易公司不超过 51% 的产权。外国企业可以在印度设立联络机构从事有关联络活动，但所需费用必须从境外汇入。巴基斯坦、孟加拉国、斯里兰卡、阿富汗、伊朗、中国等六个国家的居民如果要在印度设立分公司、办事处或联络机构，必须获得 RBI 的预先许可。未在印度境内依照印度法律注册公司的非居民、非公民或非银行机构在印度开展、扩大或继续商业活动，以及持有或认购在印度从事贸易、商业或工业活动的企业发行的股票，也必须经 RBI 批准。

第四节　会计政策

一、会计管理体制

（一）财税监管机构情况

长期以来，印度的会计准则是印度注册会计师协会（ICAI，Institute of Chartered Accountants of India）负责制定的。1949 年，印度通过了《注册会计师法》（Chartered Accountants Act），并成立了印度注册会计师协会。1977 年印度注册会计师协会在其下设立了会计准则委员会（ASB，Accounting Standards Board），其主要任务之一就是对会计准则的制定提出建议，并负责起草会计准则。

ASB 制定的会计准则仅适用于 ICAI 成员，并不具备执行上的普遍性和强制性，印度会计准则的国际化进程也因此受到了一定程度的制约。为了加快会计准则国际化的步伐以及增强 ICAI 的权威性，1999 年印度修改了公司法，规定公司在编制资产负债表和损益表时必须符合 ICAI 会计准则的要求，如不符则应在财务报告附注中说明与会计准则偏离的内容、原因以及因偏离而产生的影响。这一法律规定确立了 ICAI 在制定会计准则上的法律地位。

《公司法》同时又规定 ICAI 所发布的准则必须经过印度中央政府的认定和公告。显然，印度中央政府是不具备会计准则审查能力的。为此，中央政府又成立了国家会计准则顾问委员会（NACAS，National Advisory Committee on Accounting Standards），该委员会负责向中央政府提供有关会计准则的审核意见，会计准则通过 NACAS 审核后即可具有法律效力。NACAS 的成立架起了民间准则和政府准则之间的桥梁，一定程度上消除了印度会计规范管辖关系上的矛盾，加速了印度会计准则的国际化进程。

（二）事务所审计

按照法律规定，所有的私人公司都需要进行年度审计，如果是个人收入超过 1000 万卢比的也需要进行年度审计。

（三）对外报送内容及要求

报送内容包括：资产负债表；损益账户；现金流量表；账户说明。

印度的年度审计有两个主要目标。第一个目标是审计师向股东和政府报告公司的资产负债表是否真实公正地反映了其在本财政年度所产生的事态和利润或损失。第二个是附带目标，涉及检测和预防欺诈和错误。

审计类型一般分为两种主要类型：

法定审计以向印度政府和股东报告公司财务和账户的现状。此类审核由作为外部和独立方的合格审计员执行。法定审计的审计报告以政府机构规定的形式提出。最常见的两种法定审计是：税务审计和公司审计。

内部审计是在内部管理层的要求下进行的，以检查公司财务状况，并分析组织的运营效率。

审计报告将于上一财政年度结束后于 9 月 30 日完成。

二、财务会计准则基本情况

（一）适用的当地准则名称与财务报告编制基础

印度采用了印度会计准则（Ind AS），该准则以 IFRS 标准为基础，尚未采用国际财务报告准则。

（二）会计准则适用范围

（1）印度会计准则（Ind AS）符合印度的法律、习俗、使用和商业环境。如果发现某一特定会计准则不符合法律规定，则以法律规定为准，并按照法律规定编制财务报表。

（2）会计准则不能凌驾于地方法规对财务报表的规定。ICAI 将决定财务报表和审计报告的披露程度。可以通过适当的解释来披露特定项目的处理。此类解释性说明仅用于澄清，因此不必视为对相关财务报表的不利评论。

（3）会计准则只适用于重大物项。ICAI 定期会对任何特定会计准则适用性的限制作出明确规定。ICAI 将规定特定标准生效的日期以及适用的企业类别。但是，除非另有说明，否则任何标准都不具有追溯适用性。

（4）ICAI 将尽其最大努力说服政府，有关当局，工商界采用会计准则，以便统一编制财务报表。

（5）在制定会计准则时，重点是制定会计准则，而不是详细的应用和实施规则。

（6）ASB 制定的标准包括粗体斜体字和简单字体的段落，它们具有相同的权限。粗体斜体段表示主要原则。

（7）ASB 需要对任何会计准则进行解释。解释将在理事会的授权下发布。解释权与其所涉及的会计准则相同。

三、会计制度基本规范

（一）会计年度

印度会计年度：当年 4 月 1 日到下一年度 3 月 31 日。

（二）记账本位币

印度法定货币是印度卢比，国际上通用简写"Rs"或"INR"。

（三）记账基础和计量属性

1. 记账基础

（1）持续经营：企业通常被视为持续经营，即持续在可预见的未来运行。

（2）一致性：会计期间保持一致性。

（3）权责发生制：收入和成本在发生时确认。

2. 计量属性

（1）历史成本。历史成本，又称为实际成本，是指取得或制造某项财产物资时所实际支付的现金或者现金等价物。

（2）重置成本。重置成本，又称现行成本，是指按照当前市场条件，重新取得同样一项资产所需要支付的现金或者现金等价物金额。

（3）可变现净值。可变现净值，是指在正常的生产经营过程中，以预计售价减去进一步加工成本和预计销售费用以及相关税费后的净值。

（4）现值。现值是指对未来现金流量以恰当的折现率进行折现后的价值，是考虑货币时间价值的一种计量属性。

（5）公允价值。公允价值是指市场参与者在计量日发生的有序交易中，出售一项资产所能收到或者转移一项负债所需支付的价格。

四、主要会计要素核算要求及重点关注的会计核算

（一）现金及现金等价物

现金包括库存现金和银行活期存款。

现金等价物为短期、流动性强的投资，是为满足短期现金承诺而非投资或其他目的而持有的。对于符合现金等价物资格的投资，其必须为易于转换已知金额的现金，且价值变动风险不大。因此，一项投资通常只能在收购日期较短，例如3个月或更短的期限内才具有现金等价物的资格。股票投资不属于现金等价物。

（二）应收款项

应收账款是指企业在正常的经营过程中因销售商品、产品、提供劳务等业务，应向购买单位收取的款项，包括应由购买单位或接受劳务单位负担的税金、代购买方垫付的各种运杂费等。

应收账款是伴随企业的销售行为发生而形成的一项债权。因此，应收账款的确认与收入的确认密切相关。通常在确认收入的同时，确认应收账款。该账户按不同的购货或接受劳务的单位设置明细账户进行明细核算。

应收账款表示企业在销售过程中被购买单位所占用的资金。企业应及时收回应收账款以弥补企业在生产经营过程中的各种耗费，保证企业持续经营；对于被拖欠的应收账款应采取措施，组织催收；对于确实无法收回的应收账款，凡符合坏账条件的，应在取得有关证明并按规定程序报批后，作坏账损失处理。

（三）存货

本准则确定存货价值，包括确定存货成本及可变现净值。

存货资产：存货包括购买和代销的商品，还包括企业生产的成品或正

在生产的在产品，包括生产过程中使用的原材料，修理用备件，低值易耗品和工具。

存货成本的确认：包括购买价格、各种税费，运费和其他直接归属于购买的支出。在确定采购成本时需扣除贸易折扣、回扣、退税和其他类似费用。

存货的价值应按成本与可变现净值孰低计量。

可变现净值：为日常业务中的预计售价减去完工的预计成本以及进行销售所需的预计成本。

（四）长期股权投资

本标准中使用以下术语，其含义如下：

（1）投资是企业持有的股息，利息和租金收入，资本增值或投资其他企业资产的收益。作为库存交易持有的资产不是"投资"。

（2）当期投资是一项投资，其性质可以随时变现，并预计从投资日起不超过一年。

（3）长期投资是当期投资以外的投资。

（4）投资性房地产是企业用于投资的土地或建筑物，并不是企业自用资产。

（5）公允价值是在知情的，自愿的买方和知情的，自愿的卖方之间在公平交易中交换资产的金额。在适当情况下，市值或可变现净值提供公允价值证据。

（6）市场价值是指在公开市场上出售投资所获得的金额，扣除处置时或之前必然发生的费用。

长期投资的确认：

（1）长期投资通常按成本进行。但是，当长期投资的价值出现下降而非暂时性下降时，长期股权投资账面金额会减少。长期股权投资价值需要参考市场价值、被投资方的资产和业绩状况，以及预期现金流量情况。同时，需要考虑股权投资的类型需要考虑。被投资方对股权分配的限制和投资者对出售股权的限制可能会影响投资的价值。

（2）如果长期投资的账面金额出现暂时性下降，则长期股权投资账面金额减少计入损益表。当投资价值上升或者减少的原因不再存在时，账面金额的减少会被转回。

该部分内容参见印度会计准则第 13 号。

（五）固定资产

根据会计准则第 10 号的规定，固定资产规定如下：

（1）固定资产是指为生产、提供商品或服务、经营管理而持有的资产。

（2）公平的市场价值是在充分了解情况并且没有任何强制性交易的情况下，在公开且无限制的市场中，知情的和自愿的各方之间商定的价格。

（3）固定资产的账面价值为账面或财务报表中历史成本或其他金额取代历史成本的其他金额。如果此金额扣除累计折旧后显示，则称为账面净值。

固定资产的成本包括购买价格、进口关税和其他不可退还的税款或征税以及使资产达到预定用途的工作状态的直接可归属该固定资产的成本。

自建固定资产成本为建造该项资产达到预定可使用状态前所发生的必要支出构成，包括工程物资成本、人工成本、缴纳的相关税费应分摊的间接费用等。

在该准则中，没有规定会计与税法差异处理方法。

根据会计准则第 6 号的规定，折旧是在资产的预计使用年限内对其按比例分摊。固定资产使用年限规定：企业预期可折旧资产的使用期限；企业使用该资产预期获得的生产或类似单位的数量；折旧金额为其历史成本减去预计残值后的剩余价值。

（六）无形资产

无形资产，是指企业拥有或者控制的没有实物形态的可辨认非货币性资产。

资产满足下列条件之一的，符合无形资产定义中的可辨认性标准：

（1）能够从企业中分离或者划分出来，并能单独或者与相关合同、资产或负债一起，用于出售、转移、授予许可、租赁或者交换。

（2）源自合同性权利或其他法定权利，无论这些权利是否可以从企业或其他权利和义务中转移或者分离。

无形资产同时满足下列条件的，才能予以确认：①与该无形资产有关的经济利益很可能流入企业。②该无形资产的成本能够可靠地计量。

（七）职工薪酬

职工薪酬，是指企业为获得职工提供的服务或解除劳动关系而给予的各种形式的报酬或补偿。职工薪酬包括短期薪酬、离职后福利、辞退福利和其他长期职工福利。企业提供给职工配偶、子女、受赡养人、已故员工遗属及其他受益人等的福利，也属于职工薪酬。

（八）收入

本标准使用以下术语和含义：

收入包括销售商品，提供服务以及企业资源使用产生利息，特许权使用费和股息。

收入确认主要涉及企业在损益表中确认收入的时间。交易产生的收入金额通常由参与交易的各方之间的协议确定。当交易金额或其相关成本时存在不确定性时，这些不确定性可能影响收入确认的时间。对于提供服务的合同，当合同约定服务提供完成或已基本完成时，在损益表中确认收入。收入确认的完工百分比法，是根据合同中服务的完成程度按比例确认损益表中的收入。

（九）政府补助

在本标准中使用以下术语，其含义如下：

政府是指政府机构和类似的机构，包括地方的、国家的以及国际的。

政府补助是政府以现金或实物援助在过去或未来符合某些条件的补助。不包括那些不合理的政府援助，以及不能从企业正常交易中剔除的政府援助。

（十）借款费用

本标准使用以下术语，含义如下：

（1）借贷成本指企业在借入资金时发生的利息和其他成本。

（2）符合资格的资产是必须经过相当长时间才能达到预定用途或销售状态的资产。

借款成本包括：银行借款及其他短期和长期借款的利息和承诺费用；借款有关的折扣或溢价摊销；与安排借贷有关的辅助费用的摊销；根据融资租赁或其他类似安排所收购资产的财务费用；外汇借款所产生的汇兑差额，作为对利息成本的调整。

企业发生的借款费用，可直接归属于符合资本化条件的资产的购建或者生产的，应当予以资本化，计入相关资产成本；其他借款费用，应当在发生时根据其发生额确认为费用，计入当期损益。

（十一）外币业务

本标准使用以下术语，含义如下：

（1）平均汇率是一段时期内有效汇率的平均汇率。

（2）收盘汇率是资产负债表日的汇率。

（3）汇兑差额是报告货币以不同汇率报告相同数量的外币单位产生的差额。

（4）汇率是两种货币交换的比率。

（5）公允价值是可以在公平交易中知情的，自愿的当事人之间交换资产或负债的金额。

（6）外币是企业的报告货币以外的货币。

（7）对外经营是报告企业的子公司，合营企业，合营企业或分支机构，其活动在报告企业所在国以外的国家进行。

（8）远期外汇合约是指以远期汇率交换不同货币的协议。

（9）远期汇率是在指定的未来日期交换两种货币的指定汇率。

（10）海外综合经营是一项海外业务，其活动是报告企业的组成部分。

（11）货币项目是持有的货币以及以固定或可确定的金额收取或支付的资产和负债。

（12）非整体海外业务净投资是报告企业在该业务净资产中的份额。

（13）非整体的海外业务是一项非海外业务，不是一项完整的海外业务。

（14）非货币项目是货币项目以外的资产和负债。

（15）报告货币是提供财务报表时使用的货币。

外币交易是以外币计价或以外币结算的交易，包括企业在下列情况下产生的交易：

（1）购买或出售价格以外币计值的货物或服务。

（2）应付或应收款项以外币计值时借入或借出资金。

在每个报告期结束时：

（1）外币货币项目采用收盘汇率折算。

（2）以外币历史成本计量的非货币性项目，采用交易发生日的汇率折算。

（3）以外币公允价值计量的非货币性项目，采用公允价值计量日的汇率折算。

（4）货币项目结算或转换货币项目所产生的汇兑差额，与期初或以前财务报表中初始确认时转换的汇率不同，应在其产生期间在损益中确认。

该部分内容参见印度会计准则第 21 号。

（十二）所得税

本准则应适用于所得税的会计核算。包括确定与会计期间收入税相关的费用或储蓄金额，并在财务报表中披露该金额。

本准则而言，收入税包括基于应税收入的所有国内税和外国税。

本准则没有规定企业何时或如何计算企业分配股利和其他分配时应支付的税金。

就本准则而言，下列术语与指定的含义一起使用：

（1）会计收入（损失）是指一定期间内在扣除所得税费用或减少所得税费用前在财务报表中列示的净收入或损失。

（2）应纳税所得额是根据税法确定的在一段时间内收入的金额，根据该金额确定应纳所得税。

（3）所得税费用是计入当期损益的当期所得税和递延所得税的合计。

（4）当期所得税是就一段期间应征税收入而确定应付的所得税额。

（5）递延所得税是时间性差异的税收影响。

（6）永久性差异是指在一个时期内应税收入与会计收入之间的差异，并且不会随后出现逆转。

暂时性差异是指资产、负债的账面价值与其计税基础不同产生的差额。

应纳税暂时性差异：

对于所有应纳税暂时性差异，应确认递延所得税负债。

可抵扣暂时性差异：

是指在确定未来收回资产或清偿负债期间的应纳税所得额时，将导致产生可抵扣金额的暂时性差异。该差异在未来期间转回时会减少转回期间的应纳税所得额，减少未来期间的应交所得税。在可抵扣暂时性差异产生当期，应当确认相关的递延所得税资产。

该部分内容参见印度会计准则第 12 号。

五、其他

印度法律采用的是英美法系，又称为普通法法系或者海洋法系。

本章资料来源：

◎《中国居民赴印度投资税收指南》

◎《印度会计准则》

◎《印度海关税法》

第八章　印度尼西亚税收外汇会计政策

第一节　投资环境基本情况

一、国家简介

印度尼西亚共和国（印尼语：Republik Indonesia，英语：The Republic of Indonesia），简称印度尼西亚或印尼，为东南亚国家。印尼由约 17508 个岛屿组成，是世界上最大的群岛国家，疆域横跨亚洲及大洋洲，别称"万岛之国"。国土面积：1904443 平方公里，海洋面积 3166163 平方公里（不包括专属经济区）。印度尼西亚人口超过 2.65 亿，为世界上人口第四多的国家。国体为总统制共和国，国会代表及总统皆由选举产生。印度尼西亚首都为雅加达（Jakarta）。印度尼西亚国界与巴布亚新几内亚、东帝汶和马来西亚相接，另有新加坡、菲律宾及澳大利亚等其他邻国。印尼是一个多民族的国家，约 87% 的人口信奉伊斯兰教，是世界上穆斯林人口最多的国家。官方语言为印度尼西亚语。货币为卢比（Rupiah）。

二、经济情况

印度尼西亚是东南亚国家联盟创立国之一，也是东南亚最大经济体及 20 国集团成员国，1995 年加入 WTO。2017 年 GDP 约 10154 亿美元，世界排名第 16 位，以购买力平价计算则为世界第 7 大经济体[①]。印尼基础设施落后，公路质量不高，截至 2017 年底，已通车高速公路总里程不到 1100 公里，大规模运输任务仍由铁路承担；电力装机容量仅为 5000 万千瓦，用电普及率不到 75%，仍有超过四分之一的人口没用上电，电力需求年均增长 10%~5%[②]。印度尼西亚拥有丰富天然资源，包括石油、天然气、锡、铜及黄金。主要进口品为机械设备、化学制品、燃料、食品。出口品则有棕榈油、电力设备、合板、橡胶及纺织品。

---

① 数据来源：国际货币基金组织公布数据。
② 数据来源：印尼公共工程与住房部官网数据汇总。

三、外国投资相关法律

法律法规较为完整，但是也有很多法律规定模糊，可操作性差，且不同的法律之间存在矛盾和冲突，需要密切关注其法律变动的情况。目前，与投资合作经营有关的法律法规有印度尼西亚《投资法》、印度尼西亚《公司法》；根据《印尼投资法》第四章第 5 条第二款，国外投资可以依法投资印尼境内有限责任公司（PT；印尼语 Perseroan Terbatas），法律另有规定除外。说明了外国投资者在印度尼西亚设立公司必须采用有限责任公司的形式。

印尼劳工总政策旨在保护印尼本国的劳动力，解决本国就业问题。根据 2018 年第 20 号总统令 [①]，外籍员工的雇佣由雇主根据特定工作岗位和时期决定，但是必须考虑到国内劳动力市场的条件。根据 20 号令，雇主应优先雇佣印尼员工，只有在该类型职位不能在印尼找到符合要求的印尼本地员工的情况下，才可以考虑使用外籍员工。印尼《劳工法》有关宗教习俗规定：企业有义务为员工提供机会完成宗教义务。

印尼常用的签证有 4 种：免签、落地签、商务签和工作签。自 2016 年 3 月 2 日起，造访印尼的中国公民享有免签的资格；落地签收费 35 美元，有效期 30 天，可到移民局再延长 30 天；商务签一般申请 212 类型一年多次往返签证；印尼工作签证一般有效期一年，可多次往返。

四、其他

印度尼西亚投资协调委员会（"BKPM"），是依据 1981 年第 33 号总统令所创立的投资协调组织。该总统令经 1998 年第 113 号、1999 年第 120 号和 2004 年第 28 号总统令修订。2009 年，BKPM 恢复部级级别。BKPM 负责投资政策实施的协调事务，同时也为改善社会不公和减少失业服务。根据 BKPM 2017 年 13 号《关于投资政策和批准指南的规定》，任何投资活动开始之前均需向其办理投资申请，材料齐全的情况下，投资申请办理在 1 个工作日即可完成。

---

① 第 20 号总统令：《关于引入外籍劳工的新规定》。

印度尼西亚法律与人权部，其职责是在法律和人权事务上协助总统，特别是在人权领域维护法律至上。在投资中，外资公司的名称核准，设立、变更、公司主要人员变更、公司的解散等都需要经过法律和人权部登记。

第二节 税收政策

一、税法体系

印度尼西亚税收的实施条例很多，经常撤销、替换和修改。因此纳税人必须了解最新的法规，并遵照执行。目前现行的主要税法有 2009 年第 16 号税法最新修订的 1983 年第 6 号《关于税收通用程序和规定》（一般税收条款）；经 2008 年第 36 号税法最新修订的 1983 年第 7 号《所得税法》；经 2009 年第 42 号税法最新修订的 1983 年第 8 号《增值税法》。为吸引外国投资，印尼出台了一系列优惠政策。公布于 1999 年的《第七号总统令》恢复了鼓励投资的免税期政策；2009 年印尼政府通过的经济特区新法律进一步规定了特别经济区税收优惠政策。所得税优惠由《有关所规定的企业或所规定的地区之投资方面所得税优惠的第 1 号政府条例》规定。

印尼实行中央和地方两级课税支付，税收立法权和征收权主要集中在中央。印尼税法受荷兰影响较大。现行的主要中央税种为企业所得税、个人所得税、增值税、奢侈品销售税；现行的主要地方税种为土地和建筑物税、道路税、机动车税、广告税等。印尼政府与 67 个国家签订了双边税收协定。其中包括中国大陆、中国香港和中国台湾都有签订双边收税协定。

2001 年 11 月 7 日，中国政府与印尼政府签署了《中华人民共和国政府和印度尼西亚共和国政府关于对所得避免双重征税和防止偷漏税的协定》。2015 年 3 月 26 日，两国政府代表签署了《中华人民共和国政府和印度尼西亚共和国政府关于对所得避免双重征税和防止偷漏税的协定》议定书和谅解备忘录。中印尼双边税收协定主体部分包括了协定的适用范围、双重征税的解决方法、无差别待遇、两国相互协商程序以及情报交换等内容。议定书规定两国对从事国际运输的对方国家航空企业互免增值税。谅解备忘录列明了双方可享受免税待遇的金融机构，为两国政府全资拥有的金融机构在对方国家获取利息免税待遇提供了确定性。

二、税收征管

（一）征管情况介绍

印度尼西亚税务总署是所属财政部负责税务征管的部门，其主要机构有：①税务总署办公室；②税务数据及文档处理中心；③雅加达特殊税务区域办事处；④税务总署区域办事处；⑤大企业税务办公室；⑥税务主管办公室；⑦税务咨询办公室。主要的税法由财政部（下属税务总署）制定，报国会审议通过，由总统颁布。纳税人须通过指定的银行（bank persepsi）向国库缴纳某一纳税时期或年度的应纳税额，并向印尼税务局申报。纳税人通常通过网上操作完成税款缴纳义务。

（二）税务查账追溯期

税收追溯期是五年。对偷税、抗税、骗税的，税务机关追征其未缴或者少缴的税款、滞纳金或者所骗取的税款，不受前款规定期限的限制。延迟支付上述税费将以该应交税费为基数，按照每月2%的利息罚款，最高为48%。

（三）税务争议解决机制

当税务总署出具纳税人持有异议的税务评估函后会引起纳税人与税务总署之间的税务纠纷。可按次序采取以下措施解决此类税务纠纷：

复议。对税务评估函持有异议的纳税人可以在评估函签发日后的3个月内向税务总署提出复议。提出复议须陈述纳税人所计算的到期应纳税额且需列举不认同税务总署税务评估结果的原因。税务总署必须在复议申请日起的12个月内做出决议。如果复议被驳回，纳税人要承担欠缴税款金额50%的罚款。

申诉。若纳税人不愿接受税务总署对复议的决议，则可以在接到税务总署复议结果后的3个月内向税务法庭提出申诉。如果申诉被驳回，纳税人要承担欠缴税款金额100%的罚款。

向最高法院申请司法审查。税务法庭裁决乃最终裁决而且具有完全法律效力。但涉及税务纠纷的双方可以就税务法庭裁决向最高法院提出复审请求。针对税务法庭的申请只能向最高法院提出一次。最高法院应在接受申请之后 6~12 个月内作出裁定。

三、主要税种介绍

（一）企业所得税

1. 征税原则

企业所得税法引入居民企业概念。在印尼注册成立或者以印尼为户籍国家的公司会被视为印尼的税收居民，需要对所有（境内外）来源收入计算纳税。否则为非居民纳税人，仅对来自印尼境内的收入征税。在印尼通过常设机构（PE）从事商业活动的外资企业，被视为非居民纳税人，一般需要履行与税收居民一样的纳税义务，单只对印尼境内的收入履行纳税义务。

（1）征收范围。所得税征税客体为纳税人的所得，其定义为纳税人经济能力的增加，具体表现为从印度尼西亚和海外收到或应收的，可用于消费或增加纳税人财富的所得。针对常设机构的征税范围包括：①来源于经营活动的收入以及其拥有或控制的财产取得的收入；②来自总机构在印尼从事的经营活动、销售商品或提供服务的收入（该收入性质应与其常设机构的业务相类似）；③所提及的相关收入或与常设机构有实际关联的财产转让或商业活动所获得的收入。

（2）避免双重征税的规定。①居民纳税人在境外已缴纳或应缴纳的所得税可在当年抵免境内所得税；②允许抵免的限额为该外所得按照境内所得税法计算的税额。

2. 税率

适用于居民企业和常设机构的税率为 25%。

印尼对中、小、微型企业还有税收鼓励，减免 50% 的所得税的优惠。为减轻中小企业税务负担，2013 年印尼税务总署向现有的大约 100 万家印尼中小企业推行 1% 税率，即按照销售额的 1% 进行征税。

3. 税收优惠

在印尼投资的税收优惠政策包括：

（1）在印尼境内新成立 12 个月以内的公司，同时满足相关投资行业和投资金额条件的，可以享受 5~10 年免税期待遇。

（2）年度总收入达到 500 亿卢比的居民企业可以享受 50% 的所得税税收减免，适用减免的年度总收入最高不超过 48 亿卢比。其中年度总收入是指企业在扣除所有支出与费用前，通过商业活动在印度尼西亚境内和境外所取得的收入总额。

（3）合同中明确列出的，通过国外贷款与财务拨款承包政府项目的承包商、顾问和供应商，其所得税可以由政府承担。

（4）上市的居民纳税人如果有不少于 40% 的股权在印尼证券交易所交易流通，并符合：①上述不少于 40% 的流通股持有方最少为 300 个股东；②每个股东只能持有少于 5% 的股份并缴清所认购的股份；③需要在一个纳税年度内最快 183 天符合以上条件，可以取得所得税率降低 5 个百分点的优惠。

（5）在特定领域或具有国家鼓励发展的特定地区投资资本的纳税人可以享受以下税收优惠政策：①最高 30% 的投资津贴；②加速折旧和摊销；③不超过 10 年的亏损结转；④按 10% 征收股息所得税，除非相关税收协定提供更优惠税率。

4. 所得额的确定

（1）一般企业所得税。应纳税所得额是指企业每一纳税年度的应税收入总额减去税法规定的可扣除项目金额及可弥补亏损后的余额为应纳税所得额。大部分企业应纳税所得额的计算，以权责发生制为原则。

例外情况：涉及最终企业所得税的行业（例如工程等）以收付实现制按规定税率计算最终企业所得税。

根据《一般税收条款》①规定以下支出不予税前扣除：①利润分配（如股息）；②为股东、合伙人或投资人的利益发生的支出；③为个人支付的保险费，由单位为员工薪酬缴纳的保险除外；④以福利形式对工作或者服务所支付的补偿，但是对雇员以食物饮料提供的福利除外；⑤对股东或其他

---

① 《一般税收条款》：1983 年由财政部国家税务总署首次颁布的 1983 年 6 号一般税收条款法律 Undang–Undang Republik Indonesia Nomor 6 Tahun 1983，最后修改版本为 2009 年 16 号一般税收条款法律，即 Undang–Undang Republik Indonesia Nomor 16 Tahun 2009。

关联方超额支付的工作报酬；⑥对外无偿提供的礼品、援助或捐赠，政府另有规定除外；⑦所得税费用及各种罚款；⑧为其他纳税人或其亲属支付的费用；⑨向社团、事务所、合伙企业的成员支付的工资；⑩准备金（以下准备金可以税前扣除，包括：银行及其他类金融机构的坏账准备；提供保险服务计提的保险准备金；担保机构的担保准备金；矿产企业的复垦准备金；林业企业的造林准备金；垃圾处理企业的工业废材场所维护准备金）。

亏损弥补年限。亏损可以留抵最多五年。但是对少部分特定地区的特定行业或受制于个别特许权的行业，可以延长至十年。亏损不可移前扣减。合并纳税以及集团扣抵也并不适用。

（2）应纳税收入。①受雇或提供服务所收到或应收的报酬（包括工资、津贴、酬金、佣金、奖金、酬金、养老金或其他形式的报酬），法规另有规定除外；②彩票所得或由于受雇及其他活动取得的礼品和奖励；③营业利润；④出售或转让财产所得；⑤扣除费用后取得的退税；⑥利息，包括溢价，折扣和偿还贷款担保的赔偿；⑦任何名称和形式的股息；⑧特许权使用费；⑨租金；⑩年金；⑪债务豁免取得的所得；⑫外汇收益；⑬资产重估收益；⑭保险费；⑮慈善组织从成员处收到或应收的捐款，该成员应为从事经营活动或独立服务纳税人；⑯来自未征税收入的净财富增加；⑰伊斯兰教业务收入。

（3）税前可扣除项目。居民纳税人及常设机构可以就与取得收入相关的支出进行扣除，其中包括：①与经济活动直接相关的成本；②使用年限超过一年的有形资产折旧费用及无形资产的摊销费用；③财政部认定的养老基金缴纳的费用；④经济活动中使用的房产的转让损失；⑤汇兑损失；⑥印尼境内开展的研发活动费用；⑦奖学金、实习及培训支出；⑧纳税人已核销的坏账准备需满足相关条件的才可在税前扣除；⑨向政府法规规定的捐赠和赞助等。

（4）税收抵免。居民企业纳税人以及常设机构可以将以下税金用于抵免当年应纳税额：①由于进口货物等经营活动对外支付款项被代扣代缴的企业所得税；②由于对外支付股息、利息、特许权使用费、租金、服务费等被代扣代缴的企业所得税；③在境外缴纳的可用于抵免的税金；④当年已预缴的所得税。

5. 反避税规则

（1）关联交易。税务总署有权就关联方之间发生的所有交易类型进行特别纳税调整。其中包括以不公平价格通过特殊目的公司购买其他企业股份或资产。个人居民纳税人收到来自非居民企业雇主所分发的薪金所得额，如果该雇主将支付形式转换为对关联企业的付款，则该薪金所得也有可能被税务机关进行调整。

（2）转让定价。从 2010 年开始，国家税务总署（DGT）[1] 发布了一系列指南（包括对 APA[2] 和 MAP[3] 法规的修订，为受转让定价规则的企业提供更大的确定性。对转移定价的关注也表明 DGT 更加关注转移定价问题，以及印尼规则方面的演变。2016 年 12 月 30 日起生效，印度尼西亚共和国财政部发布了条例 213/PMK.03/2016（PMK-213），以执行转让定价事项的新文档的要求。在新规定中，纳税人必须以规定的格式将核心文件和本地文件的简要提交作为企业所得税申报的附件。简要要求纳税人声明核心文件和本地文件根据要求包含最低限度内容，并提供核心文件和本地文件可用的日期。

达到以下的金额门槛需要准备转让定价文件：①在上一年度的年度营业额大于 500 亿卢比；②有形商品交易额大于 200 亿卢比；③服务费、特许权费、利息费等其他无形交易额大于 50 亿卢比（按每笔交易计）；④在当期纳税年度与关联方有着任何交易，只要关联方所在国的企业税率低于印尼企业所得税税率 25%。核心文件和本地文件需要在一个纳税年度结束的 4 个月之内准备。只需要在税务局要求的情况下提交，当税务负责人要求提供则需要在 14 天之内提供；而当面临税务稽查的时候需要在 30 天之内提供。

此外，企业也需要准备国别报告（Country-by-country Reporting）。国别报告是税务机关实施高级别转让定价风险评估，或者评价其他税基侵蚀和利润转移风险的一项工具，是转让定价工具包中重要的组成部分。在印尼，国别报告申报机制主要为三种：①集团公司所在国为印尼且其合并年度营

---

① 国家税务总署（DGT）：Directorate General of Taxation。

② APA：Advance Pricing Agreement（预先定价协议）。

③ MAP：Mutual Agreement Procedure（相互协商程序）。

业额大于 11 万亿卢比；②集团公司所在国不是印尼，并其所在国不要求提交国别报告，或其所在国与印尼没有签订交换国别报告，或其所在国与印尼签订交换国别报告协议但印尼无法获取国别报告；③非①、②情形下，印尼公司的最终母公司需要制定其他公司作为申报国别报告者，该公司所在国与印尼签订 QCAA 协议，并且印尼有权获取国别报告。国别报告需要在一个纳税年度结束的 12 个月以内在印尼税务局官网线上申报，附上下一个年度的企业所得税申报表。

①预先定价协议：预先定价协议是指印尼税务机关按照相关税务规定，对企业提出的未来年度关联交易的定价原则和计算方法进行审核评估，并与企业协商达成预约定价安排等工作。②相互协商程序：相互协商程序是中印尼双方主管当局根据中印尼双边税收协定有关条款规定，通过协商共同处理涉及税收协定解释和适用问题的过程。相互协商程序的主要目的在于确保税收协定正确和有效适用，切实避免双重征税，消除缔约双方对税收协定的解释或适用产生的分歧。

（3）资本弱化。当存在特殊关系时，被认为是超额部分的利息将不允许扣除，比如利息率超过了商业银行的利率。从股东处取得的无息借贷被视为拥有权益的强加风险，即借款者转移利润逃避税款。法律允许财政部发出法令确定的债务的最高比例以确定扣除利息。法规规定的最高债务与资本比率为 4 : 1。

当纳税人的债资比例高于法定债资比时，融资成本应按照最高债资比允许的金额进行扣除，融资成本是纳税人为借款而承担的费用。

6. 征管与合规性要求

根据税收法律规定，纳税年度为公历日历年，但纳税人可以选择使用与该日历年不同的 12 月制会计年度。

纳税人应每月申报预缴企业所得税，月度预缴税金金额应等于上年最后 1 个月纳税申报表的税额扣除以下金额的余额：①根据法规代扣代缴的企业所得税。②境外已缴纳可用于抵免的税金。月度税款须在次月 10 日前缴纳，月度纳税申报表必须在次月 20 日前申报；年度纳税申报表必须在次年 4 个月内申报，并在申报当月 25 日前完税。

当税款核定后，税务机关将对到期日未缴纳的税款征收 2% 的罚息，自到期日计算至缴纳日。该罚息为 2% 的月息,最长期限 24 个月。对未申报的税项,税务机关将征收行政附加费,对于未在税务机关签发的催缴函规定的时间内提交所得税纳税申报单的行为,将会按照年度未缴或欠缴的税额征收 50% 的行政附加税;对未扣缴 / 未足额扣缴的所得税征收 100% 的行政附加税。

7. 预提所得税及最终所得税

国家税务总署为了便于征收税款,所得税主要以预提税的形式课征,当收款方所得需要缴纳预提税时,支付方(PPh 22 是进口方负责预缴)一般须按所得税法规定负责代扣代缴所得税。非居民纳税人的支出预扣所得税是最终税收。

(1)《所得税法》第 22 条(PPh 22)——企业所得税。适用于购买进口商品和购买特定商品付款时预提税。每月预缴的税额。(PPh22)构成了纳税居民以及外资常设机构预缴当年企业所得税的一部分。

表8-2-1　购买进口商品和购买特定商品付款预提税税率表

序号	支付款项类型	税率
1	进口某些带有进口商识别码的个人消费品	进口总额的 7.5% 或 10%
2	进口带有进口商识别码(API)的黄豆,小麦,小麦粉	进口总额的 0.5%
3	不同于以上带有进口商识别码的产品	进口总额的 2.5%
4	不带进口商识别码的进口产品	进口总额的 7.5%
5	拍卖的进口产品	拍卖价格的 7.5%
6	销售产品给国家,从国库或者国有公司支付的	销售额的 1.5%
7	出口煤炭商品,金属矿产和非金属矿产	出口总额的 0.5%
8	从经销商购买钢制品	销售额的 0.3%
9	从经销商购买汽车产品	销售额的 0.45%
10	从经销商购买纸制品	销售额的 0.1%
11	从经销商购买水泥	销售额的 0.25%
12	从经销商购买医药制品	销售额的 0.3%
13	购买高级奢侈品	销售额的 5%

续表

序号	支付款项类型	税率
14	从印尼总代理商，代理商或者总进口商处购买交通工具	销售额的 0.45
15	制造商或者出口商批发购买材料用于林业、农场、农作物、畜牧业、渔业	销售额的 0.25%
16	销售天然气燃料	销售额的 0.3%
17	销售煤油给印尼国家石油公司的加油站	销售额的 0.25%
18	销售煤油给非印尼国家石油公司的加油站	销售额的 0.3%
19	销售润滑油	销售额的 0.3%
20	从企业或者持有采矿许可证的个人购买煤炭、金属矿和非金属	销售额的 1.5%
21	来自制造商的金条销售（销售给印度尼西亚银行除外）	销售额的 0.45%

数据来源：印尼《国内所得税法》第 22 条。

（2）《所得税法》第 23 条（PPh 23）——企业所得税。应纳税居民的某些"服务"收入项目需要缴纳 PPh23，缴纳的（PPh23）构成了纳税居民以及外资常设机构预缴当年企业所得税的一部分。

表8-2-2　服务收入项目预提税税率表

序号	支付款项类型	税率
1	股息，贴现银行的利息/公债（支付给纳税人企业）	15%
2	利息（除了所得税 4.2：储蓄利息/存款，印尼央行贴现银行利息）	15%
3	福利社（合作社）的支付存款利息（支付给纳税人企业）	15%
4	特许权使用费	15%
5	奖品和奖励（属于 PPh21 的除外）	15%
6	租用费（除了土地和建筑物租赁，例如：租用机械，汽车等）	2%
7	• 工程服务，管理服务，施工服务和顾问服务 • 施工服务例如：安装机器，电力/电话/水管设备（如果主营业务是做施工建筑属于 PPh4.2，取决于企业经营许可证或经授权机构认证） • 顾问包括律师服务（企业）	2%
8	其他服务：评估师、会计服务，代理记账，财务报表服务；设计服务等	2%

数据来源：印尼《国内所得税法》第 23 条。

（3）《所得税法》第 24 条（PPh 24）——企业所得税。根据印尼境外法律，在国外缴纳的税额 PPh 24 构成了纳税居民以及外资常设机构预缴当年企业所得税的一部分。

（4）《所得税法》第 25 条（PPh 25）——企业所得税。每月预缴的税额（PPh25）构成了纳税居民以及外资常设机构预缴当年企业所得税的一部分。

纳税人应每月申报预缴企业所得税，月度预缴税金金额应等于上年最后 1 个月纳税申报表的税额扣除以下金额的余额：①根据法规代扣代缴的企业所得税；②境外已缴纳可用于抵免的税金。如果在当前应纳税年度内纳税人收到针对上一个纳税年度的纳税评估通知书，则应按照通知重新计算月度预缴额，并应在通知发出后的 1 个月开始预缴。

（5）《所得税法》第 26 条（PPh 26）——非居民纳税人。对于未在印尼设立常设机构的外资企业，由印尼支付方就其来源于印尼的收入代扣代缴企业所得税 PPh26；税率一般为 20%，根据适用的税收协定可减少税率或者免除税率。

（6）《所得税法》第 29 条（PPh 29）——企业所得税。收款方已由支付方代扣代缴的预提税，年度汇算清缴时一般可作为已缴纳税款部分进行抵扣。如果纳税年度内预缴的税额 PPh22、PPh23、PPh25 及在国外缴纳的税额 PPh24 总额少于该年度应纳企业所得税额，那么纳税企业需要在年终补缴企业所得税 PPh29。

（7）《所得税法》第 4 条第（2）款——最终所得税（PPh Final）——企业所得税。

居民企业、常设机构、个人或者其他机构在对外支付时需要从支付给纳税居民和常设机构的某些款项类型中代扣最终所得税。

表8-2-3 最终所得税税率表

序号	支付款项类型	税率
1	储蓄利息 / 存款，印尼央行贴现银行和转账服务： （1）储蓄利息 / 存款（①国内存储；②国外存储）； （2）印尼央行贴现银行； （3）转账服务	国内纳税人：20%；国外纳税人：20% 或 按照 P3B 税率 P3B: Perjanjian Penghindaran Pajak Berganda（避免双重征税协议）

续表

序号	支付款项类型	税 率
2	股票交易： （1）创始人股份； （2）非创始人股份	（1）（0.1% × 交易值）+（当前的市场份额首次公开发行股票的0.5%） （2）0.1% × 交易值
3	利息 / 贴现银行公债和政府债券： （1）带息债券 （2）贴现银行债券 （3）无息债券 （4）其他	（1）国内纳税人：15%； 国外纳税人：20% 或按照 P3B 税率。 （2）国内纳税人：15% 多余的售价或高于债券购买价格的面值，不含应计利息； 国外纳税人：20% 或按照 P3B 税率。 （3）国内纳税人：20% 多余的售价或高于债券购买价格的面值； 国外纳税人：20% 或按照 P3B 税率。 （4）15% 利息总额、多余的售价或高于债券购买价格的面值
4	彩票奖品	彩票奖金总值的 25%
5	地块 / 房屋租赁	总额的 10%
6	（1）设计服务 （2）施工服务 （3）施工监理服务	（1）设计服务： 4% 有资质； 6% 没有资质。 （2）施工服务： 2% 承建商是小型资格（1~4 级）； 3% 承建商是中一大型资格（5~7级）； 4% 承建商是没有资格。 （3）施工监理服务： 4% 有资质； 6% 没有资质
7	纳税人转移他们的土地 / 建筑权利（出售，交换，产权转让，拍卖，发放，或其他方式）	转让土地 / 建筑的总价值的 2.5% 如果是主营业务： – 简易房 / 简易公寓：1%； – 其他类型：2.5%。 如果不是主营业务：2.5%
8	支付给福利社（合作社）成员的存款利率	利息收入每月少于 240000 卢比：0%； 每月超过 240000 卢比：10%
9	衍生产品交易期货合约的形式在交易所交易	初始保证金的 2.5%
10	股息	15%/20% 或按照 P3B 税率

数据来源：印尼《国内所得税法》第 4 条。

（二）增值税

1. 征税原则

销售应税货物或应税劳务的个人、公司或政府机构是增值税的纳税义务人。增值税的征收范围包括：①由企业进行的在关境以内的应税货物转移；②进口应税货物；③由企业接受的来源于关境以外的应税服务；④由企业接受的来源于关境以外的应税无形货物；⑤由企业接受的来源于关境内外的应税无形服务等。不属于增值税应税范围的商品和服务有：自然资源开采出的矿产；日用品；医疗、社会及宗教服务；邮政及转账服务；银行业、保险业及非银行业金融租赁等。

2. 计税方式

企业均采用一般计税。增值税的计税基础为销售价格、进口完税价格、出口完税价格或其他用于核算应收销项税额的金额。其中，销售价格为卖方销售产品收取的款项；进口完税价格为计算进口税费的价格，其中不包括增值税以及奢侈品销售税。

3. 税率

印尼的增值税标准税率为10%，根据不同货物可调整范围为5%~15%。

向进口商、生产商、批发商及零售商等提供服务，大部分按10%的一般税率征收增值税。同时，《增值税法》准许单项税率的调整，现有非10%税率包括香烟及二手车辆，诸如包裹快递及旅游中介这类服务按1%的税率征税，而代理经营则是按所收佣金的5%征税。

4. 增值税免税（优惠）

以下货物或劳务的增值税税率为0%：

（1）出口商品和服务。

（2）符合以下条件的合同分包服务。①应税服务的买家或接受方在关境以外且为非居民纳税人并且没有《所得税法》中所指定的常设机构；②由应税服务的买家或接收者提供规格规范以及材料；③上述材料是指原材料、在产品或用于进一步加工为应税商品的辅助材料等。

（3）位于关境以外施工计划、施工工程和施工监理在内的建筑服务。

（4）与关境外所使用流动资产相关的修缮及维护服务。

5. 销项税额

增值税销项税额的计算应以计税基础乘以增值税税率。

销项税额的抵减：①与退货商品相关增值税可以在退货发生当期从销项税额中抵减；②与撤销的服务相关增值税可在服务撤销当期从销项税额中抵减。

6. 进项税额抵扣

一个税收时期（月）的进项税，原则上必须与同期的销项税额抵扣。然而，如果进项税还未做费用处理或税务审计还未开始，该税收时期后的3个月内进项税依然可以留存抵扣销项税。税收发票的有效性是成功申报进项税抵扣的关键（开票方是否通过增值税税控系统开具增值税专用发票，开票方是否确实已按税票缴纳增值税）。

以下进项税额不得从销项税额中抵扣：①企业成为增值税纳税人以前购入的货物或服务；②与企业经营活动无关的购入货物或服务；③为轿车及旅行车发生的购买及维护支出，除非该车辆用于销售或出租；④企业成为增值税纳税人以前在关境外使用的无形资产和服务；⑤发票不符合法规规定的购入货物或服务；⑥采用核定方式开具的发票所销售的货物或服务；⑦纳税检查中发现销售方未缴纳增值税的货物或服务。

7. 征收方式

增值税按销项税额大于进项税额的差额缴纳；如果纳税期内，进项税额大于销项税额，两者的差额应作为下期的留抵税额。如果纳税人年末仍然有留抵税额，可以就留抵税额申请退税。

8. 征管与合规性要求

增值税申报截止日期为有关交易发生次月的月度纳税申报表提交日。

应纳税额纳税人须在次月前15日内到税务机构缴纳，每月的纳税申报单必须在当月20日前提交。

当税款核定后，税务机关将对到期日未缴纳的税款征收2%的罚息，自到期日计算至缴纳日。该罚息为2%的月息，最长期限24个月。

（三）个人所得税

1. 征税原则

印尼针对个人与企业征收的所得税均适用同一部《国内所得税法》[①]。因

---

① 《国内所得税法》：1983 年由财政部国家税务总署首次颁布的 1983 年 7 号国家税务所得税法 Undang-Undang Republik Indonesia Nomor 7 Tahun 1983，最后修改版本为 2008 年 36 号所得税法，即 Undang-Undang Republik Indonesia Nomor 36 Tahun 2008。

此征税范围与计算方式与企业所得税基本相同，需要区分居民纳税人和非居民纳税人，居民个人的纳税人身份应由税务总署根据具体情况确定：

居民个人指的是：①在印尼境内连续的 12 个月内逗留超过 183 天，或在一个会计年度期间在印尼居住且有意向继续逗留的个人；②受益人所遗留的应作为一个整体不可分割的财产。

非居民个人指的是：不在印尼境内定居，且在连续的 12 个月内在境内逗留不超过 183 天的个人。

税率：非居民个人纳税人以受雇所得、股息红利、利息、特许权使用费、租金、奖励或特许权以及技术、管理和其他服务形式取得的所得需要按 20% 的税率缴纳预提税。除受雇所得外，根据中印尼税收协定，该非居民个人纳税人其他个人所得，经过申请，可减按 10% 税率缴纳。

2. 申报主体

个人所得税（PPh 21）按规定按月由雇主代扣代缴；个人所得税年度汇算清缴由其本人负责申报。

雇主需从应付工资中代扣个人所得税（PPh 21）（税率见《所得税法》，下同）。该项预提税也适用于向非雇员个人支付其他费用（如支付费用给顾问或服务提供者）。没有税号的纳税居民，除需缴纳 PPh 21 规定税额外，还需额外缴纳 20% 的税收罚金。

3. 应纳税所得额

个人所得税应纳税额的计算方法与企业所得税的计算方法基本相同。此外，针对个人所得税应纳税额的计算还有以下特殊规定：

（1）已婚女性的所得或者损失，包括以前年度累积的亏损，应视同其丈夫的所得或损失，除非该所得已由某一雇主扣缴所得税并且该雇佣关系与其丈夫或其他亲属无关。

（2）已婚人士除非符合以下情况，否则应与配偶合并纳税：①双方已根据法庭判决分居；②双方签订财产分离协议；③妻子选择单独拥有纳税权利与义务。

（3）未成年人的所得应计入其父母的应纳税所得额。

（4）年收入在 48 亿卢比以内的个人可以选择核定征收，但是需要在当年度前 3 个月内取得税务总署的同意。

4. 扣除与减免

从 2016 年 1 月有效，以下适用于个人居民纳税人计算应税收益的个人扣除项，基于纳税人的个人情况。

表8-2-4 个人居民纳税人应税收益个人扣除项

扣除基础	扣除额（每年）
纳税人	5400 万卢比
配偶	450 万卢比（适用于妻子和丈夫的共同收益额外 5400 万卢比）
家属	每个 450 万卢比（最多三个直系亲属）
职务津贴	总收益的 5% 最多达到 600 万卢比
退休金成本（适用于领退休金者）	总收益的 5% 最多达到 240 万卢比

数据来源：印尼财政部"101/PMK.010/2016"关于免除应课税收入调整。

以下收入类型在印尼免除个人所得税：①由财政部所认定的，由印尼境内所设银行及境外银行印尼境内分行所发放的养老金利息；②每人每年在 1584 万卢比以内的收入；③已婚个人每年额外增加 132 万卢比的免税收入额；④联合报税的每位纳税人配偶可额外增加 1584 万卢比的免税收入额；⑤纳税人每增加一位被抚养人（最多三位）可额外增加 132 万卢比的免税收入额；⑥境内外教育机构所发放的奖学金；⑦日薪低于 15 万卢比的短期劳动报酬；⑧由国家指定机构发放的社会保险收入。

5. 税率实行累进税率

以下四级累进税率适用于大部分受雇所得、生产经营所得、专业服务所得和保险代理人佣金所得。

表8-2-5 印尼个人所得税税率表

应纳税收入（年度累计）	税率	税额（卢比）
对第一个 5000 万卢比	5%	250 万
对下一个 2 亿卢比	15%	3000 万
对下一个 2.5 亿卢比	25%	6250 万
对超过 5 亿卢比的收入	30%	相应收入的 30%

数据来源：印尼《国内所得税法》第 17 条。

除上述规定以外,个人取得的股息分红的最终税率为 10%。

如果个人纳税人的纳税义务期间并非包括全年,其应纳税额应按照纳税义务天数除以 360 得到的比例占全年收入的金额进行计算。

6. 征管与合规性要求

月度税款须在次月 10 日前缴纳,月度纳税申报表必须在次月 20 日前申报;年度纳税申报表必须在次年 3 月 31 日前申报,并在申报当月 25 日前完税。印尼针对个人与企业征收的所得税均适用同一部《国内所得税法》。因此征税范围与计算方式与企业所得税基本相同。

(四)关税

1. 关税体系和构成

印尼关税制度的基本法律是 1973 年颁布的《海关法》。现行的进口关税税率由印尼财政部于 1988 年制定。自 1988 年起,财政部每年以部长令方式发布一揽子"放松工业和经济管制"计划,其中包括对进口关税的调整。

印度尼西亚贸易部主管该国的产品进口事宜,并负责执行与进口许可证规定相关的规例。

对已签署自由贸易协议(FTA)和经济伙伴协议(EPA)的国家采用优惠税率。这意味着对从 FTA/ EPA 伙伴国进口的特定货物适用较低的进口关税或完全免除。目前,印尼有下列优惠关税计划:

东盟贸易协议(ATIGA):这是基于印尼与东盟国家之间的协议的特惠关税。此关税适用从东盟国家进口到印尼的货物。

东盟与中国自由贸易协议(ACFTA):这是东盟国家与中国签订的关于建立自由贸易区的协议。中国指的是中国大陆不包括特别行政区(香港、澳门和台湾)。

关税及进口税都应在货物运出海关区域(港口)前付清。如货物需要缴纳消费税,税款同样需要在货物离开海关前付清。未按规定纳税的,将按未纳税额予以惩罚,罚金上限为未纳税额的 10 倍。

2. 税率

进口关税以进口商品的海关完税价格为基础,按照 0%~150% 的税率进行征缴。海关完税价格按照到岸价格(CIF)计算。

表8-2-6　进口货物关税税率表

组别	货物	税率
汽车	客车＆商务用车	5%~50%
汽车零部件	半散件	0%~7.5%
	零件	0%~10%
船舶	轮船、船艇、浮式结构	0%~5%
飞行工具	热气球、直升机、飞机、降落伞、飞行工具发射装置	0%
电子产品	相机、冰箱、手机及其他	0%~15%
织物、纺织品及配饰	包、鞋类、挽具、服饰和服装配饰等	5%~35%
饮品、酒精及酒精饮料	酒精、果汁、啤酒、红酒、烈酒和其他酒水	5%~150% 或每公升 14000 卢比
精油及树脂型物	芳香物质	5%~150%
农产品	动物及蔬菜产品	0%~30%
塑料	塑料制品及其他	0%~25%
橡胶	橡胶制品及其他	0%~15%
木材	木制品及其他	0%~25%
钢	钢制品及其他	0%~20%
其他	化学制品、制药产品、艺术作品、军火产品、乐器及其他	0%~40%

数据来源：印尼财政部"6/PMK.010/2017"关于进口货物关税及其税率的确定。

　　作为对贸易自由化的承诺，印尼政府逐步降低对大部分产品的进口关税税率。

　　出口关税可根据海关完税价格（ad valorem）的一定比例，或具体依照某一货币下的关税税率/数量计算。海关完税价格由海关总署根据贸易部制定的价格基准决定。

表8-2-7　出口货物关税税率表

组别	货物	税率
皮革和木材	由动物绒毛制作的皮革、薄木、木片、已加工木材	2%~25%

续表

可可豆	可可豆	0%~15%
棕榈果、粗制棕榈油、（CPO）及其衍生品	新鲜棕榈果、粗制棕榈油、粗制棕榈仁油（CPKO）、氢化棕榈毛油／棕榈仁油、棕榈脂肪酸蒸馏液（PFAD）、生物柴油	每公吨0~262美金
精矿	部分金属矿石	0%~7.5%
部分矿石	部分镍矿与铝土矿	10%

数据来源：印尼财政部"13/PMK.010/2017"关于出口货物关税及其税率的确定。

3. 关税免税

（1）对保税区仓库的货物和以出口为目的的货物进口。

（2）国外贷款或拨款资助的政府项目（列入国家项目清单列表（Daftar Isian Proyek/DIP）或其他类似文件中有明确规定）的总承包商、咨询公司和供应商就该项目进口商品和使用国外应税服务和／或国外无形商品时免除进口关税。

（3）国家投资协调局可能会通过发布设备免税清单为战略性商品提供税收优惠。此税收优惠为具备资格的机械和原材料免除进口关税。

4. 设备出售、报废及再出口的规定

全额关税进口设备，企业可以自行报废、处置；免税进口设备（BKPM Master list）五年内禁止出售处理，满五年后，企业可以自行报废、处置；临时性进口设备需每月缴纳其关税的2%，最长不超过三年，期满后需要转出口，也可缴纳全部关税后，转为永久性进口。

（五）企业须缴纳的其他税种

1. 奢侈品销售税

除增值税外，个别应课税工业品的交付或进口需要缴纳奢侈品销售税（LST）。一种商品只需缴纳一次LST，即LST仅在商品进口或生产商（居民）交付至其他方时征收一次。根据增值税和LST法律，LST税率有可能增加至200%，但目前LST税率维持在10%~125%。

2. 消费税

消费税是针对个别因其批发和消费可能会对社会造成负面影响的货物而征收的。目前，缴纳消费税的产品包括酒精、酒精类饮料和烟草制品。

消费税税率根据酒精和酒精类饮料的原产地（每公升 13000~139000 卢比）以及烟草生产商的烟草制品分类（每根 / 克 6~110000 卢比）而变化。特别针对烟草制品，相关生产商群组所适用的消费税税率将根据生产商的产品总产量进行计算。

3. 土地与建筑物税

土地与建筑物税（PBB）是对所有土地和 / 或建筑物征收的财产税，特别豁免的除外。PBB 作为地方性税收的一部分，遵循《地方税收和处罚条例》（PDRD），各地方政府需要就其 PBB 颁布相应的地方条例（PERDA）。

根据 PDRD，PBB 的适用范围包括所有土地与建筑物，以下其他法规管辖的除外：林业；种植业；矿产和煤炭；石油、天然气和地热矿区；位于国家海域上并在领土外的其他产业。

PBB 根据地方政府每年签发的《应纳税额征缴函》（SPPT）进行课征。若某个人或组织对一块土地和 / 或对某一建筑物享有所有权、控制权和 / 或从中获得利益，则该个人或组织将被认定为该土地和 / 或建筑物的 PBB 法定纳税人。

根据 PDRD，PBB 税率最高为 0.3%，应付税款根据课税主体销售价（Nilai Jual Objek Pajak/NJOP）扣除非课税主体价值后按照税率进行计算。非应税价值的最低设定为 1 千万卢比。任何条例的变化都需颁布 PERDA 来执行。

根据 1985 年 12 号关于 PBB 的印尼法律，税基由 NJOP 衍生的应课税销售价（NJKP）确定，其价值为 NJOP 的 20%~100%。NJKP 的取值由政府条例（PP）根据国家整体经济情况而定。NJOP 价值由财政部每三年确定，个别地区需要根据地区发展的实际情况按每年进行 NJOP 价值的认定。

4. 土地与建筑物转让税

土地和建筑物转让会导致转让者（卖方）在转移 / 销售产生认定收益所得税。土地与建筑物转让税税率设定为总转让价值（计税基数）的 2.5%。如果纳税人从事房地产开发行业，则其转让廉价房屋和廉价公寓时的税率为 1%。计税基数是土地和建筑物产权转让文契认定的交易价值或 NJOP 两个价值中较高者。该税额必须在卖方将土地或建筑物产权转让至受让人时缴纳。所有支付税额均为最终税额。

5. 土地与建筑物产权购置税

土地和建筑物产权转让也会为受让人一方带来土地与建筑物权购置税（BPHTB）应纳税额。土地与建筑物转让税税率设定为总转让价值（计税基数）的 5%，计税基础在大多数情况下是市场（交易）价值或以课税主体收购价值（Nilai Perolehan Objek Pajak/NPOP）两个价值中较高者。BPHTB 作为地方税收的一部分需遵循 PDRD。符合征税资格的土地和建筑物产权转让应包括买卖、折价贴换交易、授予、继承、向企业捐献、股权分割、指定买方拍卖、执行具有法律效力的法院裁决、企业并购、合并及扩张以及奖品分配。

6. 印花税

印花税的金额极小且是以固定金额（6000 卢比或 3000 卢比）于签署或提交特定文件时缴付。

（1）下列文件应付 6000 卢比的印花税。协议书和用于证明某项行为、事实或民事性质的其他文件（授权书、赠送证明或声明）；公证书及其副本；由特定土地公证员出具的契约书；用于法庭证据的文件。

（2）所有包含款项而具备以下条件的文件。列明已收到款项；列明于银行记录或存放款项；包含银行存款余额的通知；包含全部或部分支付或偿还债务的确认；有价值票据，如汇票、本票或承兑汇票；任何名义或形式的证券；支票。如果文件规定的金额超过 100 万卢比，印花税为 6000 卢比；如果金额在 25 万~100 万卢比之间，则为 3000 卢比；如果金额低于 25 万卢比，则无需缴纳印花税。支票，不论其票面价值，其印花税均为 3000 卢比。

（六）社会保险金

雇主有责任确保其雇员参加了社会保障计划。雇员为社保支付的费用由雇主在其工资中扣除。这部分费用须与雇主为社保承担的部分一同支付。覆盖印尼所有国民（含外籍人士）的全面的社会保障体系于 2014 年 1 月 1 日颁布并将逐渐取代以前的社保体系。

新社保体系的管理部门如下：①医疗保险的社保局（BPJS Kesehatan）——负责医疗保险；②工人社会保障的社保局（BJPS Ketenagakerjaan）——负责意外事故险、保险、养老公积金、死亡保险和退休金。

现行的社会保障计划缴费比例如表 8-2-8：

表8-2-8　社会保障计划缴费比例

范围	占固定工资/薪金的比例	
	雇主负担部分	雇员负担部分
工作意外事故险	0.24%~1.74%	—
死亡保险	0.30%	—
养老公积金	3.70%	2%
医疗保险	4.00%	1%
退休金	2.00%	1%

数据来源：印尼医疗社会保障总局官网 BPJS Kesehatan。

第三节　外汇政策

一、基本情况

印尼有关外汇和卢比的交易主要遵循印尼央行 2005 年 7 月颁布的《卢比与外汇交易限制法》的规定。该法案规定，除符合本法规的有关豁免规定并提供相关文件，禁止岸内银行给非居民贷款，禁止卢比资金划转到岸外银行账户。

印尼央行对外汇市场的监管政策：（1）岸内交易。在岸内市场，可自由进行即期和远期外汇交易。持有外汇业务经营许可证的银行可以为客户开立任何可自由兑换货币账户。对非居民持有卢比和外国货币没有限制。（2）岸外与岸内交易。岸外银行可自由进行卢比对美元的即期交易，或与岸内银行签订买入卢比，卖出美元的远期合约。在任何情况下，与卢比有关的外汇买卖交易都必须与岸内银行进行。除非符合央行的豁免规定，所有向交易对手支付的卢比都必须转入岸内银行账户。

印度尼西亚中央银行（BI）具体负责印度尼西亚的外汇管理工作，委派银行和非银行金融机构辅助开展有关工作。印度尼西亚实行有管理的浮动汇率制度，BI 在适当的时候进行干预以防止汇率过度波动。目前印尼实行相对自由的外汇管理制度，个人可以自行持有、使用并兑换外汇。但是，海外兑换外汇应当遵守印尼央行，即印尼银行的报告义务。报告义务应当由印尼主体来完成。

按照 BI 第 17/3/PBI/2015 号规定，从 2015 年 7 月 1 日开始，任何现金或非现金在印尼境内进行的交易必须使用卢比来完成。一些豁免的交易除外。

二、居民及非居民企业经常项目外汇管理规定

（一）货物贸易外汇管理

美元可以自由兑换卢比，无限制；卢比兑换美元有所限制，此时卢比兑换美元，需汇出印尼时，需要有合同 / 票据支持，如内部借款协议 / 利息，购销合同，此种情况可以按照合同换汇，并立即汇出。

（二）服务贸易外汇管理

美元可以自由兑换卢比，无限制；卢比兑换美元有所限制，此时卢比兑换美元，需汇出印尼时，需要有合同 / 票据支持，如内部借款协议 / 利息，购销合同，此种情况可以按照合同换汇，并立即汇出。

（三）跨境债权债务外汇规定

同一名称单位，购汇汇出无限制，换汇需要提供证明，如内部借款协议，收款证明材料；非同一名称单位，换汇或汇出时，需要有合同 / 票据支持换汇，且支持性资料时效为 3 个月。

（四）外币现钞相关管理规定

由银行内部管理需要自主出具相关管理办法。大额现钞，需要提前预约等。现金出境限额 1 亿卢比（约 6900 美元），携带 1 亿卢比以上现金出境的居民需向印尼银行申请许可证方能出国；而从印尼国外携带卢比现金入境的不需要向印尼银行申请许可证，但若携带的现金入境超过 1 亿卢比（约 6900 美元）就需向海关申报。

三、居民企业和非居民企业资本项目外汇管理

印尼不限制外汇资金的境内和境外转移，但入境投资资本需要审批。

离岸贷款及资本项下的外汇必须在印尼中央银行登记报备，并每月报告后续资金流动情况，以使央行监督国家的外汇风险，汇款时，银行根据印尼央行要求提供投资合同和相关证明文件办理支付。

（1）对外投资企业规定，资本可自由转移。

（2）外汇账户开立无限制。

四、个人外汇管理规定

个人可以自行持有、使用并兑换外汇。

换汇规定：美元可以自由兑换卢比，无限制；卢比兑换美元有所限制（月度 10 万美元以内，单笔不超过 2.5 万美元）。

第四节　会计政策

一、会计管理体制

（一）财税监管机构情况

印尼财政部（MOF）负责全部财务工作，税务总署（DGT）负责税务工作，当地有注册会计师协会委员会（DSAK-IAI）负责会计准则和法规的制定。

（二）事务所审计

下列公司必须进行财务审计：①上市公司。②资本积累来源于公众的公司（如银行和保险公司）。③发行债券的公司。④拥有 250 亿卢比及以上资产的公司。⑤银行要求审计其财务报表的借贷公司。⑥某些被授权签订协议且在印尼经营的特定外国实体——包括 PMA 公司。⑦某些国有企业。

（三）对外报送内容及要求

年度财务报告和税务报告完税证明文件等。年度财务报告包括财务状况表、损益表和其他综合收益表、权益变动表、现金流量表、财务报表附注。

上报时间要求：年度财务报告应在报告日期后 4 个月内提交。

二、财务会计准则基本情况

（一）适用的当地准则名称与财务报告编制基础

印尼会计师协会（DSAK-IAI）财务会计准则委员会发布的印尼财务会计准则（PSAK），该准则基于国际财务报告准则（IFRS）；没有公众责任的企业可采用相对简单的会计准则（SAK ETAP），仅适用于无公共责任的实体。

印尼会计准则和国际会计准则差异：印度尼西亚承诺，将 IFRS 准则确立为唯一一套会计准则作为本国目标，逐步向 IFRS 准则全面趋同。目前，从已发布的印尼会计准则看，基本采用 IFRS 准则内容，条款重大部分基本一致，主要差异为时间性差异：总的来说印尼会计准则采用国际会计准则通常需要几年的时间，例如，IFRS9 和 IFRS15 于 2018 年生效，印尼将在 2020 年采用；IFRS16 于 2019 年生效，印尼将在 2021 年采用；根据本国实际，印尼发布的一些会计准则未在 IFRS 准则中列示：如印尼会计准则 PSAK 38 共同控制实体下的重组会计；PSAK 44 房地产开发会计；PSAK 45 非营利组织的财务报告；PSAK 70 涉及税务赦免的会计处理。

（二）会计准则适用范围

以下类型的企业需要提交由合资质的审计师审计的年度财务报表：

公开上市企业；银行、保险，或涉及公众集资的企业；发行债务凭证的企业；资产超过 250 亿卢比的企业；有银行债务并且银行要求债务人提供经审计的财务报表的企业；某些在印尼从事经营活动并被授权签署合约的外国企业；某些类型的国有企业。

三、会计制度基本规范

（一）会计年度

一个企业的会计期间通常是 12 个月，且一般采用从 1 月 1 日—12 月 31 日的公历年为一个会计年度。但企业可以选择不从 1 月 1 日开始其会计年度。

从税收角度，在大多数情况下也采用公历年作为评估的财政年度；但与会计年度类似，企业也被允许采用不从 1 月 1 日起的财政年度。

（二）记账本位币

一般情况下企业需使用卢比作为记账本位币并编制财务报表。

外国投资（PMA）企业、常设机构、外资企业子公司、海外上市纳税企业及其他根据印尼使用的财务会计准则（SAK）以其记账本位币——美元编制财务报表的纳税企业可以通过国家税务总署（DGT）特别批准，以美元作为记账本位币并以英文编制；以美元作为投资资金的集体投资合约（Kontrak Investasi Kolektif）也可以美元作为记账单位记账；与政府签订分成合同或工作合同的企业可书面形式向 DGT 申请以美元记账。

纳税企业需要在以美元为记账单位的会计年度开始至少 3 个月前向 DGT 提出申请，DGT 需在 1 个月内对申请作出决定，如果一个月内没有决定此申请则被视为自动通过审批。

获批准以美元记账的企业可以向 DGT 申请重新变更为以卢比记账，如果通过审核，企业不能五年内再次申请以美元记账。

除英文及美元外，企业不得使用其他外国语言或外国货币记账。不论使用何种货币和语言，企业一般需以卢比缴纳其税负（分成合同下的企业除外），并以印尼语填写报税表。企业所得税年度申报表必须以卢比和美元双栏呈现。

（三）记账基础和计量属性

除现金流量表及其相关信息外，企业应当基于权责发生制制作财务报表。根据权责发生制，收入和费用的归属期应由相应的权利和责任的发生来决定。此外，只有在一个项目满足相关定义和识别条件时，企业方可将该项目作为资产、负债、权益、收入或费用记入企业簿册。

四、主要会计要素核算要求及重点关注的会计核算

（一）现金及现金等价物

现金及现金等价物包括现金、银行账户、流动性短期投资组成，可以迅速转换为预定金额的现金，且风险价值变动不大。持有的现金等价物是为了满足短期现金承诺而不是用于投资或其他目的。作为现金等价物，流动性短期投资必须可以立即转换为预定金额的现金，价值变动不大。因此，投资一般只有在条件满足时才符合现金等价物。在股市的投资不包括在现金等价物，除非股权形式投资的实质是现金等价物。其中，受限资金被归类为其他金融资产。

（二）应收款项

应收账款是指企业在正常的经营过程中因销售商品、产品、提供劳务等业务，应向购买单位收取的款项，包括应由购买单位或接受劳务单位负担的税金、代购买方垫付的各种运杂费等。本账户按不同的购货或接受劳务的单位设置明细账户进行核算。应收账款初始计量按成本计量，按实际发生额计价入账。计价时还需考虑商业折扣和现金折扣等因素。

期末计量可以采用历史成本及公允价值进行计量。在期末应进行评估，对预计无法收回部分计提坏账准备，对于确实无法收回的应收账款，凡符合坏账条件的，应在取得有关证明并按规定程序报批后，作坏账损失处理。

（三）存货

存货应当按照成本进行初始计量。成本包括购买价款、相关税费（进口关税，未退税）、运输和处理成本和任何其他直接归属成本。存货的成本可以采用先进先出法或加权平均成本法。不允许使用后进先出法。一个企业实体对所有存货的使用应采用相同的成本公式。

期末存货计量：会计期末，根据成本与可变现净值孰低法，对期末存货进行评估，如果存货跌价需要计提存货跌价准备，确认为跌价损失。

可变现净值＝存货的估计售价－进一步加工成本－估计销售税费

会计处理：

（1）当存货成本低于可变现净值时，存货按成本计价。

（2）当存货成本高于其可变现净值时：

借：资产减值损失

贷：存货跌价准备

（3）以前减记存货价值的影响因素已经消失的，减记的金额应予以恢复，并在原已计提的存货跌价准备金额内转回，转回的金额计入当期损益。

借：存货跌价准备

贷：资产减值损失

（4）企业结转存货销售成本时，对于已计提存货跌价准备：

借：存货跌价准备

贷：主营业务成本、其他业务成本

（四）长期股权投资

长期股权投资为企业持有的对其子公司、合营企业及联营企业的权益性投资以及企业持有的对被投资单位具有控制、共同控制或重大影响，且在活跃市场中没有报价、公允价值不能可靠计量的权益性投资。

权益法是一种会计处理方法，初始确认投资成本，随后根据投资者在被投资单位净资产中所占份额的后期变动进行调整。重大影响是参与被投资单位财务决策和经营活动的权力，但不控制或共同控制。共同控制是一项安排的合同协议，只有当有关活动的决定需要共同控制的所有各方一致同意时才能存在。如果实体直接或间接拥有被投资单位 20% 的投票权，则认为该实体具有重大影响，反之亦然。对被投资单位具有共同控制或重大影响的实体采用权益法核算；对联营企业或合营企业的投资采用权益法核算，除非投资符合例外情况。如果投资成为子公司，则实体根据 PSAK 22 和 PSAK 65 进行核算。

（五）固定资产

拥有一年以上使用年限的资产，其相关成本自获取之月起会以直线法或余额递减法提折旧，并归类如下：

（1）第 1 类——使用年限为 4 年的资产按 50%（余额递减法）或 25%（直线法）计算。此类资产包括电脑、打印机、扫描仪等。

（2）第 2 类——使用年限为 8 年的资产按 25%（余额递减法）或 12.5%（直线法）计算。此类资产包括金属制家具及设备、空调、汽车、巴士、货车、快艇等。

（3）第 3 类——使用年限为 16 年的资产按 12.5%（余额递减法）或 6.25%（直线法）计算。此类资产包括除石油和天然气行业外的一般矿业机器、纺织、木材、化工和机械行业的机器、重型设备等。

（4）第 4 类——使用年限为 20 年的资产按 10%（余额递减法）或 5%（直线法）计算。此类资产包括重型建筑机械、机车、铁路客车、重型船舶和码头。

（5）第 5 类（建筑类）——使用年限为 20 年，建立于永久建筑上的资产按 5%（直线法）计算；或使用年限为 10 年，建立于非永久建筑上的资产按 10%（直线法）计算。土地和建筑物产权购置税（Bea Pengalihan Hak atas Tanah dan Bangunan/BPHTB）计入建筑成本。

（六）无形资产

无形资产：可以与实体区分开来，单独出售，转让，租赁或交换的，与相关合同，可识别资产或所确定的负债一起分开，不管该实体是否有意这样做，从任何合同权利或其他合法权利出发，不论这些权利是否可以转移或与实体分离，或与其他权利和义务分开。同时满足确认条件：该实体很可能从资产中获得未来的经济利益，这些资产的成本能够可靠地计量。

初始计量按照合同成本或者历史成本进行确认，如果有合同规定摊销年限的，按照合同规定执行。期末计量按照历史成本进行计量。无形资产摊销按照相应规定进行摊销。

（七）职工薪酬

职工薪酬核算所有支付给职工的各类报酬，职工需与公司签订劳务合同，确认和计量方法与中国会计准则的职工薪酬类似。短期就业福利如下列预期将在雇员提供有关服务的年度报告期结束后 12 个月内全部结算：工资，薪金，社会保障，带薪年假，带薪病假，利润和奖金，非货币性福利，家庭补贴，汽车补贴）；退休后福利（退休，离职后人寿保险和离职后医疗服务）；长期福利（长期有薪假，就业奖励，永久性残疾福利），遣散费。

（八）收入

收入是指一个实体在一段时间内正常活动产生的经济利益的流入总额，如果这种流入导致权益增加不是源自投资者的贡献。

如果满足以下所有条件，则确认销售货物的收入：实体将货物的所有权风险和报酬大幅度转移给买方；实体不再继续管理与货物所有权正常相关或对销售商品实行有效控制；收入金额可以可靠地计量；与交易相关的经济利益最有可能流向该实体；发生或发生的有关该等销售交易的任何费用均可以可靠地计量。

（九）政府补助

政府补助旨在根据某些标准向一个实体或若干合格的实体提供具体的经济利益，其形式是向实体转移资源，以换取过去或未来实体根据与实体经营活动有关的某些条件的遵守情况。政府补助的会计处理方法主要有两种：资本法，在这种方法下，将补助直接贷记股东权益；收益法，在这种方法下，将补助作为某一期或若干期的收益。(《国际会计准则第 20 号——政府补助会计和对政府援助的揭示》)。

（十）借款费用

借款费用，是指企业发生的与借入资金有关的利息和其他费用。直接归属于某项资产的购置、建造或生产的借款费用，应包括在该项资产的成本之中，将其作为资产成本的一部分予以资本化。其他借款费用应在其发生的当期确认为费用。(《国际会计准则第 23 号——借款费用》)借款以摊余成本计量。借款的摊销成本采用实际利息法计算。

（十一）外币业务

根据相关规定，所有商业实体通常使用卢比为记账本位币进行核算。企业也可以使用其他币种作为记账本位币来记账并制作财务报表。如果有外币业务也必须使用美元作为记账本位币，必须经过如一笔业务款项是以美元以外的货币计算，则该款额须按银行及付款局在中央结算系统结算时所采用的中间汇率折算。

（十二）所得税

根据《国际会计准则第 12 号——所得税会计》，资产负债表债务法核算确认应纳税所得额，通过比较资产负债表上列示的资产、负债按照会计准则规定确定账面价值与按照税法规定确定的计税基础，对于两者之间的差异分别按应纳税暂时性差异与可抵扣暂时性差异分别确认递延所得税负债和递延所得税资产，并在此基础上确定每一会计期间利润表中的所得税费用。

对于建筑施工公司由于业主是按照账单预提 3% 所得税，年底收到业主的完税证明，将业主预提所得税转为所得税费用。

（十三）企业合并

企业合并是指收购方获得对一个或多个企业（"被购买方"）的控制的交易或事项。控制被定义为管理实体或企业的财务和经营政策的权力，以便从其活动中获益。一些因素可能会影响哪个实体具有控制权，包括权益持股，董事会控制权和控制协议。如果一个实体拥有超过另一个实体股权的 50%的股权，则有一个控制推定。侧重于交易的实质，而不是法律形式。所有企业合并，不包括同一控制下企业合并的企业合并，采用收购法核算。

本章资料来源：

◎ 中华人民共和国政府和印度尼西亚共和国政府关于对所得避免双重征税和防止偷漏税的协定

◎《中国居民赴印度尼西亚共和国投资税收指南》

◎ 印尼第 20 号总统令：《关于引入外籍劳工的新规定》

◎《2008 年 36 号国内所得税法》

◎《关于出口货物关税及其税率的确定》

◎《关于进口货物关税及其税率的确定》

◎ 印尼财政部 . 关于免除应课税收入调整

第九章 越南税收外汇会计政策

第一节 投资环境基本情况

一、国家简介

越南全称为越南社会主义共和国，位于中南半岛东侧，东临南中国海，西临老挝与柬埔寨，北与中国广西壮族自治区以及云南省接壤。越南面积 32.96 万平方公里，居世界 58 位，海岸线长 3260 公里，人口 9270 多万（2016 年统计），居世界第 13 位。越南共 54 个民族，主要为京族，约占 87%，首都为河内。越南全国行政区划分 57 个省及河内、胡志明市、海防及岘港等四个直辖市，省市之下设县、郡，各级政府设有人民委员会及人民议会。首都河内人口 759 万人（2015 年统计）、胡志明市 843 万人（2016 年统计）。越南官方语言为越南语，官方货币为越南盾。

二、经济情况

越南 2017 年的 GDP 总量为 2159.63 亿美元，其中农林水产领域占 15.34%；工业、建设领域和服务领域分别占 33.34% 和 41.3%。越南近年经济发展迅速，自从 2015 年以来的年均增速超过了 6%。越南人均 GDP 值逐年增加，2017 年人均 GDP 值为 2385 美元。越南目前参加了多个重要的国际性和地区性经济组织，国际性经济组织诸如世界贸易组织、国际货币基金组织、世界银行等。地区性国际经济组织诸如亚洲开发银行、东南亚国家联盟、亚太经合组织、跨太平洋伙伴关系协定（TPP）、亚洲基础设施投资银行等。

三、外国投资相关法律

目前，越南实行统一的《投资法》，以规范国外投资。《投资法》规定，除了少数涉及国防、国家安全等领域的行业外，普遍实行内资、外资同等待遇。越南主管投资的部门为计划投资部，主要负责对全国"计划和投资"

的管理；制定经济社会发展和经济管理政策指导；负责管理国内外投资；管理工业区和出口加工区的建设，并负责部分项目的招标。

在投资方式方面，外商可以选择采用直接投资、间接投资、并购方式进行投资。外商在投资领域、投资形式、投资地点、投资伙伴及投资期限方面可以自主决定，自由度较高。投资者可以经营一个或者多个行业，并可以自主决定其企业的经营活动。

在投资过程中外商也需遵守越南《知识产权法》《商业法》《劳动法》《公司法》《环境保护法》等相关法律规定。另外越南2010年以总理令的形式颁布了编号为71/2010/QD-DDG的"关于颁布PPP投资试点规范的决定"。

越南规定在越工作的外国雇员必须首先向越南相关部门申请劳动许可证、外国雇员根据越南颁发的劳动许可证向移民局申请居住证以及劳动签证，劳动许可证有效期为两年。

第二节　税收政策

一、税法体系

越南初步建立了相对完善的税收体系，《越南社会主义共和国宪法》第八十条规定，依照法律的规定纳税和参加公共事业劳动是公民的义务。宪法作为根本大法为越南的税收制度奠定了基础。越南现行的税收程序法有《征收管理法》，实体法有《个人所得税法》《企业所得税法》《增值税法》《特别消费税法》等。

二、税收征管

（一）征管情况介绍

越南的税收立法权和征税权集中在中央，越南税收法律要经过国会批准才能生效执行。国家税务局是财政部领导下负责税款征收的直属机构。越南没有中央税和地方税之分。越南建立了以所得税和增值税为核心的全国统一税收体系。

截至目前，越南已经与包括中国在内的 76 个国家签订了税收协定。越南已经签署了《税基侵蚀与利润转移公约》，但是尚未签署《税收征管互助公约》。越南已经加入世界贸易组织，并且签订了多个自由贸易协定，包括《中国—东盟自贸协定》《日本与东盟经济合作伙伴协议》《东盟—韩国自由贸易协定》《东盟—印度自由贸易协定》《东盟—澳大利亚—新西兰自贸区》《越南—日本经济伙伴关系协定》《越南—智利自由贸易协定》等。

（二）税务查账追溯期

违反税法的定义包括违反纳税程序、延迟缴纳税款、进行错误申报以减少应纳税款或增加应退税款以及避税或税务欺诈。越南对于与违反纳税程序处罚有关的法定时效是两年，针对避税或欺诈，法定时效为五年。如果法定时效已过，纳税人不会被处罚，但必须全额缴纳未足额支付的税款。

法律详述了违反税法行为的类型以及相关的处罚措施：如纳税人、扣缴义务人延期缴纳税款，税务机关将对延期缴纳税款处以延期缴纳金额 0.05%/ 天的滞纳金。如纳税人、扣缴义务人少申报及缴纳税款，税务机关将对少申报缴纳税款部分处以少缴纳金额 10% 的罚款，同时对逾期部分进行处罚。针对纳税人、扣缴义务人的避税或欺诈行为，税务机关的罚款金额为避税金额的 1~3 倍。

（三）税务争议解决机制

越南税务纠纷机制有以下三种方式：

协商解决：税务机关与争议当事人通过协商解决问题，不需要通过上级税务行政机关和司法机关。协商解决可以减少争议双方的矛盾，缩短争议解决的时间，减少争议解决的环节。但协商解决争议是解决方式中法律效力最低，不确定因素较多的一种，同时会涉及咨询费用。这种解决方式是目前使用最多的一种解决方式。

行政复议解决：这种争议解决方式的法律效力略高于协商解决方式。此种方式是行政机关行使内部监督权的一种表现。相对于协商解决和诉讼解决，它不能涵盖所有的税收争议，管辖范围有限。

诉讼解决：这种解决方式是最具有法律效力、最公平的一种，但诉讼成本较高。企业可以聘请专业机构进行税务诉讼事项，同时提供相应的诉讼材料,通过法院进行税务诉讼,但时间周期较长,诉讼费用较高。

三、主要税种介绍

(一)企业所得税

1. 征税原则

居民企业,是指按照越南法律、法规在越南境内成立的企业。居民企业应当就其来源于越南境内、境外的所得缴纳企业所得税。非居民企业仅就来源于越南的经营所得纳税。

2. 税率

自 2016 年 1 月 1 日起,越南的企业所得税(EIT)的基本税率为 20%,该税率适用于居民与非居民企业。勘测、勘探、开采油气和其他稀有资源(包括白金、黄金、银、锡、钨、锑、宝石和除石油外的稀土)的企业所得税税率为 32%~50%。对于珍贵矿山和稀有自然资源,若其有 70% 及以上的面积位于社会经济条件特别困难地域的,适用 40% 的税率。

非居民企业在越南境内未设立机构、场所的,或者虽设立机构、场所但是取得的所得与其所设机构场所无实际联系的,其应纳税额根据在越南境内取得的销售商品、提供劳务所得及相应百分比计算,具体如下:

(1)提供劳务:5%。除商店、酒店赌场管理为 10% 外,销售商品时提供应税劳务的为 1%;无法划分商品价值和劳务价值的为 2%。

(2)按照国际贸易条例在越南境内提供和调拨商品:1%。

(3)版权费:10%。

(4)船舶、飞机(包括其发动机及配件)租赁费:2%。

(5)井架、机械设备、运输工具租赁(上一点规定除外):5%。

(6)借款利息:5%。

(7)证券、再保险海外转移:0.1%。

(8)金融衍生服务:2%。

(9)建筑、运输及其他活动:2%。

根据越南财政部 2014 年 08 月 06 日 No. 103/2014/TT-BTC 通告《关于在越南境内经营并取得收入的外国企业履行纳税义务的指导意见》规定外向外国企业或实体在越南境内取得利息收入、特许权使用费收入、许可费收入、承包项目收入、跨境租赁收入、保险/再保险收入、航空和快递服务收入时可采用预提税方式缴纳企业所得税以及增值税，外国企业或实体所得税以及增值税的预提和缴纳义务由合同中的越南方承担。与外国企业或实体所在国签署了双边税收协定的，按相关协定规定可以少缴或免缴，具体缴税税率如表9-2-1：

表9-2-1　外国企业预提税税率表

编号	企业类型	增值税税率（占收入百分比）	所得税税率（占收入百分比）
1	贸易：销售商品、原材料、物资、机械、配件以及售后服务	5%	1%
2	机械设备租赁、保险、石油钻机租赁	3%	5%
3	餐馆、酒店和赌场经营服务	5%	10%
4	施工、安装，无论是否包括原材料、机械设备	3%或者5%	2%
5	航空器租赁业，航空发动机，航空配件，船舶	—	2%
6	其他生产经营活动,运输业（空运、海运）	%3	2%
7	有价证券交易	免征	0.1%
8	衍生金融服务	免征	2%
9	贷款利息	免征	5%
10	版权收入	免征	10%

数据来源：No. 103/2014/TT-BTC 通告《关于在越南境内经营并取得收入的外国企业履行纳税义务的指导意见》。

3. 税收优惠

越南减免税实行自核自免，年终清算。在越南享受税收减免的企业不需要向税务部门报告申请，企业只要对照税收法律，若符合税法规定减免税的，自行核算自行减免，年终税务部门在进行一年一度的税收清查时，对企业的减免税情况一同审核认定，如果发现企业不符合减免税规定，在要求企业补税的同时加收滞纳金，并处不缴或少缴税款一倍以上五倍以下的罚款。

（1）行业性优惠政策。①在特定领域的投资项目收入，可以在产生收入的当年起连续 15 年享受 10% 的企业所得税税率，并享受"四免九减半"的税收优惠。②涉及民生类新投资项目的收入，可以在产生收入的当年起直到项目结束享受 10% 的企业所得税税率，并享受"四免五减半"的税收优惠。

（2）区域性优惠政策。越南政府鼓励投资的行政区域分为经济社会条件特别困难地区（A 区）和困难地区（B 区）两大类，分别享受特别鼓励优惠及鼓励优惠政策。A 区享受四年免税优惠（从产生纯利润起计算，最迟不超过三年），免税期后满九年征收 5%，紧接六年征收 10%，之后按普通项目征税；B 区享受两年免税优惠（从产生纯利润起计算，最迟不超过三年），免税期后满四年征收 7.5%，紧接八年征收 15% 之后按普通项目征税。

（3）扩大投资的税收优惠。企业投资项目，如扩大生产规模、增强生产能力和更新生产技术的项目（通常称为扩展投资项目），符合第 218 号/2013/DN–CP 号法令规定并享受税收优惠政策的，在满足一些规定的条件下可选择享受扩大投资优惠政策或税收减免优惠政策，免税或减税期限从当年委托完成的扩大投资项目产生收益起计算。

（4）定额优惠的适用规定。①生产、建筑和运输企业，雇佣 10 至 100 名女性劳工，占总员工的比例不超过 50% 或定期雇佣超过 100 名女性劳工，占总员工的比例不超过 30% 的，可减征的企业所得税相当于为女性劳工实际支付的费用，且这些支出能够单独核算。②雇佣少数民族劳动力的企业可减征的企业所得税相当于为少数民族劳动力实际支付的费用，且这些支出能够单独核算。③经济发达地区企业将技术转让给位于社会经济条件困难地域的组织或个人，可对技术转让所得减半征收企业所得税。

（5）享受税收优惠政策的条件。①企业所得税税收优惠只适用于会计核算健全且按登记情况申报和缴纳企业所得税的企业。②正在享受企业所得税税收优惠政策的企业，如果开展不同的生产经营活动，则应单独核算符合企业所得税税收优惠政策规定的生产经营所得（包括优惠税率和减免税期），不符合税收优惠政策的生产经营所得应单独申报纳税。若企业有无法单独核算的所得或可扣除费用，则这部分所得或可扣除费用应根据符合税收优惠政策规定的生产经营所得或可扣除费用与总营业额或总可扣除费用之间的比例确定。③对于在鼓励投资政策所规定的领域，从事符合企业所得税税收优惠政策规定的投资项目的企业，从这些领域所取得的收入和在这些领域清算废料和残品所取得的收入、与营业额直接相关的汇兑损益、活期存款利息和其他直接相关的所得，均可享受企业所得税税收优惠政策。④符合企业所得税优惠政策的新投资项目，包括：

符合第218/2013/ND–CP号法令中的第15、16条所规定的税收优惠条件的新投资项目：即自2014年1月1日起被授予首次投资证书和在取得该证书之日起有营业额产生的项目。

对于在未改变优惠享受条件情况下修改或补充其正在运营项目的投资许可证或投资证书的企业，其修改或补充投资的所得可继续享受优惠，即便该项目是为了满足优惠条件规定而进行的修改或补充投资。

根据法律规定，企业分立、合并或转换形成的投资项目；投资项目所有权转换，并收购经营投资的项目不属于税收优惠政策所规定的新投资项目。

4. 所得额确定

（1）应税所得额。企业每一个纳税年度的应税收入包括生产、经营、劳务活动收入和其他收入。其他应税所得包括资金转让所得、不动产交易所得；资产所有及使用权所得；资产转让、出租及清理所得；存款利息、资金放款及售卖外汇所得；已作坏账损失处理后又收回的应收款项；冲销无法确定债主的应付账款；新近发现的前几年遗漏的各类营业收入款项和其他收入款项。与越南社会主义共和国签订了避免双重征税协定国家的企业在越南常设机构应税收入的确定则根据双方签署的协定规定执行。

企业每一纳税年度的应税收入总额，减除不征税收入、免税收入、各项扣除以及允许弥补的以前年度亏损后的余额，为应纳税所得额。

居民企业与非居民企业应纳税所得额的确认方式一致。

（2）税前扣除。越南规定部分收入可以在税前扣除，包括但不限于以下几条：①可在计税前扣除的开支包括与企业生产经营活动相关的实际费用。②与职业教育、国防和社会安定有关的支出。③符合法律规定的发票齐全、凭证合法的开支。④每次购买价值在2000万越南盾以上并开具发票的购买商品、劳务支出的，支付凭证必须为非现金支付。

（3）亏损弥补。纳税期内产生的损失为不包括以前年度所结转损失的应纳税所得额的负差额。企业亏损可结转至后一年的应纳税所得额中（应纳税所得额不包括免税所得），亏损最长可结转五年，从亏损产生的后一年起计算。

5. 反避税规则

（1）关联方交易。越南认定的关联交易类型有：购买或者销售商品；提供或者接受劳务；提供资金等。企业在汇算清缴时，应当按照相关材料模板进行关联交易申报。关联交易的申报材料期限与企业所得税汇算清缴期限一致。按照规定，越南关联交易按照转让定价规则处理。

（2）转让定价。越南转让定价规则基本沿用经济合作组织的转让定价指引。允许采用的方法包括：可比非受控价格法、再销售价格法、成本加成法、可比利润法、利润分割法等，但对上述方法没有优先度的排序。纳税人需要证明其采用了适合具体情况的"最佳方法"。纳税人需要准备同期资料。如果定价策略不符合独立交易原则，税务机关有权对利润进行调整。企业可申请签订预约定价协议。

（3）资本弱化规则。越南无资本弱化规则。

6. 征管与合规性要求

越南的法律规定，不允许合并申报纳税。任何有独立法律地位的公司都必须单独纳税申报。

企业所得税的缴纳实行"分次预缴、年度清算"的方式。企业缴纳所得税的方式一般采取季度预缴、年度汇算清缴的方式。企业应当自季度终了之日起20日内，向税务机关报送预缴企业所得税纳税申报表，预缴税款，亏损季度无需缴纳税款。企业应当自年度终了之日起3个月内，向税务机关报送年度企业所得税纳税申报表，并汇算清缴，结清应缴应退税款。企业在报送企业所得税纳税申报表时，应当按照规定附送财务会计报告和其他有关资料。

如果每个季度预先支付的税额总额少于最终汇算清缴时应纳税额的20%，则企业需要支付滞纳金。逾期付款金额从第四季度纳税期限的最后一天起计算。滞纳金按天收取滞纳税款的0.03%（第106/2016号/QH13法第3条第3款）。

（二）增值税

1. 征税原则

增值税的征税范围覆盖了生产、销售、服务全过程，对货物或服务从生产、流通到消费过程中所产生的增值额征收增值税。税法列举了 25 类不属于增值税征税对象的商品和服务。具体来说，除以下项目外，均属于越南增值税征税范围：

（1）种植业、养殖业、水产业生产的各种未经加工的动植物产品，或由个人、组织自行生产、捕捞出售及在进口环节进口的上述初级产品。

（2）动植物种苗。

（3）农业生产资料。

（4）海水、天然盐、盐及盐制品。

（5）由国家出售给租户的国有住房。

（6）土地使用权流转。

（7）人寿保险、学生保险、家畜保险、植物保险和再保险。

（8）信贷服务，证券交易，资本转移，金融衍生服务。

（9）人身保健和动物保健服务。

（10）政府提供的公共邮政、电信和互联网服务。

（11）街道和居民区的卫生和排水等公共服务。动物园、花园和公园的维护管理、街道绿化、公共照明服务、殡葬服务。

（12）使用社会捐赠或人道主义援助资金，用于涉及社会福利的文化、艺术、公共服务、基础设施和住房的改造、维修和建设服务。

（13）法律规定的教育和职业培训。

（14）国家财政资助的无线电广播和电视广播。

（15）出版、进口和发行的图书、报纸、期刊、公告、政治书籍、教科书、教学材料、法律书籍、科技书籍，采用少数民族语言宣传发行的明信片、照片和海报，以及音频、视频、磁带、光盘和电子数据，纸币印刷。

（16）公共汽车和电车轨道。

（17）进口国内不能直接生产的机器、设备和物资，或相关领域科学研究和技术研发的开支。进口国内不能直接生产的用于石油和天然气领域的机械设备、备件和相关的物资运输专用工具；进口或租赁国内不能直接生产的飞机、钻井平台和船舶，为开展相关领域的生产和经营活动而雇佣外国专家的相关费用。

（18）用于安全和防御的特种武器和军事装备。

（19）向越南提供的人道主义援助或不退还援助物品。赠予国家机构、国家政治组织、社会政治组织、社会政治相关专业组织、社会组织、社会相关专业组织或人民武装部队的物品；在政府规定的限额内，给个人的捐赠或礼物；享受外交豁免权的外国组织或个人的财物；免税的个人财物；向国外组织、个人或国际机构提供的人道主义援助及越南获得的不退还援助资金。

（20）过境货物；为再出口而进口的货物；为再进口而出口的货物；根据与外商签订的合约，进口原材料进行生产加工然后再出口的货物；越南和外贸伙伴之间、关税区和非关税区之间的商品和服务贸易。

（21）依据《技术转让法》《知识产权法》开展的技术转让和知识产权的转让，计算机软件。

（22）进口的尚未加工成艺术品、首饰或其他产品的金条或金锭。

（23）出口产品为未经加工的资源、矿产；出口产品为由资源、矿产加工而成的，且该资源、矿产总价值与能源支出之和占产品成本价51%以上的产品。

（24）用于替代人体病变器官的人造制品。拐杖、轮椅等专门供残疾人使用的工具。

（25）月收入低于一般最低工资水平的从事商品销售或提供应税服务的个体经营者。

纳税人在开展本法规定的非增值税应税项目的贸易活动时，不能抵扣增值税进项税额及申请退税，享受零税率的项目除外。

2. 计税方式

主要分为一般计税或简易征收。从事商业活动或生产活动的个人、家庭或者个体户可以简易征收增值税，其他均需要按照一般计税形式。

3. 税率

简易征收方式。货物零售：增值税税率为1%；服务业、建筑劳务承包：增值税税率为5%；与货物相关的生产、运输及服务，建筑承包包含原材料：增值税税率为3%；其他业务活动：增值税税率为2%。

一般计税形式。增值税税率分为零税率、5%、10%（基本税率），零税率适用出口商品，5% 的税率适用农业、医药、卫生教学、科学技术服务等，10% 的税率适用石化、电子、化工机械制造、建筑、运输等。

4. 增值税免税

（1）组织或个人收到的货币补偿、奖金、津贴、转让排放许可证收入或其他收入。纳税人获得上述收入必须开具收据，并在收据上按用途罗列收入项目。如果获得的赔偿是以货物或服务的形式，赔偿人须开具发票，并申报和缴纳增值税。如果受偿人将货物或服务出售，受偿人可按规定向税务部门申报扣税。

（2）组织或个人向在越南无常设机构的组织或居住海外的越南人购买的服务，包括：车辆、机械设备的维修（包括物资和零部件）；广告营销；促销；代理销售输出到国外的商品和服务；向国外提供培训、国际邮政和电信服务；对外卫星传输和频段的租赁。

（3）非企业组织和个人对外出售资产。

（4）开展转让投资项目的制造业企业或销售增值税应税商品和服务给其他企业和合作社的。

（5）适用于一般计税方式的企业或合作社，销售未经加工或预处理的农产品和水产品给其他企业或合作社，且属于商业性质的，不用申报缴纳增值税。适用于简易征收方式经营户、商人、企业、合作社或商业机构销售未经加工或预处理的农产品和水产品，属于商业性质的，按照收入的 1% 申报缴纳增值税。

（6）若在使用的资产贬值，将其在其全资附属公司或子公司中转移，生产或销售增值税应税商品和服务，不需要开具增值税发票和缴纳增值税。当转移的固定资产，其价值重新评估的，或将资产转移到另一个生产或销售非增值税应税商品和服务的，企业需开具增值税发票并缴纳增值税。

5. 销项税额

增值税税基为销售货物或提供服务的全部价款，税基不包括增值税和其他税。符合下列条件的内容不包括在税基内：开具在原发票上的现金折扣、与原销售金额一致的销货退回、可回收的包装物（若包装物不退回则需缴纳增值税）。

6. 进项税额抵扣

（1）若购进的货物、应税服务用于增值税应税项目（销售货物和提供增值税应税服务），该部分增值税进项税额可全额抵扣。

（2）若购进的货物、应税服务同时用于增值税应税项目（销售货物和提供增值税应税服务）和非增值税应税项目，只有用于增值税应税项目的增值税进项税额可以抵扣。购进固定资产的增值税进项税额无论用于增值税应税项目（销售货物和提供增值税应税服务）还是非增值税应税项目均可全额抵扣。

（3）抵扣增值税进项税额的依据：①有增值税发票或注明增值税额的海关进口增值税专用缴款书。②购买商品或服务单次交易金额大于或等于2000万越南盾的必须提供银行转账凭证。③出口商品和服务，除了满足上述两点，商业机构还必须拥有与出口国签署的商品和服务出售、处置、服务条款或销售发票、银行付款凭证、海关声明。④应税企业向使用人道主义或不可退还援助资金的组织和个人销售商品或服务的，该商品或服务所涉及的进项税可全额抵扣。⑤增值税进项税额需在1个月内进行申报，并认定为当月的应纳税额。如果纳税人在进项税额的申报和抵扣方面出现错误，可在6个月内对申报和抵扣进行进一步说明。

7. 征收方式

按进销项相抵后的余额缴纳，如进项税额大于销项税额，可以向当地税务部门申请增值税返还（需要税务部门审计完成后方可申请），也可以在以后纳税期间内进行抵扣。

8. 征管与合规性要求

（1）越南增值税申报时间是根据上年收入确定，上一年度销售货物和提供劳务的总营业收入在500亿越南盾以上的企业按月申报增值税，申报期限为次月20日前；上一年度销售货物和提供劳务的总营业收入在500亿越南盾以下的企业按季申报增值税，申报期限为次季度首月30日前。

（2）逾期申报、未申报以及逃税将被税务部门和公安部门进行税务行政处罚及承担相应的刑事责任。

9. 增值税附加税

无。

（三）个人所得税

1. 征税原则

越南居民纳税人按其全球收入纳税，非居民纳税人仅按其来源于越南的收入纳税。居民纳税人是指满足下列其中一个条件的个人：在一个年度内或从到达越南的第一天起计算的连续 12 个月内在越南居住 183 天或超过 183 天的个人；在越南拥有一个惯常居所（经常性住所），可以是在越南有一个登记的永久住所或者一个有期限的租赁合同所明确的用于居住的出租房。

2. 申报主体

越南以个人为单位进行所得税纳税申报（个人拥有所得税税号），企业有义务代扣代缴雇员个人所得税的义务。

3. 应纳税所得额

越南实行分类与综合相结合的个人所得税制。应税所得包括经常所得和非经常所得，经常所得如工资薪金、奖金、提供劳务所得等，非经常所得如科技转让所得、中奖所得等。越南个人所得税制度规定经常所得项目和非经常所得项目采用不同的税率，其中对经常所得项目分设了 7 档超额累进税率，对非经常所得项目采用差别税率，如科技转让所得及博彩所得分别适用 5% 和 10% 的税率。

应税所得具体包括以下类型：

（1）经营活动所得。包括商品生产或者贸易、提供服务所得，依照法律取得个体经营许可证的独立自由职业者取得的收入。

（2）工资薪金所得。

4. 扣除与减免

根据政策规定，若纳税人的生活遭受天灾、祸患或灾难影响，经核实可减征所得税，但减征额不得超过应纳税额。

（1）税前扣除。①计算应税收入时，与取得经营所得实际相关的合理开支、证券的购买原价及与取得证券转让所得实际相关的开支、不动产的购买原价与相关费用均允许扣除。②纳税人的合理扣除额为每月 900 万越南盾，纳税人负有抚养义务的，扣除额为每人每月 360 万越南盾。③基于慈善或人道主义目的的捐赠允许扣除。

（2）另外部分收入可以免征所得税，例如：①直系亲属之间的不动产转让、遗产或赠与收入。②唯一住房的土地使用权、住房产权、土地附着物转让所得。③因国家征用土地取得的个人土地使用权收入。④奖学金收入，包括国家预算支付的奖学金、国内和国外组织根据其学习促进计划给予的奖学金。

5. 税率实行累进税率

（1）居民经营所得、工资薪金所得适用下列超额累进税率。

表9-2-2　个人所得税超额累进税率表

单位：百万越南盾

等级	年收入	月收入	税率
1	0~60	0~5	5%
2	60~120	5~10	10%
3	120~216	10~18	15%
2	216~384	18~32	20%
5	384~624	32~52	25%
6	624~960	52~80	30%
7	>960	>80	35%

数据来源：越南《个人所得税法》。

居民资本投资所得、资产转让所得、不动产转让所得、中奖所得、版权所得、商业特许权所得、遗产或赠与所得适用下列税率。

表9-2-3　居民非经营、工资薪金所得税税率

序号	应税收入	税率
1	资本投资所得	5%
2	版权，商业特许权	5%
3	中奖所得	10%
4	遗产，赠与所得	10%
5	费用能够确定的资产转让所得	20%
6	费用无法确定的有价证券转让所得	0.1%

序号	应税收入	税率
7	费用能够确定的不动产转让所得	25%
8	费用无法确定的不动产转让所得	2%
9	资本利得	从资本转让或证券交易中获得的收入分别按所取得收入的 0.1% 或净利润的 20% 征税

数据来源：越南《个人所得税法》。

（2）非居民纳税人所得税的缴纳。非居民的工资薪金所得需缴纳 20% 的所得税，其他收入所得根据所得类型需缴纳 0.1%~10% 不等的个人所得税。

表9-2-4　非居民不同收入类型所得税税率表

序号	应税收入	税率
1	商品贸易所得	1%
2	劳务供应所得	5%
3	生产、建筑、运输和其他经营活动所得	2%
4	资本投资所得	5%
5	资产转让所得	0.1%
6	费用无法确定的有价证券转让所得	0.1%
7	不动产转让所得	2%
8	费用无法确定的不动产转让所得	2%
9	版权所得	5%
10	商业特许权所得	5%
11	中奖、遗产或赠与所得（每次超过 1000 万越南盾以上部分）	10%

数据来源：根据 2013 年 8 月 15 日越南财政部发布的 111/2013 / TT–BTC 通函，如何计算 2018 年非居民个人所得税。

6. 征管与合规性要求

越南个人所得税采用源泉申报和个人自行申报相结合的方式。对能认定支付单位的,由支付单位代扣代缴。企业每年申报个人所得税时如该年第一个月应纳税总额超过5000万越南盾(约2200美元)则该年需按月申报缴纳,如该年第一个月应纳税总额低于5000万越南盾(约2200美元)则该年可按季度申报缴纳个人所得税。年终合并全年收入按12个月平均进行结算。个人所得税由企业到主管税务机关办理相关申报登记手续,在次月20日之前按税务机关第05/KK-TNCN模板填报,年终按第05/QTT-TNCN填报。个人必须单独申报纳税,不允许联合申报。

四、关税

1. 关税体系和构成

越南海关税率根据征税对象分为三类,第一类为适用普通税率(普通税率适用于原产于未给予越南最惠国待遇的国家或未给予越南进口税特别优惠待遇的国家、地区的进口货物),第二类适用税收优惠汇率(优惠税率适用原产于在贸易关系中给予越南最惠国待遇的国家、地区的进口货物),第三类适用特别优惠汇率税率,特别优惠汇率适用于和越南签署特殊贸易协定的国家,目前有效的自由贸易协定("FTA")包括东盟与其他国家签订的自由贸易协定。越南海关关税法规定普通税率一般不能高于最惠国税率70%,但是实际情况中一般会高于50%。

2. 税率

越南进出口税共分为98个类别,各类别的具体划分以及税率都有详细规定,具体种类的海关关税税则可在以下网站查阅:http://www.itpc.gov.vn/importers/how_to_import/tax/folder_listing/?set_language=en。

表9-2-5　部分种类进口商品关税税率简表

货物种类	最惠国税率	基础税率	特别优惠的进口税税率	
			中国—东盟自贸区	韩国—东盟自贸区
活体动物(包括马、驴、牛、羊和家禽等)	0%~10%	5%~15%	0%	0%
木材、木制品、木炭(包括薪材、板材、锯木或削木、贴面薄板和胶合板以及其他木制品等)	0%~20%	4.5%~37.5%	0%	0%

续表

货物种类	最惠国税率	基础税率	特别优惠的进口税税率	
			中国—东盟自贸区	韩国—东盟自贸区
家具、床上用品、床垫、床垫支架、靠垫及类似家具、灯具及照明配件、照明标志、照明铭牌等	0%~30%	4.5%~45%	0%~50%	0%~20%
饮料、烈酒、醋（含水、酒、发酵饮料、酒精、醋等）	17%~55%	25.5%~82.5%	0%~20%	0%（或者取决于具体情况）

数据来源：http://www.itpc.gov.vn/importers/how_to_import/tax/folder_listing/?set_language=en（胡志明市贸易促进中心网站）。

3. 关税免税

根据《进出口税法》的规定，为实施鼓励投资项目所进口的设备、机械、符合科技部规定的技术生产线专用运输工具、专用于接送工人的运输工具、用于制造技术生产线设备、机器的原料及物资、用于制造零配件、模型的原料及物资、用于安装设备的零配件和越南国内无法生产的建筑物资免征进口税。

4. 设备出售、报废及再出口的规定

目前在越南经营过程中比较常遇到的是设备的临时进出口，临时进出口设备在当地出售或转进口需要向海关补缴关税，补缴税额根据设备折旧后的合理残值计算。如临时进出口设备在当地报废需先向海关申请，补缴设备残值关税后可在越南当地报废，如设备遗失则需要按设备进关金额补缴税款。

（五）企业须缴纳的其他税种

1. 特别消费税

一般来说，越南消费税（特别消费税）适用于生产某种产品或提供某类服务的企业，征税范围较宽，如香烟、酒类、小型汽车、汽油、扑克、大功率空调、冥器；劳务如经营迪斯科舞厅、按摩、卡拉OK、赌博、高尔夫球俱乐部等。

对于产品，只在生产或者进口环节征收特别消费税，税率范围为15%～

65%，对出口商品、国际社会对越南援助的物品、转口过境物品和特别规定的进口商品免征特别消费税。出口加工区享受消费税免税待遇，其余三类开放性园区（经济区、高科技区、工业区），根据提供货物、服务的性质不同，适用 10%~70% 的消费税税率。相关类别以及税率如表 9-2-6：

表9-2-6　特别消费税税率表

编号	商品或服务	税率
Ⅰ	商品类别	—
1	雪茄、香烟烟草制品	75%
2	酒类	20 度以下的酒征收 35%，其他包括啤酒征收 65%
3	24 座以下汽车（从 2018 年 1 月 1 日起）	10%~150%
4	排量 125 毫升以上的摩托车	20%
5	快艇	30%
6	固定翼飞机	10%
7	各种汽油、混合汽油制品、90000 BTU 以下空调	10%
8	扑克牌	40%
9	明器	70%
Ⅱ	服务类别	—
1	经营按摩院以及卡拉 ok 厅、博彩业以及有奖电子游戏业、博彩业	30%~35%
2	舞厅	40%
3	高尔夫运动	20%
4	彩票业	15%

数据来源：越南《消费税法》。

2. 印花税

印花税是对各种性质的企业每年必征的税种，印花税以企业注册资金为依据，每年初按公司注册金额的一定比例缴纳当年的税款，最高缴纳金额为 300 万越南盾。注册资金在 100 亿越南盾（约合 44 万美元）以上征收

300万越南（约合132美元）；50亿~100亿越南盾（约合22万~44万美元）征收200万越南盾（约合88美元）；20亿~50亿越南盾（约合9万~18万美元）征收150万越南盾（约合75美元）；20亿越南盾（约合9万美元）以下征收100万越南盾（约合66美元）。新成立企业在上半年完成税务登记并获得纳税识别号的按全年征收印花税，下半年成立的则按50%缴纳。对个人而言，资产转让时适用0.5%~2%的税率。

3. 自然资源税

越南对于石油、矿产、林产品、海鲜、水资源的开采会征收自然资源税，一般按照资源的价值或者数量征收1%~40%，原油、天然气和煤气按累进税率征税，征税税率取决于每天的平均产量。自然资源税征收标准如表9-2-7：

表9-2-7　资源征税标准表

序号	资源种类	征税标准
1	原油	根据日产量按价值10%~20%征收
2	天然气和煤	根据日产量按价值2%~10%征收
3	天然林产品	根据不同的类型按价值5%~35%征收
4	金属矿物	根据不同的矿种按价值10%~20%征收
5	非金属矿物	根据不同的矿种按价值7%~27%征收
6	天然气、煤气	根据不同的种类按价值1%~30%征收
7	海产品	根据不同的种类按价值2%~10%征收
8	天然水	根据不同的种类按价值1%~10%征收
9	天然燕窝	20%
10	其他资源	10%

数据来源：越南《自然资源税法》。

4. 环境保护税

环境保护税就是就某些对环境有害的特定商品的生产和进口，特别是石油及煤炭产品征收的一种间接税，税额按照商品的数量和单位税额计算。部分环境保护税征收标准如表9-2-8：

表9-2-8　部分商品环境保护税征税标准表

单位：越南盾

序号	商品名称	征税单位	征税标准
1	汽油、柴油、油脂等	升或千克	300~3000
2	煤炭	吨	10000~20000
3	含氢氯氟烃	千克	4000
4	塑料袋	千克	40000
5	限制使用的化学品	千克	500~1000

数据来源：越南《环境保护税法》。

5. 房产税

包括境外投资者（非资本投资的方式）的土地使用者在越南租赁土地使用权必须按每平方米土地价格的 0.03% ~0.15% 的累进税率缴纳年度非农业土地使用税。此外，不动产所有者转让不动产还需缴纳转让收入 2% 的所得税。

6. 其他税

另外越南还有诸如非农业用地使用税、土地使用权转让税、农业土地使用税、资源税、土地使用附加费等税种。

（六）社会保险金

1. 征税原则

企业需与雇员签订劳动合同并报劳动管理部门备案，企业需为雇员购买社保。企业需要为员工购买的社保包括社会保险、医疗保险、失业补贴、工伤和职业病保险，缴纳金额等于缴纳基数乘以缴纳比例，缴纳基数等于员工每月实际收入总额减去部分合理补贴后的净额，2017 年 6 月最新规定单位需为职工支付比例合计为缴纳基数的 21.5%（其中社会保险为 17%，医疗保险为 3%，失业保险为 1%，工伤和职业病保险为 0.5%），雇员个人负担额为缴纳基数额的 10.5%（其中社会保险为 8%，医疗保险为 1.5%，失业保险为 1%），目前缴费的计算基数上限为最低工资标准的 20 倍，目前相当于 2780 万越南盾（约 1200 美元）。

2. 外国人缴纳社保规定

2018 年 10 月 15 日，越南政府颁布了第 143/2018/NC-CP 号法令，明确了如何将《社会保险法》(和《职业安全法》)应用于外国雇员。法令要求持有越南颁发的工作许可证，执业证书或执业许可证，并且签订一年以上固定或非固定期限劳动合同的外国雇员必须从 2018 年 12 月 1 日开始缴纳社会保险费，其中由境外公司委派已雇佣超过一年的员工到驻越南的办事处、分公司以及业务处担任经理、首席执行官、专家以及技术人员岗位的外国雇员暂时不用缴纳社会保险费。从 2018 年 12 月到 2021 年 12 月，外国雇员所在公司需每月缴纳外国雇员月应税工资所得 3.5% 的社会保险费，从 2022 年 1 月起外国雇员所在公司需按月缴纳外国雇员月应税工资所得的25.5%（其中公司缴纳部分为 17.5%，个人缴纳部分为 8%）的社会保险费。外国雇员缴纳社保的工资基数上限与越南员工相同，同时缴纳社保的外国劳动者也享有与越南缴纳者一样的权利。

第三节　外汇政策

一、基本情况

越南政府对外汇政策业务实行统一的国家管理。国家中央银行具体负责外汇和外汇业务日常管理。政府各部、部级单位、政府直属单位、各省、直辖市人民委员有责任按其职责、权限范围，对外汇和外汇业务参与管理。

二、居民及非居民企业经常项目外汇管理规定

（一）货物贸易外汇管理

进口商支付外汇无限制，但进口货款时需向商业银行提供相关资料（如合同、进口许可以及海关相关资料等）。

（二）服务贸易外汇管理

与特许进口有关的无形资产交易和服务费用支付没有限制。外资企业可从商业银行购买外汇支付经常性费用和其他被许可的无形资产交易，购汇时需要向银行提供相应的资料。服务贸易根据企业的性质和注册地不同，

在越南境内注册企业需要缴纳企业所得税并取得完税凭证后，根据利润分配方案等可以直接将利润汇出越南，未在越南注册的企业需由越南支付企业代扣代缴企业所得税和增值税后将收入汇出越南。

（三）跨境债权债务外汇规定

（1）政府对涉外借债还债、放债收债实行统一的国家管理。涉外借债还债、放债收债活动的管理措施有相关具体规定。

（2）作为居住人的越南经济组织、外资企业、在越南的金融机构涉外借债还债、放债收债，须按有关外债管理法规，向国家银行登记并报告借款实施情况。

（3）资本项目下的贷款汇入：借款时间一年以下的需向银行提供借款合同，不需要向央行报备。借款时间一年以上及金额 1000 万美元以上的借款需向省级央行进行报批，借款时间一年以上及金额 1000 万美元以上的需向国家央行进行报批。越南一般不允许企业以借款形式将外汇汇出越南。

（四）外币现钞相关管理规定

企业在越南若有如下两个用途则可以向银行提供相应的资料文件后提取外币现金，一是支付外国人工资，二是支付国外出差费用。

三、居民企业和非居民企业资本项目外汇管理

1. 对越南直接投资

（1）鼓励外商按《外国在越南投资法》规定，从海外向越南汇入外币投资资金。

（2）外国投资现金须先汇入在越南开设的专用银行投资账户，通过投资账户转到一般经营账户，并按越南职能部门发放的投资许可证所规定的目的使用。

（3）外商可按《外国在越南投资法》的规定，向海外汇出外币，用以支付外债本息及费用，汇出外币投资资金、再投资资金、利润和其他合法收入。

2. 对外直接投资

（1）越南投资者可按规定将投资资金汇出海外，对外现金投资资金必须通过银行投资账户汇出。

（2）越南投资者对外投资现金、资产（有形或无形资产）须向国家银

行登记。

（3）财政年度终了或对外投资终了或终止时，越南投资者须将全部所得利润、其他合法收入或资本汇回越南，并向国家银行报告。

（4）越南投资者以利润对外再投资或延长投资期，须向国家银行登记。

四、个人外汇管理规定

越南公民如果需要兑换外汇向海外亲属汇出补助金、继承金，或者需要兑换外汇用于出国旅游、学习、工作、探亲、治病，支付会员费和支付其他费用等，则需要向银行提供相关资料后购买、汇寄、携带外币出国。越南境内个人购汇金额没有限制，但是购汇金额较大时会受到购汇资金来源调查。越南允许个人携带不超过 5000 美元或其他等值外币离境，超过部分则需要向海关申报。

在越南各机构工作外国人员的薪金、奖金、津贴和其他合法收入，向银行出示相关劳动合同或收入证明以后即可兑换成外汇后汇寄、携带出国。

越南对于个人收取外汇没有限制，若个人为居民，收到外汇后不能随意将此外汇转账给其他的居民或非居民，但是可以将外汇存在个人外汇账户上或者取现。

第四节 会计政策

一、会计管理体制

（一）财税监管机构情况

在越南注册的企业如果有经济业务发生，均需按照《越南统一 2015 年会计法》（国会颁布的 88/2015/QH13 号会计法）系统要求建立会计制度进行会计核算。税务局为财政部下设机构，税务局根据企业规模大小，企业地点进行分类监督，主要按照大型企业、中小型企业、微型企业分类对企业进行监管，各企业需要按照统一格式上报会计和税务资料。

（二）事务所审计

根据《2011年独立审计法》（67/2011/QH12号）规定外资企业、信贷企业、金融机构（包括银行、保险公司、再保险企业）、上市公司以及证券公司必须接受越南审计公司或者外资审计公司进行年度审计。国有企业（不包括法定保密单位）、国家重点项目及国家A级项目（不包括法定保密项目）、使用国家资金的企业和项目以及在越南境内营业审计公司都必须接受外资审计企业进行年度审计。

（三）对外报送内容及要求

会计报告中主要包含：①企业基本信息，行业分类、经营范围、股东情况、公司地址、银行账户信息、税务登记号等；②企业经营情况表，资产负债表、利润表；③披露信息，费用类、资产类、历年营业额（五年内）、权益变动；④关联交易中，采购定价相关的证明材料及交易申明。

上报时间要求：会计报告须按公历年度编制，于次年的3月21日前完成。

二、财务会计准则基本情况

（一）适用的当地准则名称与财务报告编制基础

越南从2001年12月31日到2005年12月28日越南财政部分五个阶段颁布了26项会计准则，2003年颁布了越南《会计法》，财政部2016年8月26日颁布了133/2016/TT-BTC号中小企业会计制度，建立一套由越南《会计法》、越南会计准则和中小企业会计制度混合的完善的适合于越南的会计核算体系。越南会计体系包括十大类的会计账户。

越南会计处理与税法联系紧密，财务报表很少需要纳税调整，但是随着越南会计准则的持续颁布，税法与会计准则的差异会越来越大。

（二）会计准则适用范围

所有在越南注册企业均需要按照会计准则进行会计核算并编制报表。

三、会计制度基本规范

（一）会计年度

越南年度会计期为12个月，自1月1日至12月31日止。季度会计期为 3 个月，从第 1 个月的第 1 天到本季度最后 1 个月的最后 1 天结束。每月会计期间是从第 1 天开始到本月最后 1 天结束的 1 个月。新设企业的首个会计期间，自工商登记证书发出之日起至年度终期最后 1 日。

（二）记账本位币

越南《会计法》第 10 条规定，企业会计系统必须采用所在国的法定货币单位，越南采用越南盾作为记账本位币，货币简称 VND。越南《会计法》第 11 条规定，企业会计系统必须采用所在国的语言越南语。

越南财政部第 200/2014/TT–BTC 号通知规定部分符合条件的企业经所在税务机关的书面许可后可采用外币作为记账本位币，企业选定的记账本位币不是越南盾的，应当将财务报表折算为越南盾财务报表。

（三）记账基础和计量属性

越南会计准则第一项通用准则规定企业以权责发生制为记账基础，复式记账为记账方法，基本会计原则包括历史成本原则，在某些情况下允许重估价值计量。

越南会计准则第一条通用准则规定的会计基本原则包括：权责发生制、持续经营、历史成本、匹配、一致性、谨慎。会计的基本要求包括：诚实、客观性、完整性、及时性、可理解性、可比性。

四、主要会计要素核算要求及重点关注的会计核算

（一）现金及现金等价物

现金是指企业报表日所拥有的现金总量，包括现金，银行存款和在途货币现金。现金等价物是指 3 个月以内可以收回的短期投资，该投资易于转换为确认金额现金，从购买之日起到企业报表日价值变动风险很小。

（二）应收款项

会计科目 131 用于核算应收账款，应收款项分为客户应收款项，内部应收款项，其他应收款项。越南允许计提应收账款减值准备，如果税前扣除需向当地税务部门提供减值的资料（包括合同、付款证明、催收记录等）。

（三）存货

越南会计准则 VAS2《存货》以 IAS2 为基础编制。

存货是指以下资产：在正常生产经营期间持有待售的成品；在正在进行的生产和经营过程中半成品；用于生产经营或提供服务的原材料，材料和工具。

存货包括：①待售商品：库存商品，货款已经支付正在途中运输的商品，待售商品，加工中的商品。②库存成品和在售成品。③未完工产品：尚未完工的产品和尚未办理成品入库手续的成品。④处于存储、加工途中及货款已经支付正在途中运输的原材料、材料、工具和仪器等。⑤其他未完成的服务费用。

发出存货成本计算应基于以下方法之一：个别认定法；加权平均法；先进先出法；后进先出法。

与IAS2主要区别在于：对于存货评估方法，VAS不允许采用现行零售法和标准成本法。对于发出存货，国际准则不允许使用后进先出法，越南可以使用但要求在报表附注中披露采用后进先出法与加权平均法或先进先出法之间的差异对报表的影响。

（四）长期股权投资

长期股权投资是投资企业为了与被投资企业建立长期关系或为了自身的经营和发展而持有被投资企业股权且投资期限大于一年的投资。

越南有四个会计科目分别用于核算对子公司投资、联营企业投资、合营企业投资以及投资。科目221用于核算对子公司的投资。会计科目223用于核算对联营企业投资（类似于重大影响），联营企业是指投资者对其有重大影响，但不是投资者的子公司或合营企业的企业。投资者直接或者间接持有被投资单位20%~50%的表决权。会计科目222用于核算对合营企业投资（类似于共同控制），合营企业是指由两个或多个企业或个人共同投资建立的企业，该被投资企业的财务和经营政策必须由投资双方或若干方共同决定。会计科目228用于核算其他类型的投资。初始计量按投资成本计量确认，期末计量按成本与可变现净值孰低法确认期末价值。

（五）固定资产

越南会计准则VAS3《固定资产》以IAS16为基础编制，固定资产是指企业按照固定资产确认标准持有的用于生产经营活动的重大形式资产。固定资产在生产经营活动中按性质和用途分类划分为：房屋、建筑物、机器和电子设备、实验仪器、运输设备和工具、管理设备和工具、多年动物和植物、其他固定资产。

越南对于固定资产的判定标准与中国一致，但固定资产价值必须不小于 1000 万越南盾（约 3000 人民币）。

三种有形固定资产折旧方法，包括：直线折旧法；余额递减折旧法；工作量法。

与 IAS16 主要区别：（1）要求在财务报表中按照成本减折旧金额列报。（2）只有获得越南政府相关部门的批准才可评估增值或减值。（3）VAS3 在确认一项固定资产的成本时仅包括安装成本，而不包括设备的测量、拆卸、转移以及恢复成本。（4）交换取得的固定资产。以不同的固定资产或者其他资产交换换入固定资产的成本等于换入资产的公允价值，或者等于以收到或支付的现金及现金等价物金额调整后的换出资产公允价值。以类似固定资产换入的或者以销售形式换入类似的固定资产（类似的固定资产是指：有相同的用途、相同的应用领域、相同的价值）的交易中，不允许确认交易产生的收益或者损失，换入资产的成本以换出资产的账面净值确定。

主要固定资产的折旧年限：

建筑物：按建筑物种类折旧年限为 5~50 年；

固定成套工具和器材：6~20 年；

实验仪器：5~10 年；

运输设备：6~30 年；

电子设备：3~10 年；

生产性生物资产：2~40 年；

其他特殊固定资产：4~25 年。

（六）无形资产

越南会计准则 VAS4《无形资产》基于旧版本的 IAS38 编制。无形资产是指企业拥有或者控制的没有实物形态的可辨认非货币性资产。无形资产一般包括：一定期限的土地使用权、计算机软件、专利、版权、水资源开发许可证、出口配额、进口许可证、特许经营许可证、与客户或供应商的业务关系，客户忠诚度、市场份额和营销权。无形资产初始计量以历史成本为依据，无形资产的摊销方法有 3 种：直线折旧法；余额递减法；产量法。与 IAS38 的区别：无形资产的摊销期限一般不超过 20 年，除非有充分适当的证据证明超过 20 年是合适的。无形资产的期末余额列报只能以原值减去累计摊销后的余额填列，不允许评估增值或减值。对于前期开办费允许在不超过 3 个会计年度内摊销。

（七）职工薪酬

越南的职工薪酬包括工资、奖金、津贴、福利性补贴等。职工薪酬在越南会计科目应付工资 334 以及 338 其他应付款核算，其中 334 科目用于核算所有员工工资，其中员工和临时雇员工资分科目核算，其他应付款 3382、3383、3384 用于核算工会经费、社会保险和医疗保险。

（八）收入

越南会计准则 VAS14《营业额和其他收入》规定收入是企业在会计期间获得的经济利益的总额，有助于增加所有者的资本。包括销售商品收入、提供服务收入、利息收入、版权收入以及派息或者分红取得的收入。收入计量按发票上的净额确认（包括附加费和除售价以外的费用），不包括代收的税金。越南第五大类用于收入的核算，第七大类（711 科目）用于核算其他业务收入。以 IAS18 为基础编制，与 IAS18 最大的区别在于 VAS14 对其他业务收入做了详细规定：①资产清理和销售收入。②客户因合同违约而支付的罚款。③收取保险赔偿金。④已收回并列入前期支出的债务。⑤因债权所有者不存在无法支付的应付账款。⑥返还和减免的税款。⑦其他收入。

对于建筑施工类企业可以按照建造合同确认收入。越南会计准则 VAS15《建造合同》完全引用 IAS11，主要区别在于：①按照工作进度付款的合同类型，承包商应当按照评估的进度确认收入。②按照完工数量付款的合同类型，承包商应当根据业主确认的数量确认收入。

但是目前只有上市建筑类企业采用建造合同法确认收入，一般建筑类企业仍根据业主签认的中期支付证书上所确认的完工金额确认收入。

（九）政府补助

越南没有关于政府补助的会计准则，政府补助一般在其他业务收入进行核算。

（十）借款费用

越南会计准则 VAS16《借款费用》主要依据 IAS23 编制，借款费用包括实体因借入企业而产生的利息及其他成本。借款费用包括：短期借款利息，长期借款利息，包括透支利息、通过发行债券发行的折价或溢价摊销、分配与借款程序有关的额外费用、融资租赁的财务费用。越南 VAS16 与国际会计准则的最大区别在于 VAS16 只要求对符合资本化条件的专门借款费用可以进行资本化处理，一般借款不需要进行资本化，资本化条件基本与中国会计准则一致。

（十一）外币业务核算

年度内发生的非本位币经济业务，按业务发生时交易双方已明确汇率，如未明确则按当日越南国家银行（越南盾）中间价汇率折合为越南盾入账。越南日常的外币汇兑损失 635 财务费用科目核算，汇兑收益在 515 金融活动收入核算，期末转入本年利润。资产负债表日外币账户余额，一概按期末当日越南国家银行公布的（越南盾）中间价汇率调整，外币货币性项目调汇产生的差额在 413 外币汇率差额核算，根据余额的借贷方向分别计入 635 与 515 科目。

（十二）所得税

越南会计准则 VAS17《所得税》规定了所得税的会计处理原则，完全引用 IAS12 的规定。根据越南税法的规定分为暂时性差异和永久性差异，确认递延所得税资产和递延所得税负债，调整当期所得税费用。但对于企业合并、商誉、政府补助项目、公允价值计量资产不确认暂时性差异和递延所得税费用。越南所得税会计处理采用应付税款法核算，账户 821 核算所得税，分为当期所得税费用和递延所得税资产或负债。

五、其他

越南会计准则 VAS11《企业合并》对采用购买法进行企业合并的会计政策和程序做了规定，VAS11 基于旧版本的 IFRS3 编制。VAS11 规定收购方在购买日以公允价值确认可辨认资产，负债及或有负债，并确认商誉。越南关于企业合并最大的区别在于关于商誉摊销的规定，VAS11 规定商誉需在企业合并后不超过十年的预计使用年限内进行摊销，并且不必进行年度减值测试。

本章资料来源:

◎《越南企业所得税法》

◎《越南增值税法》

◎《越南个人所得税法》

◎《中国居民赴越南投资税收指南》

◎《越南消费税法》

第十章 赞比亚税收外汇会计政策

第一节　投资环境基本情况

一、国家简介

赞比亚共和国（The Republic of Zambia）是非洲中南部的一个内陆国家，大部分属于高原地区，平均海拔 1280 米。北靠刚果民主共和国，东北邻坦桑尼亚，东面和马拉维接壤，东南和莫桑比克相连，南接津巴布韦、博茨瓦纳和纳米比亚，西面与安哥拉相邻。赞比亚面积 75.2 万平方公里，官方语言为英语。货币为赞比亚克瓦查（ZMW）。

赞比亚因赞比西河而得名，也是刚果河的发源地。铜矿较为丰富，别称为铜矿之国。赞比亚是撒哈拉南部城市化程度较高的国家。相比周围各国，赞比亚有良好的基础设施和交通。

赞比亚总人口 1659 万（2016 年统计数据），大多属班图语系黑人，73 个民族中城市人口占 40%，农村人口占 60%。人口年增长率 3.05% 左右。

赞比亚在 2014 年前列为不发达国家而不是发展中国家。然而在 2014 年人类发展指数报告中，赞比亚的人类发展指数已达"中"水平，意味着赞比亚已发展成一个发展中国家。

二、经济情况

经济结构单一，采矿业、建筑业和农业是赞比亚经济的主要支柱。独立后至 20 世纪 70 年代中期经济发展较快，1975 年起经济一直不振。多民运执政后，在西方国家和世界银行、国际货币基金组织的支持下，推行经济结构调整计划，实行经济自由化和私有化政策，大力发展经济多样化，努力争取外援，吸引外资，取得一定成效。同时赞比亚政府不断增加公共投资，道路、机场、供水、供电等基础设施状况大为改观，外资吸引力进一步提高，经济已经实现多年连续正增长。2016 年 GDP 为 209.5 亿美元，

2017 年 GDP 为 258.1 亿美元。[①] 近年来经济增长主要来自建筑业，制造业，运输业及通信行业。采矿业及农业对 GDP 贡献有所下降，主要受制于其国内电力供应不足及大宗货物价格相对萎靡。

目前赞比亚是东南非共同市场（COMESA）[②] 及南部非洲发展共同体（SADC）[③] 的重要成员国之一。

三、外国投资相关法律环境

法律法规较为健全，基本沿用英国法律法规体系。与投资合作经营有关的法律法规有《赞比亚发展署法》《公民经济赋权法》《公司法》《移民和驱逐法》《雇佣法》《产业及劳动力关系法》《所得税法》《增值税法》《环境保护和污染防治法》等。

根据《公司法》规定，任何两个或两个以上的人可申请注册公司。公司至少一半董事必须在赞比亚居住。

根据《移民和驱逐法》规定，外国人入境需要持有相应许可或签证（安哥拉等 65 国居民可以享受旅游签免签待遇，中国不在其中）。签证分一次进出、两次进出、多次进出、过境、当天旅游签证。访问及旅游者获得签证后可以逗留 90 天，商务访问者则可以逗留 30 天。

对于来赞比亚从事超过 6 个月工作岗位的外国人可以在入境之前申请工作许可证。许可证有效期一般不超过两年，且最多延长至十年有效期。

对于持有工作许可十年以上的外国人可以申请居住许可，此许可授予持证人长期在赞比亚境内居住的权利。

对于有意愿在赞比亚境内开展商业活动或投资或已经开展商业活动或投资的外国人，可以向移民局申请投资者许可。此许可授予持证人及其配偶和未成年子女在许可有效期内进出赞比亚的权利。投资者许可证有效期为十年，在过期时限到达之前可以申请延期。

根据《环境保护和污染防治法》规定，除服务业以外的大多数项目都

---

① 数据来源：https://tradingeconomics.com/zambia/gdp。
② 东南非共同市场（COMESA）：https://www.uneca.org/oria/pages/comesa-common-market-eastern-and-southern-africa。
③ 南部非洲发展共同体（SADC）：https://www.sadc.int/member-states/。

必须获得赞比亚环保局（ZEMA）的授权。在项目正式实施前，应向其提交环境项目简介或环境影响评估报告，以确定其对环境的影响。

投资者除了可享受《赞比亚发展署法》等法案规定的税收优惠政策和相关服务，还可以享受其他投资保障：如没有价格、利率和外汇管制，允许偿债资金自由汇出，合法获得的利润和红利，可以自由汇出等。《赞比亚发展署法》向投资者保证其财产权将受到尊重，除非国会通过关于强制征收某项资产的特定法律，任何形式的投资不得被征收。即使投资者的财产在极端情况下被征收，赞比亚政府将以市场价值为基础进行完全补偿，并按现行汇率进行兑换。

另外，赞比亚是世界银行多边投资保护协定[1]（Multilateral Investment Guarantee Agency）、非洲贸易保护协定[2]（African Trade Insurance Agency）和其他国际条约的签约方。这为外国投资者提供了在战争、冲突、灾难和其他骚乱或者强制征收等情况下的投资保障。赞比亚还与包括中国在内的许多国家签署了双边互惠的投资促进和保护协定，从而使投资者免受非商业性风险。

第二节　税收政策

一、税法体系

赞比亚财政部及国家规划部负责制定税务政策，政策执行机构则为赞比亚税务局。与税收法规及实施有关的立法框架来自《所得税法案》（1966年版及其后修订案）。根据赞比亚的税收体制，收入来源及住所是确定所得税纳税义务的基础。该法案规定任何个人或实体在收到应税收入的30天内应以书面的方式向税务局告知相关事项。

根据规定，纳税周期一般为每年1月1日至12月31日。纳税人也可

---

[1]　世界银行多边投资保护协定：https://www.miga.org/about-us。

[2]　非洲贸易保护协定：http://www.ati-aca.org/about-us/who-we-are/。

向税务局申请采用其他的纳税周期。

其他现行税务法律主要有《增值税法案》《增值税一般规定》《财产转移法案》《个人所得税条例》《关税法案》《矿山及矿物发展法案》及与包括中国在内的 21 个国家（如毛里求斯，英国，丹麦等）签订的避免双重征税协定等。

赞比亚政府目前是以下贸易协定的参与国：《非洲增长机会法案》《普及特惠制度》《东非和南部非洲共同市场自贸区协定》《南部非洲发展共同体贸易协定》《南部非洲发展共同体——莫桑比克，马拉维，坦桑尼亚及赞比亚协议》，另外赞比亚政府于 2017 年加入了《税基侵蚀及利润转移公约》的包容性框架。

二、税收征管

（一）征管情况介绍

赞比亚实行税收中央集权制，税收立法权、征收权、管理权集中于中央，由财政部主管。主要的税法及税务政策由财政部及国家发展部协同制定提出，在内阁会议通过后报国会审议是否采纳实行。财政部下属的赞比亚国家税务局是国家管理和负责征收各类税收的机构。财政部每年会根据经济发展情况调整税率。赞比亚税务局必须在财政部部长的指导下行使其职责，其主要职责为解释并执行税法条例，依规依法征税等，赞比亚税务局下设海关服务部，国内税务事务部，财务部，稽查部，信息技术部及内部审计部等若干部门，所征收税款统一缴纳国家司库。从 2013 年 10 月开始赞比亚税务局在全国推行无纸化纳税程序（TAX ONLINE SYSTEM），即在税务局官网自主申报税额，随后使用网银在线缴纳的半自动化征缴流程。在国内主要城市如卢萨卡、恩多拉、卡布韦等设有国内税务事务办公室。企业征收类型按大型企业（年营业额 2000 万克瓦查以上的企业），中型企业（年营业额 20 万 ~2000 万克瓦查的企业）和小型企业（年营业额 20 万克瓦查以下的企业）分类管理。

（二）税务查账追溯期

依照《所得税法案》第 55 条规定，纳税人应以英语为记录语言保存至少六年以内的所有与日常经营业务有关的文件与资料以备税务局相关审计人员进行税务审计时调取使用。因此，一般税务审计的追溯期最长为六年。

因纳税人、扣缴义务人计算错误等失误或偷税、抗税、骗税产生的未缴或者少缴税款的，税务机关在企业存续期内随时可以根据以下情况追征相应税款、罚款及利息：

1. 增值税

对于应当注册成为增值税纳税人而未及时注册的纳税人，处以每个逾期纳税期间 3000 克瓦查的罚款。

对于没有依法开具含税发票的纳税人，处以 90000 克瓦查的罚款。

对于不能依法在税务稽查人员制定的时间内提供纳税文件及信息以供审查或销毁不完整的纳税记录等行为的纳税人，处以 6000 克瓦查的罚款。

对于不及时申报增值税的纳税人，处以每月 300 克瓦查或欠申报本金 0.5% 的罚款（两者取其高者）。

对于申报后不及时缴纳税款的纳税人，处以未缴纳本金 0.5% 的罚款及相应利息，计算利息的利率为赞比亚央行官方利率加 2%。

2. 所得税

对于被法院裁定违反了《所得税法案》相应条款的如下行为的纳税人，将被处以最高 30000 克瓦查的罚款：不能提供完整且真实的申报表格；不能依法保存纳税记录、书册、账户及文档；不能依照税务局长审查的要求提供相应文档；不能在纳税人传票指定的时间及地点出席；不能依法回答相应的问询；阻挠税务工作人员依法执行其工作职责。

对于因纳税人疏忽产生的不实申报，处以申报金额 17.5% 的罚款。

对于因纳税人故意拖延产生的不实申报，处以申报金额 35% 的罚款。

对于因纳税人欺诈产生的不实申报，处以申报金额 52.5% 的罚款。

对于不及时申报所得税的企业，处以每月 600 克瓦查的罚款。

对于法院裁定的逃税人员及协助他人逃税的个人，处以 90000 克瓦查的罚款。并可能同时处以三年有期徒刑。

对于申报后不及时缴纳税款的纳税人，处以未缴纳本金 5% 的罚款及相应利息，计算利息的利率为赞比亚央行官方利率加 2%。

3. 营业税

对于申报后不及时缴纳税款的纳税人，处以未缴纳本金 5% 的罚款及相应利息，计算利息的利率为赞比亚央行官方利率加 2%。

对于因纳税人疏忽产生的不实申报，处以申报金额 1.5% 的罚款。

对于因纳税人故意拖延产生的不实申报，处以申报金额 3% 的罚款。

对于因纳税人欺诈产生的不实申报，处以申报金额 4.5% 的罚款。

对于不及时申报营业税的企业，处以每月 75 克瓦查的罚款。

（三）税务争议解决机制

赞比亚税务局内部并未设立专门处置税务争议的机构，纳税人如对税务当局的决定存在异议、需要解释或提起上诉，可以按以下顺序解决争端：

（1）在税务当局给出税务判定决定的 30 天内，纳税人以书面信件形式或在税务局官网上向有关部门负责人直接提出复议或上诉申请，同时在信件中要详细阐述相应的理由及提供充足证据，如果双方不能就此达成一致，则进入第二阶段。

（2）纳税人可以直接向税务局局长办公室申请对以上未解决的税务判决争议进行独立复审，如果当事人对税务局局长的最终决定依然不满意，则进入第三阶段。

（3）纳税人可以向独立的税务上诉巡回法庭提请诉讼，如果纳税人依然不满意判决结果，则可继续向最高法院提请诉讼。

赞比亚整体税务环境相对宽松稳定，针对税务争议设立的解决机制体现了其税务征收的合法性、公正性原则。实际操作中，企业只要确实有合理充分的证据，在税务诉讼中也能取得相对公平待遇。

三、主要税种介绍

（一）企业所得税

1. 征税原则

根据赞比亚的税收体制，收入的来源和纳税人的住所是确定所得税纳税义务的基础。不论是居民企业还是非居民企业，其对来源于赞比亚的所得均负有纳税义务。其中，居民企业对其发生在国内部分及发生在海外部分的业务所产生的利润都负有纳税义务。如果一个企业是在赞比亚境内成立的，或者该企业的实际管理机构位于赞比亚境内，该企业则会被认定为赞比亚的税收居民企业。

2. 税率

居民企业适用的企业所得税的法定税率是35%，符合条件的企业减按较低的税率征收。详见表10-2-1：

表10-2-1　企业所得税税率表

行业	税率
农业、农产品加工业	10%
非传统商品出口、化肥及有机肥的生产、公益组织机构经营性收入	15%
采矿业及矿产品加工业	30%
贸易、制造业及其他	35%
阴极铜（copper cathodes）附加值制造业	15%
信托、继承或破产资产	35%
电子通讯业	25万克瓦查以内35%；超过25万克瓦查部分40%

3. 税收优惠

赞比亚税务局实操手册规定：从事农业生产的企业适用10%的较低企业所得税率；从事慈善行业、化肥生产行业及非传统出口行业（非铜矿及钴矿出口）的企业适用15%的较低企业所得税率；从事采矿业的企业适用30%的企业所得税率。

在农业生产、制造业或旅游业中使用的工具、设备和土地在前两年的计税折旧基础为50%每年，即以上固定资产在购买后两年内可折旧完，由此减轻了企业的所得税税负；在制造业、采矿业及宾馆行业中使用的建筑物在第一年的计税折旧基础为10%，之后每年为5%，19年折完。即企业所拥有的建筑物在第一年的折旧额翻倍，相应减轻了企业所得税税负；在采矿业及农业项下进口的绝大多数资本设备（机器，工具等）免关税。

另外，赞比亚发展局（Zambia Development Agency，ZDA）负责管理当地和海外的直接投资。ZDA法案《ZAMBIA DEVELOPMENT ACT NO.11 OF 2006》及其后的修正案规定了符合财政激励和非财政激励政策必须满足的条件。合格的项目一般是新设立的或正在进行扩建或改造的项目。根据

ZDA 法案，在多功能经济区或工业园区，重点行业投资不少于 50 万美元和投资于乡镇企业的投资者，可以享受下列财政激励政策：（1）自第一次宣告分配股息起的五年内，股息可享受零税率优惠。（2）自经营的第一年起的五年内，可全额计提资本减除额（capital allowance）。（3）资本性货物，包括指定用途汽车在内的机械设备可以享受为期五年的进口关税零税率的优惠。上述类别的投资者除了享受财政激励外，还可以享受下列非财政激励：（1）国有化风险保障，即政府承诺将来不会有私人投资被无故收归国有的情况发生。（2）移民局相关证件及二级证照（如电信执照、证券从业许可、银行从业许可等）办理较为便利，获得土地的程序也比较简便。

4. 所得额的确定

赞比亚企业所得税额的计算公式遵循一般企业所得税原理，基本公式如下：企业所得税应纳税额 = 应税所得额 × 适用税率 =（收入总额 − 免税收入 − 各项扣除 + 应税资本利得额）× 适用税率，仅与业务相关的费用才可在税前扣除。计算应纳税所得额时，通常先从企业财务报告上的净利润开始着手，然后根据《所得税法》的具体规定进行纳税调整，最终确定应纳税所得额。

税前扣除额一般有以下种类：①正常公司经营范围内产生的部分或全部费用。②同一来源产生的往年亏损。③资本减免额，投资补贴。④认可基金的扣除额。⑤技术教育的支出。⑥和经营范围有关的知识机构会员费。⑦认可的公益组织的捐款。⑧研发有关的收益性支出。⑨坏账扣除额及雇佣伤残人士扣除额。

亏损弥补年限及规定：①运营亏损只能从来自同一来源的收入中扣除，未弥补亏损可向后五年内结转，水力、风力、太阳能、热能发电和采矿企业的税务亏损可以结转至未来十年内弥补。②亏损不能向前结转。

资本利得税。赞比亚一般不就资本利得征税，但在赞比亚转让土地房屋、建筑物、赞比亚公司股份及采矿权权益时，需按规定缴纳 5% 的财产转让税。

5. 反避税规则

（1）关联交易。企业与关联方之间的收入性和资本性交易均需遵守独立交易原则并在每年的所得税申报表里申报备案。目前赞比亚税务机关对关联企业及关联交易的关注度逐步升高。

（2）转让定价。转让定价概念于 1999 年首次体现在赞比亚《企业所得税法》，并于 2001 年和 2002 年进行了修订。但是至今并未出台专门的转让定价法规条例。相关转让定价政策与特别纳税调整政策体现在赞比亚《企业所得税法》第 97A、97B、97C 和 97D 项以及《赞比亚银行公报》（2014 年第 717 号公告）。根据最新 OECD（The Organization for Economic Co-operation and Development）在 2017 年 3 月公布的 BEPS 框架参与者名单中，赞比亚已成为 BEPS 框架结构中的一员，但是赞比亚并未参与 Exchange of information on request（EOIR，应要求信息交换）以及 Automatic exchange of information（AEOI，自动信息交换）。截至 2018 年 3 月，赞比亚虽然作为 BEPS 成员国之一，但并未就 BEPS 行动计划进行转让定价专项立法，也未激活国别报告交换网络。

通过赞比亚与中国、英国、爱尔兰、印度等国家所签署的《避免双重征税和偷漏税协定》关联企业章节规定，可以了解到赞比亚税务机关认为如果一个企业直接或间接参与另一方企业的管理、控制或资本；或者同一人直接或者间接参与不同企业的管理、控制或资本，这些企业之间视为关联企业。关联交易的类型有：委托生产、采购商品、提供服务、资金借贷、金融担保或履约保证、无形资产许可等。

赞比亚转让定价法规要求关联方之间的商业与金融交易需遵循公平交易原则。作为 BEPS 框架协议成员国之一，赞比亚遵循《OECD 转让定价指南》①（2010）第二章所列出的转让定价方法，包括：可比非受控价格法（CUP 法），再销售价格法，成本加成法，利润分割法，交易净利润法及转让定价调查。

根据《所得税法案》规定，纳税人应在每年的所得税申报文件中披露过去一年中所有与转让定价有关的交易详情，并以英文为记录语言保留相应的文档与记录（如定价过程，交易过程等文件），保留期限至少为六年。对于年营业额在 2000 万克瓦查非跨国企业免于准备及保留相应文档。

---

① 《OECD 转让定价指南》：经济合作与发展组织（简称经合组织）于 2010 年 8 月 16 日颁布。

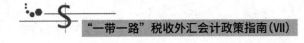

（3）资本弱化。赞比亚有资本弱化的规定，采矿行业的债务与股权资本比为 3：1，超出部分的利息不得税前扣除，其他行业尚没有明确规定。

6. 征管与合规性要求

赞比亚实行自我估税的税务体系，纳税期间为 12 个月，从 1 月起至 12 月止。企业的会计期间建议与纳税期间保持一致。若企业希望采用的会计期间不同于纳税期间，应向税务机关提交申请并说明变更原因。

根据 2017 年赞比亚财政预算概要 4.1.2 条规定，企业应于每年 6 月 21 日前电子申报上一年度企业所得税纳税申报表。此外，根据所得税法案《Income Tax Act》第 46A 规定，企业应在每年 3 月 31 日之前提交电子版的本年度预缴企业所得税申报表。根据纳税人对该纳税年度的收入预测，纳税人将向税务局预缴平分为四期的税款。

若情况发生变化，可修改预缴纳税申报表。未按时申报会被处以罚款，罚款幅度为每天 360 克瓦查。

（二）增值税

1. 征税原则

根据 1995 年《增值税法》及增值税指南（2017 版）第 2.0 条款规定[⑧]，在赞比亚从事货物或服务经营的经销商或供应商，其应税营业额在任一连续 12 个月超过 80 万克瓦查（或连续 3 个月超过 20 万克瓦查）的，必须进行增值税注册。对于年应税额小于法定门槛的纳税人，在满足一定条件下也可自愿选择登记注册为增值税纳税人并按相应规定缴纳增值税。经注册的经销商或供应商须按月提交增值税报告，延迟或疏忽申报（含零税额申报）将受到处罚。

2. 计税方式

所有增值税应税企业采用一般计税，即销项税额减去进项税额得到应纳税额，所有开具的发票及收到的发票都应含有纳税人识别号。

3. 增值税税率为 16%

4. 增值税免税（VAT Exempt Order）

《增值税法案》豁免附录规定属于免征增值税的商品和服务主要有：自来水供应服务，健康医疗服务，教育服务，报刊服务，乘客运输服务，土地利益的售卖或转让，部分金融和保险服务，丧葬服务，蚊帐，政府法定收费，部分食物及农产品等。

5. 销项税额

《增值税法案》第 10 条指出增值税税基为销售货物或提供服务的全部价款或公开市场价值。

6. 进项税额抵扣

《增值税法案》第 18 条规定只有与应税商业活动有关的进项税额可以抵扣，可抵税发票为供应商开具的具有纳税人识别号（TPIN）的增值税发票和海关进口单据 CE–20 及相应发票等。

7. 征收方式

增值税按进销项相抵后的余额缴纳，留抵余额可以申请退税（无过期期限），或用于以后抵扣销项税额。退税周期一般为 3 到 6 个月，视具体情况周期可能会延长。

8. 征管与合规性要求

增值税按月申报，截止日期为每月 18 日之前。逾期申报、未申报以及逃税将被处以罚息。

9. 增值税的废除

根据 2019 年赞比亚政府财政预算指出，增值税将于 2019 年 4 月 1 日起正式废除。后续将引入 Sales Tax（暂定名称）取代增值税。赞比亚税务局将择时发布具体实施细则。

（三）个人所得税

1. 征收原则

居民个人就其所有收入纳税（含工资，补贴，加班费及分红等）。个税起征点为：个人纳税收入不超过 3300 克瓦查每月的，免除征收个税。个人所得税采取综合征税的方式。

2. 申报主体

以个人为单位进行申报，由所在企业或者政府机构代扣代缴，并于每月 10 日前申报缴纳。

3. 应纳税所得额

根据《所得税法案》第 2 条对个人下列收入征收个人所得税：工资，加班费，假期薪资，佣金，分红，年金及其他一切因被雇佣而取得的收入。

4. 扣除与减免

未达到个人所得税起征点和外交人员免征个人所得税。劳动节奖励，抚恤金，医疗费用，丧葬费用无需计入应税收入总额。

5. 累进税率

表10-2-2　个人所得税税率表

单位：克瓦查

每月收入	税率
0~3300	0%
3301~4100	25%
4101~6200	30%
6201 及以上	37.5%

6. 技能发展税

根据 2016 年技能发展税法案（Skill Development Levy Act 2016，No.46 of 2016）规定，从 2017 年 1 月 1 日起，作为个人所得税申报工作的一部分，雇主需支付员工总薪酬的 0.5% 作为技能发展税。

7. 征管与合规性要求

个人所得税按月申报，截止日期为每月 10 日之前。逾期申报、未申报以及逃税将被处以以下罚息：

对于因纳税人疏忽产生的不实申报，处以申报金额 17.5% 的罚款。

对于因纳税人故意拖延产生的不实申报，处以申报金额 35% 的罚款。

对于因纳税人欺诈产生的不实申报，处以申报金额 52.5% 的罚款。

对于不及时申报个税的企业，处以每月 600 克瓦查的罚款。

对于法院裁定的逃税人员及协助他人逃税的个人，处以 90000 克瓦查的罚款。并可能同时处以三年有期徒刑。

对于申报后不及时缴纳税款的纳税人，处以未缴纳本金 5% 的罚款及相应利息，计算利息的利率为赞比亚央行官方利率加 2%。

（四）关税

1. 关税体系和构成

赞比亚作为东南非共同市场及南部非洲发展共同体签约国，其与其他合约国的内部贸易往来享受零关税待遇；其他国别进口货物需按照海关征收管理办法缴纳关税，具体细项见表 10-2-3：

表10-2-3　关税及附加费用表

编号	简写	全称	关税中文翻译	税率	计算方式
1	CD	CUSTOM DUTY	进口关税	X	CIF × X
2	VAT	VALUE ADDED TAX	增值税	16%	TAXABLE VALUE × 16%
3	APF	ASYCUDA PROSSESSING FEE	海关系统操作费	无	固定征收
4	SGS	SPECIAL GOODS SURCHARGE	特别商品附加	X	CIF × X
5	CES	CARBON EMMISION SURTAX	碳排放税	无	固定征收

数据来源：根据日常 CE—20 清关表格统计得来。

2. 税率

海关关税针对共同体与外部国家之间的商品或服务的进出口，实行落地申报。关税税率如表 10-2-4：

表10-2-4　关税税率概览

货物种类	税率
资本设备及原材料	0%~5%
中间投入品	15%
完成品	25%

3. 关税免税

为支持某个行业或者项目招商引资的需要，财政部会单独针对某个行业或者某个项目出具免税文件，免税范围和优惠范围根据免税协议确定。工程类项目免税范围一般为合同量单（BILL OF QUANTITY）里涉及的为项目建设所需进口物资、机械设备，主要包括钢筋、水泥、沥青、车辆、机械设备等大宗材料。免税期限为项目合同上规定的施工期限，如遇工程延期需要向海关提供由业主出具的延期证明并办理延期免税文件。设备的免税文件需要每年续期。

4. 设备出售、报废或再出口的规定

免税项目完工后，其设备需由税务局鉴定残值后出具书面文件并按残值补缴全额关税并取得相应完税文件后可出售；免税到期后，如果没有后续免税项目，需按鉴定残值补缴关税，企业可自行处理设备；非免税项目结束后设备可以自由完成出售，转场等操作，按正常情况报关即可。

（五）企业须缴纳的其他税种

1. 财产转移税

《财产转移税法案》第4条规定，当财产（如土地、在赞比亚成立的公司所发行股份、采矿权益或合法取得的其他采矿证照如探矿证、矿产加工证、大规模采矿证，大规模宝石采矿证、小规模采矿证、小规模宝石采矿证及工匠采矿证等）发生转移时应由转让人支付的税费：（1）当财产为土地及地上建筑物时，税基为被转让财产的市场公开价值，税率为5%；（2）当财产为股权权益时，税基为被转让财产的可变现净值或票面价值之中较高者，税率为5%；（3）当财产为采矿权益时，税基为被转让资产的实际价值，税率为10%。

2. 预提税（Withholding Tax）

纳税人支付的款项与股息、非居住企业承包商、公路货运、利息、特许权使用费、房租、管理咨询费、公共娱乐费及佣金有关时，收款人要求按相应税率由支付方代扣代缴税费。税率如表10-2-5：

表10-2-5　预提税税率表

项目	税率
非采矿企业支付股息（支付给居民或非居民）	20%
采矿企业支付股息（支付给居民或非居民）	0%
外国公司机构的利润分成	20%
管理费及咨询费（支付给居民）	15%
管理费及咨询费（支付给非居民）	20%
特许使用费（支付给非居民）	20%
个人存款账户的利息	0%
个人持有国库券的利息	15%
国库券的利息	15%

续表

项目	税率
政府债券的利息	15%
非居民应得的利息	20%
佣金（支付给非居民）	20%
公共娱乐费（支付给非居民）	20%
非居民承包商	20%
房租	10%

3. 预交所得税（Advanced Income Tax）

2007 年赞比亚政府财政预算提出，对于用于商业用途（进口物资进行贩卖或用于其他商业用途）的进口物资在清关时征收的税种，旨在打击未合法注册的从事商业进口的商户。税率为 15%。

4. 营业税

年营业额在 80 万克瓦查或以下的企业经营个人或企业主要收入来源是房租、佣金、公司利息、特许权使用费的，需要按相应税率缴纳营业税。税率为营业收入的 4%。

对于从事客运的个人、从事任何行业的合伙企业、咨询费、自愿成为增值税纳税人的个体、从事采矿行业的个人、所得收入属于预提税范畴的个人均无须缴纳营业税。

5. 矿藏使用费

大规模采矿证，大规模宝石采矿证，小规模采矿证，小规模宝石采矿证及工匠采矿证的持有者需按相应税率为其开采出的矿物缴纳矿藏使用费，具体税率如表 10-2-6：

表10-2-6　矿藏使用费率（铜矿除外）

类型	矿藏使用费率
基本金属（除铜以外）	一般价值的 5%
能源及工业矿物	总值的 5%
宝石	总值的 6%
珍贵金属	一般价值的 6%

表 10-2-7 为铜矿的收费标准。

表10-2-7　铜矿矿藏使用费率

一般价值范围	矿藏使用费率
小于 4500 美元	4%
4500~6000 美元	5%
6000 美元及以上	6%

矿藏的计算是基于：

（1）总值适用于：工业及能源矿物，宝石。根据这种计算方法，矿产资产是根据生产矿产的总值计算的。为了计算矿产资源，"总值"定义为在赞比亚出口地或赞比亚境内交货地自由交易的可实现价格。

（2）一般价值适用于：基本金属，珍贵金属。此类矿藏的计算方法为：每月伦敦金属交易所每月现金价格乘以金属或可回收金属的数量；每月平均金属现金价格乘以金属数量或可回收金属的数量；任何其他交易市场的月平均值，由专员批准的每公吨现金价格乘以金属数量或金属价格在伦敦金属交易所或金属公报上没有报价按照可回收金属的数量。

6. 医疗税

银行及金融机构应从其支付给个人或合伙企业的定期存款利息中扣除医疗税，税率为1%。

7. 消费税

对于进口的或本国生产的香烟，卷烟，啤酒，汽油，柴油，酒精饮品，话费，电能，护肤品及塑料袋征收的税费，根据品类不同，税率为10%~60%不等。

8. 保险税

保险企业应从其收取的保费收入中加收3%的保险税，而无需缴纳增值税。

（六）社会保障金

1. 养老保险征税原则

应缴纳的养老保险金的计算基础为月度员工薪酬的10%（员工承担5%，企业承担缴纳5%），每月10日之前申报。

2. 工伤保险征税原则

应缴纳的工伤保险金的计算基础为年度员工薪酬总额的 112.5%（单个员工薪酬上限为 9600 克瓦查）乘以当年主管机构提供的缴费比例。

3. 外国人缴纳社保规定

外国人在赞比亚工作需要按相同比例缴纳养老保险金及工伤保险，中方人员缴纳的养老保险在离开赞比亚后依然可以享受相应退休待遇。中方工人因工受伤亦可享受工伤保险赔付待遇。

第三节 外汇政策

一、基本情况

赞比亚官方货币为克瓦查，实行自由浮动汇率，1 美元兑换 9.97 克瓦（2018 年 7 月数据），货币相对比较稳定，外汇监管相对宽松，对外国投资的本金和利润汇出方面限制较少。

1964 年 11 月，独立后的赞比亚成立央行，并发行赞比亚镑，与英镑等值。1968 年，赞比亚发行十进位货币克瓦查，并于 1971 年宣布克瓦查不再钉住英镑，改与美元挂钩，1 克瓦查兑换 1.4 美元。赞比亚 1993 年 1 月取消外汇管制，实行克瓦查经常项目和资本项目下的可兑换，汇率完全由市场决定。非银行机构及个人如需要外汇可从商业银行购买。除银行经营外汇兑换业务外，到 2002 年底还有 44 家登记注册的私人外汇交易所，个人可凭身份证在外汇交易所自由兑换外汇。通过支票取现的，每人每天限额5000 美元及 25000 克瓦查，通过其他信件等方式可以进行大额克瓦查取现。外国投资者经营获得的利润及红利可兑换成外汇自由汇出境。材料采购款可以自由汇出。外汇资金汇入目前政策方面无限制，通过银行账户向国内个人账户支付外汇工资亦无限制，部分银行可能会需要提供完税证明。但赞比亚法律规定在黑市进行外汇交易属违法行为。另根据赞比亚海关规定，不能携带超过价值 5000 美元的现金出入境。2002 年开始，官方规定市场统一用克瓦查计价,美元不再通用。

2013年2月,为加强外汇市场管理,赞比亚议会修改《赞比亚银行法》,赋予赞比亚中央银行监管外汇流动的权力。同年颁发《赞比亚收支平衡监管法规》,明确中央银行监管具体举措。主要监管措施包括:

(1)跨境贸易资金监管:交易额超过2万美元的进口商需填写监管表格并提交报关单等证明材料,出口商则应于发货后120日内将货款转入本地商业银行账户。各商业银行需定期向央行汇报进出口商的账户收益情况。

(2)投资监管:国际投资所需外汇流动应登记并上报央行。企业向境外股东支付红利应提供完税证明和经审计的会计报表等资料。

(3)外债监管:外债需于央行电子系统登记后方可进行还贷;信用证形式的外债需提供交易证明文件,并由世界三大信用评级机构评为B+以上的银行开出。

(4)特许权使用费、管理费、佣金等费用汇出监管:汇款同时需提供企业完税证明、相关协议、发票、境外账户收款证明以及经审计的会计报表。

2012年6月,政府颁布了禁止交易使用外币(SI33),规定国内交易中禁止使用外币报价和结算;2013年6月,政府颁布外汇监管法案(SI55),加强对所有国内外外汇交易的监管。

2014年3月,赞政府取消"禁止外汇交易"和"进行外汇监管"两项法案。

二、居民及非居民企业经常项目外汇管理规定

(一)货物贸易外汇管理

赞比亚外汇业务需赞比亚外汇管理局许可,材料采购款汇出时无需提供采购材料合同、海关资料等凭证(部分银行可能会日后随机抽查以上文件);外币资金汇入目前无政策方面的限制。通过银行账户支付外汇工资,无需提供缴纳个人所得税凭单和工资单(部分银行可能会随机抽查以上文件),申请支付无上限。

(二)服务贸易外汇管理

盈利汇出无需提供额外文件,特许权使用费、管理费、佣金等费用汇

出需缴纳代扣代缴税。

（三）跨境债权债务外汇规定

在购汇时无需提供额外文件。

（四）外币现钞相关管理规定

由银行内部管理需要自主出具相关管理办法。比如在银行大额取款时，可能需要提前预约等。

三、居民企业和非居民企业资本项目外汇管理

目前涉及资本项下的外汇在投资条款中明确可以自由汇出，汇款时，目前无需额外提供相关文件。

四、个人外汇管理规定

个人出关最多可携带 5000 美元或等值的现钞。

第四节 会计政策

一、会计管理制度

（一）财税监管机构情况

在赞比亚注册的企业如果有经济业务发生，均需按照赞比亚特许会计师协会和《公司法》的要求选择相应的会计制度进行会计核算，编制财务报表。税务局为财政部直接领导的政府机构，税务局根据企业规模大小进行分类，由下属部门大型纳税人部门（LTO）、中型纳税人部门（MTO）、小型纳税人部门（STO）对企业进行监管，各企业需要按照统一格式上报会计和税务资料。

（二）事务所审计

上市公司，公众利益实体，国有企业及年营业额 2000 万克瓦查以上的非上市公司按规定需要由审计机构进行审计。

（三）对外报送内容及要求

会计报告中主要包含以下内容：①企业基本信息，行业分类、经营范围、股东情况、公司地址、银行账户信息、税务登记号等；②企业经营情况表，资产负债表、利润表、现金流量表；③披露信息，采用的会计政策、注释等。

二、财务会计准则基本情况

（一）适用的当地准则名称与财务报告编制基础

赞比亚 2011 年开始实行三段式财务报告框架，对应不同的会计准则。自 2011 年 1 月 1 日开始所有企业需按此框架执行，选择相应准则编制财务报告。

表10-4-1　三段式财务框架

实体类别	财务报告框架
上市公司，公众利益实体，国有企业	全套国际财务报告准则（IFRS）
年营业额 2000 万克瓦查以上的非上市公司	自主选择中小企业国际财务报告准则（IFRS for SMEs）或全套国际财务报告准则（IFRS）
小微企业——年营业额 2000 万克瓦查以下的企业	赞比亚小微企业财务报告准则

数据来源：https：//www.iasplus.com/en/jurisdictions/africa/zambia。

国际财务报告准则（International Financial Reporting Standards，缩写 IFRS），指国际会计准则理事会（International Accounting Standards Board，缩写 IASB）编写发布的一套致力于使世界各国公司能够相互理解和比较财务信息的财务会计准则和解释公告。国际财务报告准则包括了《财务报告概念与框架》、由国际会计准则委员会（IASC）在 1973—2001 年颁布的《国际会计准则》（International Accounting Standards，IASs）及其官方解释《常设解释委员会解释公告》（Standing Interpretation Committee，SICs）和 2001 年以来国际会计准则理事会继续颁布的国际财务报告准则（IFRS）及其官方的解释《解释委员会解释公告》（International Financial Reporting Standards Interpretations Committee，IFRSICs）以及其他技术总结和官方订正文件。IFRS 国际财务报告准则是一系列以原则性为基础的准则，它只规定了宽泛的规则而不是约束到具体的业务处理。赞比亚于 2011 年 1 月 1 日开始全局采用此准则且无任何针对性修改。

赞比亚中小企业国际财务报告准则（Zambian Financial Reporting Standards for Micro and Small Entities）是中小企业国际财务报告准则（IFRS for SMEs）的简化版，需要披露的信息更少，并删除了某些章节。

赞比亚的会计核算制度与税法制度略有不同，所以纳税申报时对会计报表税前可扣除项的调整需参照《所得税法》的相应规定进行。

（二）会计准则适用范围

所有在赞比亚注册企业均需要按照三段式财务报告框架选择相应的会计准则进行会计核算并编制报表。

三、会计制度基本规范

（一）会计年度

根据国际会计旧则一号文件规定，企业至少要按每一年度为单位编制财务报表，如果会计年度改变，则企业应在报表中披露改变原因及提示此期间的数额与往期没有完全的可比性。

（二）记账本位币

赞比亚采用克瓦查作为记账本位币，货币简称 ZMW。

（三）记账基础和计量属性

依据国际会计准则规定，企业需以权责发生制为记账基础，以复式记账为记账方法。

企业的计量属性包括但不限于：历史成本，现行成本，可变现净值及现值等。

企业报表使用的基本会计计量假设及特性有：持续经营，权责发生制，重要性，确认价值，完整性，中立，免于错误，可比性，可验证性，及时性及可理解性等。

四、主要会计要素核算要求及重点关注的会计核算

（一）现金及现金等价物

包括现金、在金融机构账户中的存款和期限短、流动性强、易于转换

成已知金额的现金、并且价值变动风险很小的投资。

（二）应收款项

应收款项泛指企业拥有的将来获取现款、商品或劳动的权利。它是企业在日常生产经营过程中发生的各种债权，是企业重要的流动资产。主要包括：应收账款、应收票据、预付款项、应收股利、应收利息、其他应收款等。应收款项适用《国际会计准则第 39 号——金融工具计量》，若某应收款项发生减值，则须将其减记至"可回收金额"，即销售净价与在用价值孰高。

（三）存货

根据《国际会计准则第 2 号——存货》进行会计处理，存货应按照成本与可变现净值中低者来加以计量。

存货的成本应由使存货达到目前场所和状态所发生的采购成本、加工成本和其他成本所组成。可变现净值，是指预计售价减去完工及销售所需成本之差额。

存货出库可采用先进先出法和平均法（移动平均或加权平均）。企业应根据存货的性质和使用特点选择适合的方法进行存货的出库核算。

（四）长期股权投资

国际财务报告准则中没有单独的长期股权投资准则，对于长期股权投资的会计处理是通过《国际财务报告准则第 10 号——合并财务报表》《国际财务报告准则第 11 号——合营安排》《国际财务报告准则第 12 号——在其他主体中权益的披露》这三个准则来规范的。

国际财务报告准则（IFRS）对长期股权投资的初始计量分为以下两种情况：一是通过合并形成的长期股权投资，其初始投资成本与合并成本一致；二是非合并方式下取得的长期股权投资的初始计量在上述准则有所涉及，对取得子公司进行会计处理所采用程序的基本概念，也运用于取得联营中投资时的会计处理。

如果投资方对被投资方具有共同控制或重大影响，后续计量应采用权益法。应增加或减少在联营企业中投资的账面金额以确认被投资方的损益，投资方的损益份额根据现有所有者权益确定。损失以投资方在被投资方中权益的金额为限进行确认。额外的损失应在投资方已发生的法定或推定义务或代表被投资方付款的范围内确认。投资方在被投资方中的权益包括根据权益法核算的在联营企业或合营企业中投资的账面金额，以及实质上构成投资方在联营企业或合营企业中的任何长期权益。

在投资后续计量中，IFRS 规定如在成本法下，投资者所确认的投资收益，仅限于被投资单位接受投资后产生的累计净利润的分配额，所获得的利润或现金股利超过上述数额的部分作为初始投资成本的收回。

在对长期股权投资的信息披露方面，国际财务报告准则在要求披露子公司、合营企业和联营企业的基本信息和主要财务信息（包括资产、负债、收入以及损益的合计金额）基础上，对联营企业的披露更侧重于是否因具有重大影响而形成联营企业的事实。

（五）固定资产

根据《国际会计准则第 16 号——不动产、厂房和设备》进行会计处理。固定资产初始取得时按成本进行计量，初始成本包括使资产达到预定可使用状态的所有必要成本。如果付款延期至超过正常信用期，则应确认利息费用，除非有关利息可根据《国际会计准则第 23 号——借款费用》予以资本化。

赞比亚企业一般采用直线法计提折旧，每年底对固定资产的残值及使用寿命进行复核，赞比亚企业一般采用直线法计提折旧，每年底对固定资产的残值及使用寿命进行复核，对不动产、厂房和设备在运营期间大检修、不动产、厂房和设备的大修理支出，相关成本符合资本化确认标准的应将其确认在不动产、厂房和设备的账面金额中。

根据赞比亚税法规定，会计折旧及摊销在税前不能扣除，与主营业务有关的资本费用必须采用"资本减免（capital allowance）"的税前扣除计算方式，采用直线法计提，具体如表 10-4-2：

表10-4-2　资本减免额一览表

资本费用类别	分类	减免费率（直线法）
家具	—	无
机动车	商贸类	25%
	非贸易类	20%

续表

资本费用类别	分类	减免费率（直线法）
厂房，机器及设备	—	25%
建筑物	行业类 商贸类 行业类建筑物投资	10% 25% 10%
制造业，旅游业	机动车 厂房，机器及设备	25% 50%
农业	厂房，机器及设备 机动车 农业改良设施	100% 25% 100%
采矿业	建筑物，设备	25%

（六）无形资产

根据《国际会计准则第 38 号——无形资产》进行初始计量，无形资产确认条件为（无论是购买还是企业自行开发）归属于该资产的未来经济利益很可能流入主体且该资产的成本能够可靠地计量。

企业自行研究开发的无形资产，研究阶段发生的成本计入当期损益，开发成本在满足条件下予以资本化。

无形资产取得时一般使用成本模式计量，根据使用寿命将无形资产使用寿命进行划分为使用寿命不确定和使用寿命有限，使用寿命有限的无形资产在其使用寿命内进行摊销，每年按照《国际会计准则第 36 号——减值测试》进行减值测试，使用寿命不确定的无形资产不进行摊销，但需要每年进行减值测试。

（七）职工薪酬

根据赞比亚《最低工资和雇佣条件法》（Minimum Wages and Conditions of Employment Act）规定，劳动和社会保障部对未能通过集体谈判确定工作条件的某些行业雇员规定了最低工资。其中家政工人（Domestic Workers）的最低工资总额为 993.60 克瓦查（包含基本工资，交通补贴）。一级商店工人（Shop Workers）和普通工人（General workers）的最低工资总额为 1698.60 克瓦查（包含基本工资，住房补贴，交通补贴及午餐补贴）。

赞比亚企业雇员薪酬主要包括短期福利（如工资，薪酬，带薪假等），辞退后费用（如退休福利，解雇费用等）。对雇员薪酬必须在成本发生期间内按规定的类别进行确认，而非在其支付或应付时确认。

（八）收入

根据《国际财务报告准则 15 号——与客户之间的合同产生的收入》进行会计处理，收入主要包括销售商品取得收入、提供服务取得收入以及利息、特许权使用费和股利收入等。

企业应当依据《国际财务报告准则第 15 号——与客户之间的合同产生的收入》的具体细则对相应收入进行合理确认及计量。

（九）政府补助

根据《国际会计准则 20 号——政府补助和政府援助的披露》进行会计处理。政府补助不包括那些无法合理作价的政府援助以及不能与正常交易分清的与政府之间的交易。包括与资产有关的政府补助和与收益有关的政府补助。

在企业能够同时满足政府补助所附条件及企业能够收到政府补助时，企业主体可以确认政府补助。政府补助确认的基础是权责发生制。政府补助的后续会计处理方法则是收益法。在这种方法下，将补助作为某一期或若干期的收益。

（十）借款费用

根据《国际会计准则 23 号——借款费用》进行会计核算。借款费用是指企业发生的与借入资金有关的利息和其他费用。借款费用应在发生的当场确认为费用，若该借款费用直接归属于相关资产的购置、建造或生产的借款费用，则该借款费用应作为该项资产成本的一部分予以资本化。

（十一）外币业务

根据《国际会计准则 21 号——汇率变动的影响》及《国际会计准则第 29 号——在恶性通货膨胀经济中的财务报告》进行会计核算。

当企业主体的记账本位币不是恶性通货膨胀货币，而企业将报表折算为另一种货币列报时，应当遵循以下方法：①列报的每张资产负债表中的资产和负债项目（包括比较期间），均应按照资产负债表日的期末汇率折算。②每张收益表中的收益和费用项目（包括比较期间），均应按照交易日的汇率折算。③产生的所有汇兑差额均应作为权益的一个单独组成部分确认。

在财务报表的准备中，以不同于记账本位币的币种进行交易（外币）都是按照每项交易的实时汇率记账。期末决算时，以历史成本计量的外币非货币性项目应按照交易发生日的汇率折算。

汇率变动产生的这些差额在年度利润（亏损）表或其他综合利润（亏损）表中确认。

对处于恶性通货膨胀中的企业主体，可按特殊规则将其经营成果和财务状况折算为列报货币。

（十二）所得税

适用《国际会计准则12号——所得税》进行会计处理，赞比亚企业实体采用资产负债表负债法核算递延所得税。纳税影响会计法也指资产负债法，因资产、负债的账面价值与计税基础的差异对所得税的影响，确认递延所得税资产和负债。

第十一章 乍得税收外汇会计政策

第一节　投资环境基本情况

一、国家简介

乍得共和国（英语：Republic of Chad，法语：Tchad），简称"乍得"，是非洲中部的一个内陆国家，北接利比亚，东邻苏丹，南与中非共和国接壤，西南与喀麦隆、尼日利亚为邻，西与尼日尔交界。首都及最大城市为恩贾梅纳。乍得的法定货币是中非法郎。法语和阿拉伯语是其官方语言。

二、经济情况

乍得是农牧业国家，经济落后，系世界最不发达国家之一。代比执政后，接受国际货币基金组织经济结构调整计划，重点整顿棉花公司等国有企业和公职部门；鼓励私人投资和发展中、小企业；宣布实行企业私有化和自由经济；打击走私，保证税收；积极争取国际援助，鼓励外国投资。2000 年乍得石油开发计划正式启动。2003 年 7 月，南部多巴油田顺利投产，西方加大对乍得投资，乍得—喀麦隆输油管道开通，乍得石油生产及出口能力骤增，经济一度高速增长。乍得继续执行经济结构调整计划，推进国家减贫战略，加强和改善财政管理，大力促进私营经济发展，并颁布了新能源法。但受局势动荡和国际金融危机影响，经济增长放缓。2010 年以来，随着国内局势逐渐稳定，石油收入增加，经济有所好转。

三、外国投资相关法律

法律法规较为健全。与投资合作经营有关的法律法规有《非洲统一商法》《投资法》《中部非洲国家关税和经济条约》《总税务法》《公司法》《外汇管制条例》《矿业法》《石油法》《普通税法》《国家贸易战略》等。

根据《非洲统一商法》，任何要通过公司在该法案条约成员国从事商业活动的人员，不管其国籍如何，必须选择该法案规定的适合其业务的公司形式，包括有限责任公司、股份有限公司、一般和有限合伙企业以及分公司。除了合营企业外其他形式公司须经商业和信用登记处登记注册。

《中部非洲国家关税和经济条约》，规定乍得、刚果（布）、加蓬、喀麦隆、中非、赤道几内亚等六国对外实行共同关税，在联盟内对成员国产品实行零关税。

《劳动法》规定任何寻职和招聘都要通过国家就业促进所，它是根据N°038/PR/96法令第67款劳工法规定唯一可批准就业的机构。签订工作合同。雇佣员工的依据是劳动合同，劳动合同分为定期和无限期两种。乍得企业雇佣的外籍雇员人数不得超过企业雇员总人数的2%，无需特别要求的职业如力工，工人等只能雇佣有乍得国籍的人员。用人单位或雇主持与员工签订的劳动合同到乍得就业促进局（ONAPE）登记、缴费，取得工作许可证。凭工作许可证方可到移民局申请居留证和长期签证。

《投资法》该法作为鼓励在乍得投资的措施的总则。它类似一个意向书，为投资者指明大的方向，并不作出具体的规定。新投资法的主要目的是促进下列经济活动的创建与发展：开发当地原材料；鼓励出口；发展用于国内市场的产品和服务；创设持久性职业和培训本国劳动力；进行相应的技术交流；鼓励与国家下放政策相符的在工业化落后地区的投资；改建和扩建现有企业；充分利用国家储蓄和外来资本。新投资法使企业有可能免缴公司税，职业用房租赁税，营业税，减免登记税，加快或延缓偿还贷款。

四、其他

1. 同中国的关系

2006年8月6日，外交部部长李肇星与乍得外交和非洲一体化部长艾哈迈德·阿拉米分别代表各自政府，在北京签署了《中华人民共和国和乍得共和国关于恢复外交关系的联合公报》，决定即日起恢复两国大使级外交关系。

2. 同国际组织的关系

乍得是不结盟运动伊斯兰会议组织（OIC）、非洲联盟、阿拉伯国家联盟、联合国的成员国。重视与国际组织的关系。

3. 国际与地区合作交流

乍得是中非国家经济与货币共同体成员国。该组织其他成员国是刚果、喀麦隆、中非共和国、加蓬和赤道几内亚。

4. 乍得还与贝宁、布基纳法索、喀麦隆、中非、科莫罗群岛、刚果、科特迪瓦、加蓬、几内亚比绍、赤道几内亚、马里、尼日尔、塞内加尔和多哥联合构成非洲金融共同体法郎区。该地区的法定货币为非郎（FCFA），法国国家财务司保障。

第二节　税收政策

一、税收体系

乍得税收体系以《乍得税务通用法典》《税法总则》为主，2016 年 6 月 8 日乍得议会投票通过新版《税法总则》，此举将给投资者带来更多保障，使税收更加透明，是改善乍得商务环境的一个重要举措。 主要税种有利润税、增值税等。

二、税收征管

（一）征管情况介绍

乍得实行税收中央集权制，税收立法权、征收权、管理权均集中于中央，由财政预算部主管。主要的税法由财政预算部制定，报国会审议通过，由总统颁布。

财政预算部下设税务总局、海关和国库，其中税务总局被授权解释并执行税法及实施条例，同时税务总局下设税务服务总部分管大型企业税务部（下设 5 个小部门，分别是：公共工程、一般贸易、电信、石油和金融服务）、中小型企业税务部、税务纠纷部（税务内部监督机构及税务纠纷）和税务稽查部，所征收税款统一缴纳国库。缴税申报地点遍布乍得各大城市，主要城市为恩贾梅纳，企业征收类型分大型企业和中小型企业分别管理。

（二）税务查账追溯期

税务机关可对纳税人、扣缴义务人税务进行核查，最长追溯期为三年，超过三年的税务将不再进行追溯，追溯期内，一般分三种情况进行核查：

（1）对纳税人、扣缴义务人前一年的年度财务报告进行全面检查。若发现纳税人、扣缴义务人未缴或者少缴税款的，税务机关可以要求纳税人、扣缴义务人补缴税款，并加收滞纳金。

（2）对纳税人、扣缴义务人前二年的年度财务报告的相关特殊税种进行检查，比如工人的工资等。若发现纳税人、扣缴义务人未缴或者少缴税款的，税务机关可以要求纳税人、扣缴义务人补缴税款，并加收滞纳金。

（3）对纳税人、扣缴义务人前三年的年度财务报告的相关税种进行连续两年的检查，若发现纳税人、扣缴义务人未缴或者少缴税款的，税务机关可以要求纳税人、扣缴义务人补缴税款，并加收滞纳金。

（三）税务争议解决机制

财政部税务局下专门成立税务纠纷诉讼部来解决税务争议，体现税务征收的合法性、公正性原则。实际操作过程中，企业处于弱势一方，很难在税务诉讼中取得公平待遇。

乍得税务局在核查纳税人、扣缴义务人年度财务报告时，若发现税务问题，一般税务部门会主动与纳税人、扣缴义务人进行联系，请纳税人、扣缴义务人出面进行解释，并出示相关缴税收据证明和相关具体的发票，若税务部门仍无法认可，发生税务纠纷时，有以下两种解决方式。

（1）友好协商解决：税务机关与争议当事人通过协商解决问题，不需要通过上级税务行政机关和司法机关。协商解决可以减少争议双方的矛盾，缩短争议解决的时间，减少争议解决的环节。但协商解决争议在三种解决方式中法律效力最低，不确定因素较多，同时会涉及咨询费用。这种解决方式是目前使用最多的一种解决方式，也是成本耗费最低的一种解决方式。

（2）诉讼解决：在乍得如果发生税务纠纷，可以向税务局下面的诉讼部出函进行解决，但是需要先支付争议税款的15%的费用给诉讼部，再将剩余85%的争议税款以银行保函的形式提供给诉讼部，诉讼部会在3个月内给予回复。若3个月后仍未收到诉讼部的回复或者对处理意见持异议可以向当地法院提起诉讼。

这种解决方式是最具法律效力、最公平的一种，但诉讼成本较高。企业可以聘请专业机构进行税务诉讼事项，同时提供相应的诉讼材料，通过法院进行税务诉讼，但时间周期较长，诉讼费用较高。

三、主要税种介绍

（一）企业所得税

1. 征税原则

乍得企业所得税实行属地税制。在乍得开展经济活动的注册实体（公司、分支机构和子公司）都有义务缴纳企业所得税。乍得境内企业在境外开展业务取得的所得不需要在乍得纳税。注册在乍得的企业为乍得境内企业，判断境内企业时不考虑股东的国籍以及管理控制地。在乍得开展业务的境外企业就来源于乍得的所得纳税。

2. 税率

企业所得税的税率是40%。在乍得经营取得利润的外国企业分支机构的税后净利润须缴纳20%的预提所得税。

3. 税收优惠

税法规定对新创建企业有优惠的税收政策（税法第16款和第118款）：新创建企业开业后五年内免交企业所得税；如果此企业地处经济不集中地区，企业开业后十年内免交企业所得税；该企业应对乍得经济发展有特别重要性；除税收条例的规定之外，根据《乍得石油法》规定石油公司还可以根据与政府的石油开发协议和矿产开发协议得到相应的税收优惠。

4. 所得额的确定

计算企业所得税所用的公司利润是该公司在计算企业所得税的实际范围内公司全部经济活动的结果基础上决定的，其中包括此期间的股份转让，存货须采用成本法，先进先出；亏损可向后递延三年；慈善捐赠不超过年收入的0.5%的部分可以扣除，利润汇出不得超过当年利润的10%。

5. 征管与合规性要求

企业按月缴纳最低固定税，年终（每年12月31日结束的财政年度）3个月内，即3月31日前作统计与税收申报（DSF）。经过税务局批准，统计与税收申报可延迟 15 天提交。统计与税收申报应附有财务报表。纳税人应在财政年度结束后 4 月 30 日前尽快缴纳企业所得税。统计与税收申报时，月度最低固定税额可以从应纳税额中减除。但是，如果统计与税收申报中按实际所得额计算的所得税额低于最低固定税，最低固定税不再退还。公司亏损情况下如此。

月度最低固定税按当月营业额计算，最晚每月 15 日前缴纳上月的最低固定税。一般企业最低固定税为营业额的 1.5%，从事批发业务的企业最低固定税为营业额的 4%。

企业如果需要修改申报内容，须在申报后的两个月内申请。

（二）增值税

1. 征税原则

所有自然人和法人在乍得长期或暂时以独立方式为转卖而购买或从事商业，工业或手工业的行为都应缴纳增值税。经济活动中购买的行为都在应缴增值税范围内。

2. 计税方式

年营业额在 2000 万 ~6000 万西非法郎的服务性公司或年营业额在 3000 万 ~1 亿西非法郎的贸易公司采用简单收税规定。年营业额超过 6000 万西非法郎的服务性公司或年营业额超过 1 亿西非法郎的贸易公司采用据实收税规定。简单收税规定与据实收税规定的区别在于其会计做账方法和税收申报方法被简化。自然人在未达到简单收税规定的底限时应缴综合税（相当于固定税），自然人不能开增值税发票，也无权减去上游已缴的增值税。未达简单收税规定底限的法人则按简单收税规定缴税。

3. 税率

增值税统一税率为 18%。出口与国际运输服务增值税税率为 0%。

4. 增值税免税

法律规定下列某些经济行为可免交增值税：农民，牧民或渔民将其产品不经过加工直接出售给消费者；除广告收入外进口和出售报刊；非营利性机构涉及的社区、卫生、教育、体育、慈善或宗教的服务或行为，该机构为义务管理，其行为直接涉及其成员的精神或物质利益；租赁未整治土地和空房；除居住和餐饮费用外的医疗或半医疗行业的行为；经国家教育部批准并按规定收费的教育机构；为飞往国外的飞机提供的服务（加油等）；国家、地方和国有机构进行的非工商性的出售、转让或服务；N° 003/PR/99 法令第 5 款规定免收营业税额的基本生活用品，这些用品也在中非国家经济与货币共同体的基本生活用品清单内；财政部规定的只用于勘探石油和矿藏的设备和用品；国外贷款的利息；医疗机构作的检查、诊断、护理、住院、化验和提供假肢的费用。

5. 销项税额

有关出售、交换商品和服务项目，增值税的计算基数包括全部该经济行为所得金额和优惠。

6. 进项税额

除特别情况外，已在上游缴过增值税的经济行为可将已缴税除去。

可减抵扣进项税涉及下列项目：与企业开发相关和必要的材料和产品、生产过程中确实有的服务项目、购买进口商和批发商转卖的产品、购买与企业开发相关和必要的产品、出口商品。

不得扣除进项增值税包括：住房、住宿、接待、矫正眼镜、车辆租用和人员运输（旅游、住宿和眼镜制造专业人员除外）；与不能扣除增值税的货物相关的服务；无报酬或报酬过高生产的货物；石油产品，但为转售或生产电力而购买的燃料除外；构成固定资产的设计用于运输人员或混合用途的车辆。

如果公司的经济活动同时有应缴和免交增值税的情况，可抵扣增值税应按比例计算。也可采取增值税分段方法计算。

7. 征收方式

增值税按月缴纳，每月可抵扣增值税在同一时期应缴增值税中除去。在出现负值的情况下即出现税收余额，此余额应在出现后 12 个月内使用。否则余额作废。

8. 征管与合规性要求

增值税按月申报，如果增值税专用营业额超过 5 亿中非法郎，则必须在应税业务开展后 10 天内提交；如果增值税专用营业额低于 5 亿，则必须在 15 天内提交。不遵守规定罚款是 5%。逾期付款的利息为每月 5% 或部分，最高为 50%。

（三）个人所得税

1.征税原则

除国际税收协议特别规定外，在乍得工作的雇员，包括临时工在内，都应对其工作收入缴税。此税为自然人个人收入所得（IRPP/TS）。

2.申报主体

在乍得工作的雇员。包括对于拥有乍得共和国国籍或在乍得共和国长期居住的并有税务住址的外国人；对于在国外执行任务或履行公务的政府官员或公务员；对于具有乍得共和国国籍的自然人和在乍得共和国习惯性居住的外国人。

3.税率

表11-2-1　个人所得税税率表

单位：西非法郎

年净工资范围	税率
0~800000	0%
800001~2500000	10%
2500001~7500000	20%
7500000 以上	30%

数据来源：中华人民共和国驻乍得经济参赞处。

4.税收优惠

（1）应征收的税款净收入不超过现行法第一百零二章规定的最小值的自然人。

（2）由其所代表国或地区授予乍得共和国的涉外人员和各国驻乍得共和国的外国大使，和领事机构的工作人员的所得，也被列入免税对象。

5.所得额的确定

个人收入所得税的基数是除去社会保险投保金后的工资、奖金、补助、补贴等各项收入的总额。

6.征管与合规性要求

个人收入所得税由雇主每月直接扣除并在支付工资后下月的 15 日之前交给国库。此外，所有雇主都应在每年 1 月 31 日前向税务局提交上一年所付工资的综合表。每个雇员都应在每年2月28日前申报其上一年的全部收入。

（四）关税

1.关税体系和构成

作为中非国家经济与货币共同体的成员国，乍得有关进出口的条件与该共同体的条件一致。中非共同体海关法律规定，中非共同体内部贸易往来享受零关税待遇，但需征收3.45%的共同体税；其他国别进口货物需按照海关征收管理办法缴纳关税，具体细项见表11-2-2：

表11-2-2　进口货物关税税率表

编号	简写	关税法语全称	关税中文翻译	税率	计算方式
1	TEC	Tarif extérieure commun	进口关税	X	$VI \times X$
2	TCI	Taxe communautaire d'intégration	共同体统一税	1%	$VI \times 1\%$
3	CCI	Contribution communautaire d'intégration	共同体统一捐税	0.40%	$VI \times 0.4\%$
4	RDI	Redevanceinformatique	信息税	2%	$VI \times 2\%$
5	OHADA	Organisation pour l'Harmonisation en Afrique du Droit des Affaires	非洲商法协调机构税	0.05%	$VI \times 0.05\%$
6	TVA	Taxe sur la valeur adjoutée	增值税	18%	$VI \times (1+X) \times 18\%$

2.税率

所有商品被分为4大类，税率5%~30%不等。另外还要缴纳共同体税（货物到港价的1%）和统计费（货物到港价的2%）具体如表11-2-3：

表11-2-3　四类商品关税税率表

商品类型	商品名称	税率
一类	基本生活用品	5%
二类	原材料和设备	10%
三类	中间产品及其他	20%
四类	一般消费品	30%

注：中非国家经济与货币共同体国家之间的进出口产品免征关税。

3. 关税免税

（1）进口的设备须是产品生产和运输直接需要的。

（2）在《认可法令》指定的期限内，减免进口税：对原材料、成品、半成品实施减免；原材料或产品非设备组件，非成品直接材料，在生产过程中被损毁或丧失其特有用途，在此种情况下，他们被用于成品的包装（不可再利用，再回收）。

（3）减免初级产品、成品、出口产品的出口税。

（4）中非国家经济与货币共同体国家之间的进出口产品免征关税。

（五）企业须缴纳的其他税种

1. 营业税

根据《税法典》743 条规定，所有在乍得从事商业、工业或某一非免税行业的乍得自然人或法人，或外国人都应每年缴纳营业税。营业税税额按各公司的营业额作为计税基础，每月缴纳营业税。

2. 保险税

保险税在投保费用及其附加费用基础上按下列方法计算：人身保险：1%；运输保险：8%；汽车保险：20%；火险：30%；其他风险保险：20%。某些保险合同免缴保险税。

3. 与雇员相关的税

雇员固定税：雇员固定税的计算基数是发给固定雇员的工资，津贴，分红，各种补贴，补助，奖金等。雇员固定税率为 7.5%。该税应在发放应缴税收入的下个月 15 日前缴纳。

进修税：进修税应与雇员固定税一样每月按固定雇员和临时雇员的所有收入，包括其奖金的 1.2% 缴纳。

雇主承担费用除了工资外，雇主还承担如带薪假期，实物优惠，补贴和下列其他费用：

表11-2-4　雇主承担的其他费用

项目	具体内容
家庭津贴	津贴投保费为工资的 6%，但工资封顶为每人每月 130000 中非法郎，此费用全部由雇主承担

续表

项目	具体内容
工伤津贴	津贴投保费为工资的 2.5%，但工资封顶为每人每月 130000 中非法郎，此费用全部由雇主承担
残废津贴	津贴投保费为工资的 6%，雇主承担 4%，雇员承担 2%； 工资仍封顶为每人每月 130000 中非法郎（雇主承担部分为 5200 中非法郎）
国家就业促进所（ONAPE）服务费	1996 年 4 月 15 日 N° 190/PR/MFPT/96 法令规定雇主应向国家就业促进所缴纳服务费，尤其是由该机构颁发的就业许可的费用。此服务费金额如下： 中非国家经济与货币共同体成员国公民：100000 中非法郎； 非中非国家经济与货币共同体成员国的非洲国家公民：150000 中非法郎； 其他国家公民：250000 中非法郎

数据来源：中国驻乍得经参处——《外商在乍得投资指南》

4. 动产收入税

各公司在乍得分发的收入应为动产收入税的征收对象。

（1）下列分发的收入属于动产收入类：缴纳公司税的法人；分发给两合公司股东的收入；《税法》第 117 和 118 款涉及的法人——合作社，农业工会，免交公司税的新创建企业等，分发的收入。

（2）分发的收入的定义是：所有没有重新被转为预备金或纳入资金的利润或产值；所有发放给合伙人，股东和股份持有人的不出自利润的金额。

动产收入税在财政年度结束和新财政年度开始间的资金差额基础上计算。

动产收入税的税率，缴纳期限及缴纳办法。

股份产值，社会福利及类似收入的动产收入税率为 20%。

应由动产收入受益人缴纳的动产收入税由发放该收入的企业直接扣除并上缴国库：每年股东分红大会后 3 个月内上缴；除分红外的其他收入兑现的下 1 个月的前 15 天内上缴。

5. 社会保险

（1）征税原则。雇主按照工资的 16.5% 缴纳，上限为 50 万中非法郎/月。包括家庭补助金和产假（应缴费工资的 7.5%）、工伤（应缴费工资的 4%）、退休补偿金、伤残及死亡（应缴费工资的 5%）。雇员按照工资的 3.5% 缴纳，上限为 50 万中非法郎 / 月。

（2）外国人缴纳社保规定。外国人在乍得工作需要缴纳社会保险金，目前中国政府和乍得政府未签订社保互免协议，中方人员在刚缴纳的社保金在离开乍得时无法申请退还。

第三节　外汇政策

一、基本情况

乍得属于外汇管制国家，所有商业银行受地区银行管理委员会（COBAC）的掌控。2002 年乍得引入非洲商法统一组织会计系统。多家国际知名会计师事务所在乍得有分支机构。

乍得为非洲金融共同体法郎区成员，货币和信贷政策由中非国家银行（BEAC）决定和监管。货币为中非金融合作法郎（Franc CFA）。人民币与中非法郎不能直接兑换。

中非法郎与欧元实行固定汇率，为 1 欧元 =655.957 中非法郎。

货币发行受中部非洲国家银行（BEAC）掌控。金融市场不健全，贷款利率较高，居民储蓄率低。现有乍得发展银行（BDT）、乍得国际农业银行、乍得信贷银行（BTCD）、法国兴业银行乍得分行、子午线银行集团西非国家银行乍得分行（BMBT）、财政银行（FB）、苏丹商业银行乍得分行、乍得阿拉伯利比亚银行（BTAL）和萨赫勒—撒哈拉投资商业银行乍得分行等 9 家商业银行。

非郎的发行机构是中非国家银行（BEAC）。为了鼓励私人投资，中非国家经济与货币共同体国家统一了各成员国的商务法案，加入了共有 16 个非洲成员国的商务法案协调组织（OHADA）。这一组织的协约涉及：《公司法》《竞争法》《会计法》《安全法》《商务法》《集体程序法》《纠纷调解法》与《运输法》等。

二、居民及非居民企业经常项目外汇管理规定

（一）货物贸易外汇管理

乍得外汇业务需乍得财政部许可，一般很难批准，最好是在双方签贸易合同或者协议时，在文件中书面澄清相关税务、外汇及海关进出口等许可；材料采购款汇出需要提供采购合同相关的所有资料、发票、公司的注册商业文件、税号和海关资料等凭证。外币资金汇入目前无政策方面的限制。想通过乍得银行账户支付外汇工资几乎是不可能的，因为乍得外汇管制非常严格，不过可以将中非法郎转到其他国家的银行，兑换外汇后再进行支付。

（二）跨境债权债务外汇规定

在支付债权债务外汇时需要提供：双方签署的合同或者协议，收款证明材料。如总计金额超过等值 35 万美元必须获得财政部的批文方可汇出。

（三）外币现钞相关管理规定

由银行内部管理需要乍得财政部出具相关管理办法。比如银行在周六时取款额度不得超过 2000 万中非法郎，其他时间无限制等。

（四）其他外汇管理规定

在乍得若是办理借贷只能贷中非法郎，无法贷外汇等。

三、居民企业和非居民企业资本项目外汇管理

乍得目前的大型企业主要是外资控股企业，涉及在乍得企业对外投资，需要签订投资协议，明确被投资企业的股权比率、公司成立的决议或增资决议，公司业务性质等相关文件。对超过 4000 万中非法郎以上的投资，需报乍得财政部审批同意后方可购汇对外投资。

外汇账户开立需由企业向财政部申请批复同意后，银行予以开立，申请周期无法确定。政府严格控制外汇，一般禁止开立外汇账户，只允许开立中非法郎账户。

为应对外汇汇率波动的影响，个别银行规定外汇账户最高库存限额。外币现金提取需收取 5% 的手续费以及 18% 的增值税和增值税附加税。个人出关旅游最多可携 6100 欧元或等值的现钞。

四、个人外汇管理规定

乍得实行外汇管制，个人合法税后收入可汇出。利润汇出要交税。外国人携带现金出入境，中非货币与经济共同体第 02/00/CEMAC/UMAC 号关于外汇管理一体化条款规定，当地居民或非当地居民旅行进出共同体边界海关时，如其携带的外汇、有价证券价值超过 100 万中非法郎（约合 2000 美元），均需向海关申报。

第四节　会计制度

一、会计管理体制

（一）财税监管机构情况

在乍得注册的企业如果有经济业务发生，均需按照非洲统一商法（SYSCOHADA）中的《会计统一法》体系要求建立会计制度进行会计核算。在乍得共和国的企业享有普通法制度及特权制度的权利：制度 A 适用于国有资产为主的中小型企业；制度 B 适用于只在本国进行活动的企业；制度 C 适用于公司在乍得而市场发展在 2 个或几个中非关税和经济同盟国家的企业；制度 D，保留给一些高风险投资的企业，并且这些企业对乍得共和国经济和社会发展具有重大意义的企业。

（二）事务所审计

资金超过 1000 万中非法郎或年营业额超过 2.5 亿中非法郎或固定雇员人数超过 50 人的公司应指定一个账户审计。

（三）对外报送内容及要求

会计报告中主要包含：①总账；②账户结算结果；③财务报表；④相关附件。

财政状况报告应在财政年度结束后 4 个月内完成。

二、财务会计准则基本情况

乍得企业均需按照非洲统一商法（SYSCOHADA）中的《会计统一法》体系要求建立会计制度进行会计核算。

2000年3月24日在雅温得通过的商务法案协调组织统一章程从2001年1月1日起生效。

这一章程分两步生效：涉及公司的私人账从2001年1月1日起生效：生效日已开账户和账户使用情况；涉及公司的综合账和组合账从2002年1月1日起生效：生效日已开账户和账户使用情况。

有关银行的《会计法》于2003年2月27由中非银行委员会（COBAC）通过。此《会计法》涉及所有中非国家经济与货币共同体成员国，并从2003年12月31日起生效。

商务法案协调组织《会计法》的涉及范围。受商务法案协调组织《会计法》管制的公司为：受商务法案协调组织商务法管制的公司（股份公司，有限责任公司，两合公司，无限责任公司，分公司等）；国有企业，半国有企业和混合经济企业；生产用于出售或不出售的产品，从事营利或非营利经济活动的企业。但下列机构不受商务法案协调组织《会计法》的管制：受公共会计规定管制的机构；受特别《会计法》管制的机构（银行、金融机构和保险公司等）。

三、会计制度基本规范

（一）会计年度

商务法案协调组织会计法规定会计财政年度与公历年度一致（从1月1日—12月31日）。

（二）记账本位币

《会计统一法》第17条规定：企业会计系统必须采用所在国的官方语言和法定货币单位进行会计核算。乍得采用中非法郎作为记账本位币，货币简称FCFA。

（三）记账基础和计量属性

《会计统一法》第17条规定：企业以权责发生制为记账基础，以复式记账为记账方法。

《会计统一法》第35条规定：企业以历史成本基础计量属性，在某些情况下允许重估价值计量（第62~65条）。

《会计统一法》规定：会计计量假设条件，其一般原则有：谨慎、公允、透明（第6条）、会计分期（第7条）、持续经营（第39条）、真实性、一贯性、可比性（第8条）、清晰性（第9条）。

四、主要会计要素核算要求及重点关注的会计核算

（一）现金及现金等价物

会计科目第5类记录现金、银行存款及现金等价物。会计科目（51）核算现金，会计科目（52）核算银行存款。

资产负债表（BILAN）中列示的现金是指库存现金及可随时用于支付的银行存款，现金等价物是指持有的期限短（从购买日3个月以内到期）、流动性强、易于转换为已知金额现金及价值变动风险很小的投资。主要涉及资产有现金、银行存款。

现金流量表（TAFIRE）中列示的现金及现金等价物和IFRS准则中概念一致。

（二）应收款项

会计科目第4类记录应收、预付款项。《会计统一法》规定：应收款项科目记录应收账款的初始计量按初始价值计量确认，同时规定了坏账准备、折扣、可回收包装物的会计处理。

《会计统一法》第42条规定：年末应收款项需要按公允价值计量确认；《税法通则》第一卷第115条C（企业所得税法）明确企业资产的坏账准备可以从税前扣除，但115条F规定对国家及地方政府债权的坏账准备不能税前扣除。

（三）存货

《会计统一法》第39条规定：存货初始计量以历史成本计量确认，包括买价以及必要合理的支出。不同存货的成本构成内容不同，通过采购而取得的存货，其初始成本由使该存货达到可使用状态之前所发生的所有成本构成（采购价格和相关采购费用）；通过进一步加工而取得的存货，其初

始成本由采购成本、加工成本，以及使存货达到目前场所和状态所发生的其他成本构成。《会计统一法》存货由全部商品、原材料和有关的供应品、半成品、产成品以及企业拥有所有权的物资组成。具体分类如下：31 商品，32 原材料，33 其他储备品，34 在产品，35 在建工程，36 产成品，37 半成品，38 在途物资，39 存货减值。

《会计统一法》第 44 条规定：存货出库可以采用先进先出法。企业应根据存货的性质和使用特点选择适合的方法进行存货的出库核算。确定存货的期末库存可以通过永续盘点和实地盘点两种方式进行。

《会计统一法》第 43 条规定：存货期末计量采用初始成本与可变现净值孰低法，若成本高于可变现净值时，应根据存货的可变现净值与账面价值的差额计提存货跌价准备并计入会计科目（39 存货减值）作为存货的备抵项。

施工企业存货分两种情况：①在工程账单确认收入方法下，期末采用永续盘点法确认未出库（32 原材料）和已领用未办理结算（35 在建工程）金额。②在建造合同法确认收入情况下，期末采用永续盘点法确认未出库原材料，并用"工程结算和工程施工"差额确认在建工程。

（四）长期股权投资

《会计统一法》中定义了长期股权投资是投资企业为了与被投资企业建立长期关系或为了自身的经营和发展而持有的被投资企业权益 10% 以上的投资。

会计科目（26）长期股权投资下设四个明细科目，分别核算控制、共同控制、重大影响、其他四种情况的投资。按会计法规的解释：控制是直接或直接持有被投资单位 40% 以上的表决权，且没有其他持有者通过直接或间接持有被投资单位超过 40%；共同控制是由有限的股东共同持有被投资单位的股权，共同决定被投资企业的决策；当直接或间接持有被投资单位有表决权股权的 20% 以上时，视为有重大影响。初始计量按投资成本计量确认，期末计量按《会计统一法》第 43 条以成本与可变现净值孰低法确认期末价值；处置长期股权投资时，其成本通过账户 81 处置非流动资产的账面价值结转。不属于长期股权投资的其他投资通过账户 50 短期投资核算。

（五）固定资产

《会计统一法》第45条规定：固定资产初始计量以历史成本计量确认，企业应在其预计使用期限内对固定资产计提折旧。

《会计统一法》第42条规定：固定资产期末计量按可回收价值计量，如果发生减值，计入减值准备。

《税法通则》第1卷第114条B（所得税法）规定：企业计提的折旧金额不可低于正常使用期内直线法下计算的折旧总额。若企业不能遵循此项义务，少计提部分不能递延至后期。折旧计算应该以表格形式申报，否则无法税前扣除。《税法通则》第1卷第114条A对固定资产的折旧年限做出了规定：

（1）建筑物：按建筑物种类折旧年限为5~20年；

（2）固定成套工具和器材：4~20年；

（3）移动设备：1~10年；

（4）交通设备：3~20年；

（5）动产、装配、装置：3~10年；

（6）特殊设备折旧：2~10年。

《税法通则》第1卷第114条G对重型设备和工具允许选择加速折旧法，折旧率为40%，但须同时满足以下条件：①购买时为全新转台，价值高于4000万中非法郎；②三年以上仍然可以使用；③用于制造、加工、运输和装卸业经营；④集中使用。同时需在购置后3个月之内申请税务部门的许可同意。

（六）无形资产

《会计统一法》中没有单独对无形资产的确认和计量规范，但与固定资产一样适用确认计量的一般规范。具体是：无形资产初始计量以历史成本，企业应在其预计使用期限内对资产计提摊销（第45条）。无形资产期末计量按可回收价值计量，如果发生减值，计入减值准备（第42条）。

（七）职工薪酬

《会计统一法》中会计科目（42）核算职工薪酬，核算所有支付给职工的各类报酬。包括以下人员的薪酬费用：行政管理人员，普通员工，临时性雇佣员工（代扣5%来源扣缴税），职工代表，提供服务的企业合伙人。

确认和计量方法与中国《企业会计准则第9号——职工薪酬》类似。对于建筑工程行业采用 BTP 惯例（类似于《劳动法》，规定企业必须给工人年假、年终奖、医疗报销等规定）。

（八）收入

《会计统一法》中会计科目（70）核算企业日常经营活动中取得的收入，核算企业对第三方销售货物、提供服务或劳务取得的经济权利。收入计量按净价计量确认（不包括销售代收的税金和在发票上注明的折扣，但现金折扣例外。）《税法通则》第1卷116条规定了日常经营活动中取得收入确认标准：当期经营活动中形成的、能基本确定金额且很可能流入企业的经济利益，企业必须确认为当期收入。

对于房建和工程建筑企业，企业收入可以采用工程账单法或者建造合同法确认。

（九）政府补助

政府补助包括三类（前两类也包括第三方补助）：投资性补助、经营性补助和平衡性补贴。

投资性补助类似于中国《企业会计准则第16号——政府补助》中与资产相关的政府补助，是企业取得的为了购置、建造长期资产或为了提供长期服务而取得的补助。会计科目（14）用于核算投资性补助收入。取得时计入会计科目（14）和相关资产；年末结转会计科目（14）中当年分配的收益部分至会计科目（865），计入本年收益；处置相关资产时将会计科目（14）尚未分配的余额计入会计科目（865）。

《会计统一法》中会计科目（71）用于核算经营性补助收入，核算方法类似中国《企业会计准则第16号——政府补助》中与收益相关的政府补助。经营性补助是由政府、公共机构或第三方为了弥补企业产品的售价或其经营费用而给予的补助，既不是捐赠也不是投资性补助。经营性补助分为进口产品补助、出口产品补助。债权人放弃债务权利也视同经营性补助计入本科目。

平衡性补贴是政府对企业特别事项的补贴，相当于营业外收入，直接通过会计科目（88）计入营业外收入。

（十）借款费用

借款费用是指企业因借款而发生的利息及其相关成本。借款费用包括借款利息、折价或者溢价的摊销、辅助费用以及因外币借款而发生的汇兑差额等。

（十一）外币业务

外币交易时，应在初始确认时采用交易发生日的即期汇率折算为记账本位币金额，当汇率变化不大时，也可以采用当期平均汇率或者期初汇率核算。

资产负债表日，外币货币性项目采用资产负债表日的即期汇率折算为外币所产生的折算差额，除了为购建或生产符合资本化条件的资产而借入的外币借款产生的汇兑差额按资本化的原则处理外，其他类折算差额直接计入当期损益。以公允价值计量的外币非货币性项目采用公允价值确定日的即期汇率折算为人民币所产生的折算差额作为公允价值变动直接计入当期损益。

资产负债表日，以历史成本计量的外币非货币性项目，除涉及计提资产减值外，仍采用交易发生日的即期汇率折算，不改变其记账本位币金额。流动性较强的科目、有合同约定的科目应采用外币核算，包括：①买入或者卖出以外币计价的商品或者劳务；②借入或者借出外币资金；③其他以外币计价或者结算的交易。

（十二）所得税

所得税采用应付税款法，不区分时间性差异和永久性差异，不确认递延所得税资产和负债，当期所得税费用等于当期应交所得税。本期税前会计利润按照税法的规定调整为应纳税所得额（或由税务局核定的应纳税所得额），与现行税率的乘积就是当期在利润表中列示的所得税费用。会计科目（89）核算所得税，分为当期所得税费用和以前年度所得税费用调整，年末余额结转至本年利润。

五、其他

（一）避免双重征税协定

目前已与乍得签订避免双重征税协定的国家有：喀麦隆、刚果、加蓬、中非共和国和赤道几内亚。

（二）对外国公司承包当地工程相关规定

1. 许可制度

外国承包商在乍得承包工程需获得许可。

2. 禁止领域

除非业主或融资方有特别规定（如涉及国防等敏感工业），外国承包商可在乍得承包任何公开招标的工程项目，基本没有禁止领域。

3. 招标方式

普遍采用公开招标方式，招标信息刊登在当地报纸。部分项目实行邀标、议标方式。

本章资料来源：

◎《乍得投资法》

◎《乍得海关法》

◎《税务通用法典》